U0743902

高等教育
质量保障体系研究
——以浙江省为例

雷 炜◎著

浙江工商大学出版社
ZHEJIANG GONGSHANG UNIVERSITY PRESS
·杭州·

图书在版编目（CIP）数据

高等教育质量保障体系研究：以浙江省为例 ／ 雷炜
著 . — 杭州 ：浙江工商大学出版社，2020.3
ISBN 978−7−5178−3731−2

Ⅰ．①高… Ⅱ．①雷… Ⅲ．①高等教育−教育质量−
保障体系−研究−浙江 Ⅳ．① G649.21

中国版本图书馆 CIP 数据核字 (2020) 第 022359 号

高等教育质量保障体系研究——以浙江省为例
GAODENG JIAOYU ZHILIANG BAOZHANG TIXI YANJIU——YI ZHEJIANGSHENG WEI LI
雷 炜 著

责任编辑	杨 戈
封面设计	雪 青
责任印制	包建辉
出版发行	浙江工商大学出版社
	（杭州市教工路 198 号 邮政编码 310012）
	（E-mail：zjgsupress@163.com）
	（网址：http://www.zjgsupress.com）
	电话：0571-88904980，88831806（传真）
排 版	杭州彩地电脑图文有限公司
印 刷	杭州高腾印务有限公司
开 本	710mm×1000mm 1/16
印 张	19
字 数	300 千
版 印 次	2020 年 3 月第 1 版 2020 年 3 月第 1 次印刷
书 号	ISBN 978-7-5178-3731-2
定 价	48.00 元

版权所有 翻印必究 印装差错 负责调换
浙江工商大学出版社营销部邮购电话 0571-88904970

代　序
Preface

创新机制 发挥优势 打造标杆 超常发展
高等教育强省建设策略思考

　　浙江省第十四次党代会报告指出"高等教育是制约我省创新发展的突出短板",这是对我省高等教育整体发展水平的基本判断,既指出了不足,更是指明了发展方向。

　　回顾浙江省高等教育的发展历程,其发展水平始终难以与浙江省经济社会发展水平相适应,始终难以满足人民群众对优质高等教育的迫切需求,这既有高等教育国家布局的历史背景,存在先天不足,也有长期投入不足、实际重视不够的客观原因,导致发展后劲乏力。历史不能改变,未来可以创造。省第十四次党代会报告提出:"必须下大决心全面实施高等教育强省战略,瞄准双一流目标实施好重点高校建设计划和产教融合发展工程,增加省重点建设高校和学科的数量、加大资金支持力度,扎实推进应用型本科和重点高职院校建设,支持浙江大学、中国美术学院追赶世界一流水平,支持重点高校的一批学科达到国内一流、争创世界一流,大力引进国内外著名高校在浙江办学,努力培养一流人才,发挥好高校在创新驱动中的重要支撑作用。"这是浙江省今后一段时期高等教育发展的蓝图,方向明确、内涵丰富、重点突出、路径清晰。

　　撸起袖子加油干,不仅需要有义无反顾的决心,要有胸有成竹的信心,更需要我们用心去思考"怎么加油干""干什么"等关键问题。省第十四次党代会明确了今后五年的奋斗目标以及实现宏伟目标的战略举措、工作导向，同样为破解高等教育这一短板提供了思路。

"突出改革强省，增创体制机制新优势"是省第十四次党代会提出的首要路径。浙江经济社会发展之所以取得巨大发展成就，就在于不断创新体制机制新优势。浙江的高等教育在20世纪末紧紧抓住国家高等教育大发展的历史机遇，通过短短的5年时间实现了多步跨越：高校数从35所增加到74所，招生数量从4万猛增到22万，高考录取率从35%迅速提升到71.4%，高等教育毛入学率更是从8.96%提高到34%，浙江省作为一个高等教育薄弱省份，在较短的时间内跨入了高等教育大省的行列，实现了大众化的历史性跨越。目前，浙江省高等教育毛入学率达到57%，高于全国平均水平（42.7%），居全国省区市第一位，普及化程度已达到高收入国家平均水平。创新体制机制优势，高起点规划、高强度投入、高标准建设6大高教园区，在全国率先以新机制举办独立学院，大力整合、兴建了一批高职院校等都是浙江省高等教育取得令人瞩目成绩的重大战略举措。

破解制约浙江省创新发展这一突出短板，建设高等教育强省，唯有再创浙江省机制的新优势，以超常规的思路、走超常规的发展道路。前有标兵、后有追兵，标兵渐远、追兵渐近。有为才有位，需要我们在思想上有新解放和再突破，科学合理的战略规划，更需要超常规的战术和举措。

在建设思路上，要立足浙江经济社会发展和产业转型升级的新需求，顺应国内外高等教育发展的新趋势，利用浙江丰厚的人文优势和强劲的经济优势、区域特色，顶层设计、合理定位，科学布局，强力推进，构建富有浙江特色的高等教育体系，扩大浙江高等教育在国际、国内的影响。

在建设原则上，高等教育发展必须体现浙江特色，发挥浙江优势，形成浙江经验。坚持高等教育与经济社会文化协调发展、坚持不同层次和类型的高等学校协调发展、坚持高等学校在人才培养、科学研究、社会服务和国际交流的协调发展。

在路径选择上，确立浙江高等教育强省战略，以创建一流大学、一流学科，培养一流创新型、复合型、应用型、技能型人才，大力推进产教融合工程，深入实施国际化战略等为重要抓手，健全高等教育的宏观调控机制、评价机制和投入机制等三大保障机制，大力提升浙江高等教育的发展水平。

　　在建设策略上，采取部分学科的学术赶超与着力提升浙江高等教育与全省经济社会发展的适切度、贡献率相结合的方略，通过资源整合优化，省、地方、行业形成合力，加快优势高校的发展，努力提升浙江高等教育对浙江经济社会发展的引领力，形成中国高等教育强省建设的浙江模式，抢占高等教育强省的评价话语权。

　　具体而言，可以从以下几个方面去强势推进：

（一）加快不同类型、不同层次一流大学工程建设

　　要科学规划、积极稳妥推进高校的布局结构调整，整合资源，坚持走特色发展、错位发展之路，加强不同类型、不同层次"一流大学"建设，形成中国高等教育强国建设中的"浙江亮点"。

　　全方位支持浙江大学、中国美术学院建设具有国际影响力和竞争力的世界一流大学，使浙江省高校在国家创新体系和核心竞争力方面能够做出卓越贡献。

　　全面保障浙江工业大学等5—10所高校建成国内一流大学：通过资源整合、结构调整、高强度投入等举措，利用五年多时间，使这些学校跻身全国50强和100强。

　　重点支持10所左右高等学校利用五年多时间跻身全国一流的行业及地方特色型、应用型大学：通过省部共建、省市共建、行业合作、校所（科研院所）合作等途径，形成高等学校与行业、区域互为依赖、互利共赢的战略关系，引导地方政府、主办单位千方百计加大投入，为行业持续发展和区域经济社会发展提供思想、科技与人才支撑，使之成为全国地方应用型大学的典范、标杆。

　　重点打造10所左右国内一流、世界领先水平的高职院校：通过实施产教融合工程、创新体制机制、加大投入等举措，为浙江省产业转型输送高技能人才，并在全国发挥引领和示范作用。

　　积极扶持建设若干所民办高等学校：通过实施公办高校对口支援民办高等学校计划，共享优质教学资源和科研资源，引导知名民营企业加大投入，扩大再融资渠道等举措，加快民办高校改革和发展步伐，努力打造与民

营经济发达省份相适应的浙江民办高等教育品牌。

（二）快速提高高等学校服务创新驱动发展能力

要坚持政府主导、学校自愿、提升水平、促进发展的原则，充分发挥浙江大学的学科优势，按照关系相近、互利共赢的原则调整结构、整合资源，形成对接信息、环保、健康、旅游、时尚、金融、高端装备制造、文化等八大万亿产业的高等学校联盟、学科专业组合、科技创新团队等，快速提升高等学校服务经济社会发展的能力，助力"大通道""大花园""大湾区"建设，为深入实施"八八战略"提供可持续的智力支持和人才保障。

对接现代工业、现代农业、现代服务业的产业发展，引导"工""农""商"等高等学校和科研院所、特色行业、高新企业通过建立联盟、整合资源，充分利用与盘活现有的高等教育资源，集聚学科专业优势，形成先进制造业学科群，信息技术及人工智能学科群，经济、财经、金融学科群，农、林、水学科群，人文社会学科和艺术新媒体学科群，精准对接战略、新兴、高新技术产业，全方位服务经济社会的转型发展，为统筹推进富强浙江、法治浙江、文化浙江、平安浙江、美丽浙江、清廉浙江建设提供坚实人力资源基础、贡献教育智慧。

（三）切实增强创新创业人才培养力度

习近平总书记指出"办出世界一流水平大学，要牢牢把握全面提高人才培养能力"这一核心点。"创新高校人才培养机制，促进高校办出特色争创一流"是党中央对高等教育改革发展提出的最直接、最明确的要求。人才培养、教育教学工作是高校首要职责。当前最迫切的任务是要全面贯彻落实习近平总书记提出的"四为方针"，坚持立德树人，更新教育观念、完善培养方案、创新培养模式，使高等教育在坚持"四为服务"中，发挥更大、更好、更有特色的重要作用，为培养全面发展的"四为服务"做贡献。

坚持科学定位、错位发展，着力增强创新型、复合型、应用型、技能型人才培养，以适应世界经济全球化、高等教育普及化、经济社会发展对人才多样化的需求，改变以教师、教室、教材为中心的教学模式，向学生以

"学"为中心教育新范式转变，真正来一场"课堂革命"，建立实践导向、能力导向的人才培养机制，改革学业评价标准，保持必要的淘汰率，确保精英人才、大众化人才、个性发展人才都能得到全面培养，为提高国民素质及现代化建设水平贡献力量。

要大力加强创新创业教育，建立科技界、产业界及社会各行各业广泛参与的大学生创新创业教育的新格局，开门办学、校企合作、产教融合、协同培养，使高校创新创业教育从以校园为主、模拟为主，向校内外资源、要素的有机结合、仿真实战为主，着力增强大学生的创新精神、实践能力及社会责任感，使浙江高等教育成为培养创新创业人才的沃土，为中国高等教育创新人才培养模式提供新经验。

（四）大力提升浙江高等教育国际化水平

以提高高等教育国际化水平促进浙江省高等教育现代化进程，增加高等教育国际吸引力，是快速提升浙江高等教育水平的超常规策略之一。

借鉴宁波诺丁汉大学成功办学经验，通过引入民间资本，竭力引进更多、全球知名度更高的世界名校来浙江办学，尽快有2—3所中外合作的高水平大学、一批二级学院成为我国中外合作办学的典范，加快确立浙江中外合作办学的国际声誉和国内地位。

进一步发挥杭州G20后的国际影响力，加强高校与国际高等教育机构的合作与交流，鼓励高等学校积极开展全球或区域性的双边、多边教育科研和学术交流，提高浙江高校的国际化水平。以问题为导向，专门设立以我为主、面向境外的教育科研项目、科技攻关课题，吸引高水平人才来浙江开展教育科研工作，着力造就一大批通晓国际规则、能够参与国际事务和国际竞争的国际化人才。

进一步发挥浙江的经济及教育优势，总结浙江师范大学中非合作办学经验，加大与第三世界国家教育合作与交流，为推进全球"南南合作"、落实国家"一带一路"倡议、实现中华民族伟大复兴的"中国梦"打造中国中外合作办学示范品牌。

（五）系统构建调控、评价、分配等保障机制

宏观调控机制：建立跨部门的高等学校管理联席机制，强化财政、人事、科技、教育等部门的统筹协调、定期会商，进一步简政放权，扩大高校人事权、资金分配使用权，改革自上而下行政主导型的激励促进、资源分配机制，按大学章程自主办学，加快培育高校的发展内生动力，充分发挥高校主体在学校发展、人才培养、学科专业建设等内涵建设中的自觉性、主动性和创造性。

高校评价机制：按照分层分类评价的要求，制定浙江省高等教育省级办学质量标准，完善浙江省高等教育评价主体建设，发展浙江高等教育的社会评价能力，鼓励和培育第三方评价，建立多元化的评价体系，定期发布评估质量报告，为浙江高校的人才培养工作确立质量标杆。

内部分配机制：探索建立以提高质量为目标、以育人为根本、注重实际贡献的分类评价导向、薪酬支付体系，引导教师在各自岗位上安心育人、潜心研究，促进高校办出特色、争创一流。教学工作评价以教学工作量、教学改革、课堂教学效果、学生评价等为主要评价要素，科研及社会服务评价工作要坚持问题导向，要向社会市场要资源、向生产实际要项目、向服务对象要资金，以解决实际问题、科技攻关、实际贡献为评价主要依据，切实扭转过于唯项目、唯课题、唯论文的评价导向。

雷 炜

2017年11月

注：此文由浙江省公共政策研究院印发，浙江省人民政府成岳冲副省长专门作过批示。

目　录
Contents

第二章　大众化视域下的浙江高等教育

第三章　构建高等教育质量保障体系：顶层设计

第四章　构建高等教育质量保障体系：学科建设与专业设置

第五章　构建高等教育质量保障体系：课程建设与教学探索

第一章　高等教育质量保障体系概述

经历了20世纪末以来规模迅速扩大的发展期后，我国高等教育完成了从精英化到大众化的历史转变。西方国家百余年的转变历程，中国仅仅用了不到20年。这种依靠政府强有力的顶层设计完成的转变必然也会暴露出许多的问题。这些问题或是世界高等教育系统共同面临的，或是特殊国情下的个例，都成为我国高等教育本体发展的"拦路者"。[①]而在这些问题中，人们最为关心的仍然是量与质的兼顾。如何在大众化的背景下构建有效的高等教育质量保障体系，实现高等教育规模、质量、结构、效益的全面协调发展是各界的共同诉求。基于此，本研究在首章对质量、高等教育质量以及高等教育质量体系进行理论梳理，旨在将抽象的高等教育质量概念具体化为具有可操作性的定义，为后文的叙述夯实理论基础。

第一节　高等教育质量的基本概念

一、高等教育质量的概念演变

（一）质量

质量的概念是在历史发展中产生的。随着时代的变迁，质量的概念也在不断地进行补充、丰富和发展。人们对质量的概念在不同的历史阶段表现出不同的理解，出现了符合性质量、适用性质量和全面质量等概念，质量的

---

①安心.高等教育质量保证体系研究[M].兰州:甘肃教育出版社,1999:62-66.

重要性得到人们的认可，逐渐有了质量意识。关于什么是质量，《辞海》中是这样解释的：质量是指产品或工作的优劣程度。如产品质量、服务质量、工程质量、教育质量、建筑质量等。从产品的角度来看，产品的质量就在于要符合产品的设计要求，达到产品的技术标准。就产品的使用者角度来看，质量是产品和服务满足顾客需要的程度。满足顾客的要求，为顾客所接受，就是高质量。工农业产品的质量一般较易于衡量，根据产品的规格、使用要求等制定质量标准，即要达到规定的指标。工农业产品按照这些明确规定的指标在生产过程中进行检验、控制来保障产品达到规定的质量，可以用合格率的高低来衡量质量。

质量的概念含义广泛，人们已经将质量的概念发散至各个领域。而高等教育质量，则更为复杂一些。高等教育是培养人，也就是说学生是我们高等教育的产品，既要求在量上满足国民经济和社会发展的需求，又要求在人的基本素质上达到各行各业的基本要求，故高等教育质量呈现出多元性和层次性。高等教育产品与工农业产品完全不同，他们是具有主观能动性的、活生生的人，不能简单地根据产品的优劣程度来衡量质量，因此对学生质量的评价，不能完全参照工农业产品的标准。高等教育的类型呈现多样性和层次性，研究生教育、本科教育和专科教育都有各自不同的质量要求，研究型大学有研究型大学的质量要求，教学型大学有教学型大学的质量要求，研究教学型大学有研究教学型大学的质量要求，地方性学院有地方性学院的质量要求，职业技术学院有职业技术学院的质量要求，就是同为研究型大学，也有偏重理论、偏重技术和偏重应用之分，其质量要求也各不相同。所以不能用同一质量标准来衡量不同性质的高校，也不能用精英教育阶段的质量标准来衡量大众化阶段的高等教育，否则，会形成极大的反差，会引发对大众化阶段高等教育质量的全面否定。大众化高等教育的质量是多元的、有层次的，不仅要增加人才数量，还要提高人才素质，注重内涵发展。

（二）教育质量

教育的本质是以人的培养为直接目标的社会实践活动，教育质量应当是教育的永恒主题。教育质量是什么？对这个问题的论述，各家有各家的说法，大多数的论述也相当的模糊，没有形成统一的认识。国内外对"教育质量"的争议较多。瑞典学者胡森（Husen）认为，教育质量就是"人们期望学校给学生带来的不仅仅局限在认知领域的变化"；美国学者塞姆尔（Seymour）认为，教育质量的指标主要意味着"丰富的资源"，包括较多的专业、巨大的图书馆藏、一定数量的知名学者等指标；美国学者刘易斯（Ralph Lewis）认为，"质量就是一种与能满足或超过期望的产品、服务、人员、过程和环境相联系的动态的状态"。其中，"动态"的含义是指"被称为'质量'的东西随着时间的迁移和环境的变化可以而且确实得到了改变"；英国学者戈林（Diana Green）指出教育质量的含义为"卓越成就、完成标准、适于目的、值钱；可变的等多种可能性"；库姆斯在他的名著《世界教育危机》中提出："比起习惯上定义的教育质量以及根据传统的课程和标准判断学生学习成绩从而判断教育质量，这里所说的'质量'还包括教与学的'相关性'问题，即教育如何适应在特定环境与前提下，让学习者满足当前和将来的需要，还涉及教育体系本身及构成教育专业要素（学生、教师、设备、设施、资金）的重要变化，目标、课程和教育技术以及社会经济、文化和政治环境等"。他认为，教育质量不是一个静态的概念，应该是动态的，质量和水平是相对的，是根据特定的时间、地点、特定的学习者和他们的环境相对而言的。西班牙大学委员会则认为教育质量就是"整个学校的绩效"；美国高质量教育委员会对教育质量做了如下的阐述："高质量指的是一个学校或学院为全体学生规定了高标准和目标，然后，想方设法协助学生达到这些目标。"在国内，潘懋元教授说："什么是教育质量？能够充分发展个人的才能以适应社会的需要，对社会能充分发挥作用，对学生能在原有基础上有明显提高，这就是教育质量。"有的学者认为教育质量是"学校根据国家教育方针政策的要求，为满足特定的社会和学生发展的需要而确立的教育目标，设计、组织、实施，旨在实现这一目标的教育活动达到预期效果的度量"。还有的学者认为，教育是以促进社会发展和人的发展为目的的培养人的活动。教育质量是"在既定的社会条件下，在教育活动客观规律与学科自身逻辑关系的限制下，一定的教育所培养的人才满足社会需要的程度与促进学生身心发展的程度"。显然，不同的人、不同的组织以从不同的教育价值观、不同的方法论和不同的关注点来界定教育质量,将导致不同的结论。

通过对国内外"教育质量"这一概念界定的梳理,我们可以看出高等教育质量具有以下特征:质量是独有的,优秀的;质量与设定的规格和标准相一致。标准是评价的基准或尺度,规格可以包括一系列标准。《教育大词典》对教育质量是这样定义的,教育质量是"教育水平高低和效果优劣程度","衡量的标准是教育目的和各级各类学校的培养目标。前者规定受培养者的一般质量要求,也是教育的根本质量要求;后者规定受培养者的具体质量要求,是衡量人才是否合格的质量规格"。可见,高等教育质量包含两个方面的含义,一方面是指衡量人才质量的统一质量标准,即德、智、体、美、劳全面发展,人文素质和科学素质有机结合,具有创新精神和实践能力;另一方面是指在统一质量标准的基础上,各级各类学校人才培养的具体目标。显然,要对大众化高等教育进行质量评价,实际涉及高等教育的一般质量标准和具体质量标准两个方面,一般质量标准是教育质量的共同基准,具体质量标准是衡量所培养人才是否合格的质量规格。我们评价高等教育的人才质量,既要有一般的质量标准,又要有具体的质量标准,只有把两者结合起来考虑,才能得到一个全面的认识。由于教育质量具有内隐和迟效性的特点,短时间难以对其评价,内涵往往容易受到忽视,另外评价的标准不统一,难以获得广泛的认可;再者对教育质量的定义过于注重结果而忽视过程,这都是需要认真反思的。对教育质量的解释不能局限于某一方面,而必须考虑人的全面发展和社会的和谐发展,把促进人的全面发展与满足人民群众的教育需求有机统一起来。"教育质量"并非是一个内容与标准固定不变的概念,而是一个与特定的社会主体相联系,随社会的发展而变化的动态概念,反映人们对教育活动结果的期望。因此,教育质量主要体现在培养的人所能满足个人自我发展要求和社会人才需求的程度。

(三)高等教育质量

高等教育质量是一个复杂的概念,国内外专家学者对质量的理解角度各异，各种看法莫衷一是。联合国教科文组织指出高等教育质量是一个多层面的概念，应该包括高等教育的所有功能和活动。因此，研究高等教育质量保证体系，首先需解决的问题就是要厘清高等教育质量的概念，整体、科学地把握其内涵和外延。

高等教育质量是人们对高等教育内在属性的度量。因此，探索高等教育质量观，必须以研究高等教育质量属性为前提。高等教育质量的属性是高等教育质量的体现，可以分为本质属性、自然属性和时代属性。（1）本质属性是指适应性。"高等教育质量是高等教育机体在运转、发展过程中满足自身特定的内在规定要求和社会的外在规定的一切特性的总和"，即高校培养的人才对社会需求的适应程度和培养成果之间的契合程度。（2）自然属性是指多样性。高等教育质量的自然属性是本质属性的延伸与扩展。如今社会对于高等教育的需求日趋多样化，提高高等教育对社会需求和自身发展的适应，需要高等教育适当分工，走多样化发展之路，逐步形成多形式化、多导向化和多层次化的高等教育质量格局。（3）时代属性是指发展性。高等教育质量是一个历史的发展概念，质量的内涵与标准、人们对质量的理解和认识都处在一个动态的发展变化过程之中。因此，高等教育质量具有很强的时代特征，是一种与时俱进的发展性质量。我们要用发展的眼光看待高等教育质量，不能局限在当时当下。

对于高等教育质量的概念，不同的人有着不同的理解，我们认为可以从以下四个方面进行具体的阐明和解析：（1）卓越，即一流的。质量在很大程度上被视为"卓越""优秀""第一流"的代名词。对于复杂的质量概念，大致包含大学的等级声望、可享用资源的丰腴度，教学成果和学生能力的提升等。当这些方面达到"卓越""一流"时，才能称之为高质量。（2）达成目标。瑞典的胡森认为："高等教育质量的高低就是指高等教育活动所产生的效果达到既定的目标的程度，或者说满足社会及受教育者需求的程度。"可见，质量对于目标的适切性通过比较与目标的一致程度来测量。（3）满足程度。质量是满足国家和社会需要的程度，主张注重实效、强调社会适应性，把满足社会需求作为衡量教育质量的标准。此外，"质量满足需求"的定义还体现在满足个人的发展、实现自我价值的需要上。（4）持续改进。质量是一个历史的、发展的概念，与时俱进，有很强的时代特征。质量的内涵与标准处在一个动态的发展变化过程之中，这就赋予了质量"持续改进"的定义。因此，我们对待质量问题不应满足现状，而是要结合当代高等教育现状和趋势的情况，努力做出调整，对质量进行持续改进和完善。

高等教育是国家和社会发展进步的基础，高等教育质量往往关系到国家高层次人才的培养和社会经济发展，因此高等教育质量一直是相关机构学者非常重视的问题。高等教育质量是一个复杂而又有争议的问题，是近年来我国高等教育界乃至全社会普遍关注的一个话题，这主要是因为开始于 20世纪末的高等教育规模的急剧扩大，大学生数量迅速增加以及大学毕业生就业难等引起了人们的广泛讨论。它不仅关系高校的生存和发展，而且还关系到国家和社会的发展，提高质量是高等教育永恒的主题。高等教育质量体现为高等学校产品或高等学校教育工作的优劣程度。高等学校的产品和高等教育的职能是密切相关的。与教学职能相联系的产品是高等学校向社会输送的高级专门人才；与科学研究职能相联系的产品是科研成果；与为社会服务职能相联系的产品是各种形式的服务，各职能是相互联系、相互促进的。高校的科研水平越高，为社会服务开展得越活跃，越有深度和广度，就越有利于教学水平的提高。高等学校的教育工作主要是围绕学生展开的，概括起来主要有教学工作、思想政治工作、校园文化的开展、大学生社会实践等。由上可见，高等教育质量的内涵是十分丰富的。在方法上如何测量这种质量更是仁者见仁，智者见智。国外有学校采用学生成绩为指标，也有通过问卷广泛搜集社会评价来表示，还有以毕业生的平均起薪工资作为对高等教育质量的评价。将学生质量置于首位，因为学生是高等学校的主要产品，所以是高等教育质量的核心指标。师资质量是高等教育质量的重要组成部分，是教育的人力投入的主体，也是提高学生质量的人力保障。物质条件同样是高等教育质量的组成部分，同时是人才质量的硬件保障体系。以上这些指标都是可以量化的。办学特色与校园文化分别侧重于管理层面以及学生的主体性活动两方面，同时也是人才质量的软件保障体系，十分重要。关于学生质量，笔者建议还应该考虑引进"满意度"来进行评估，包括毕业生本人和用人单位两方面的满意度。如果我们的学校办学使学生无法满意，社会和用人单位无法满意，也就没什么质量可言了。另一方面，质量的衡量标准也要随科技进步、社会进步不断更新。高等教育质量就是高等学校必须培养出国家建设需要的、符合规格要求的专门人才以及促进学生个人的发展，即培养高层次、有教养的社会公民。这是高等教育质量的本质特征和体现。

（四）综述

从质量到教育质量再到高等教育质量，可以理解为从抽象到具体，从宽泛到细化的过程。随着描述的对象不同，质量概念的外延和评判标准迥异。然而，如果单纯地将质量的僵硬概念直接应用到教育上，难免有一种物化和粗鲁的嫌疑，因为教育事业的主体和对象是人，这就注定教育质量不能仅仅从基础的质量层面去理解，而更需要多元化的眼光和视角。这样看似悖论的拔高似乎是无法实现的，但这正是高等教育事业遇到的现实情况，也是本研究试图解决的问题。

二、高等教育质量观

高等教育质量观是高等教育的质量在人们观念上的反映，是人们在特定的社会条件下的教育价值的选择。包括如何看待高等教育的价值，怎样设置高等教育的目标，高等教育的过程评价以及教育的内容、方法、手段等诸方面。因此，高等教育质量观是一定阶段评价高等教育和引领高等教育发展的核心观念。随着高等教育的发展，高等教育质量观在历史进程中不断得到丰富，形成了包括精英教育阶段的高等教育质量观、大众化教育阶段的高等教育质量观、单一的质量观和多元的质量观等多重质量观。由于人们对高等教育的不同认识，产生出不同的高等教育质量观。不同的高等教育质量观规定和影响着高等教育质量，成为我国高等教育发展和改革的导向因素。由于高等教育的质量概念没有一个确切的界定，研究者研究方法和出发点的不同，便对高等教育形成了各种不同的质量观。国内外的专家学者总结了目前已有的质量观点，例如戈林分析了高等教育质量方面五种不同的质量观点，我国学者安心总结出八类观点：不可知观、产品质量观、测量观、替代观、外适性观点、内适性观点、绩效观和准备观。韩映雄在其著作中将已有的观点概括为六种典型的高等教育质量观：

（一）阶段论质量观

这一观点主要基于马丁·特罗的高等教育"三阶段"发展理论，强调在不同的发展阶段，由于高等教育的重点不同，所以质量观也不同。在精英教育阶段，高等教育主要是塑造统治阶层的心智和个性，为学生在政府和学术专业中充当精英角色做准备。这种情况下的质量观是唯一的，就是"优秀""卓越"，这种观点也被称为传统的质量观。现阶段，这种质量观可以用来衡量个别顶尖的研究型大学，但是对于大多数的教学型大学则没有太多的参考价值。在大众教育阶段，高等教育的目的不仅在于培养领导阶层，而重点则转向培养更为专业的技术人员，满足社会发展的需求，因此这一阶段的质量观是丰富多样的。对于普及高等教育，好的教育质量就是满足个人发展的需要，质量观也要发生相应的改变。

（二）需要论质量观

高等教育的质量由其所提供的产品和服务对社会和个人的满足情况而定。满足顾客的需求，并使顾客满意是高等教育应该始终追求的质量水平。

（三）适应论质量观

适应论质量观强调，适应需要并满足需要就是质量，质量并没有高低之分。正如学者安心归纳的内适性和外适性观点所述。

（四）目标论质量观

这种观点认为高等教育质量实质上是"符合目的的质量"，指高等教育按照一定的目的、用途来进行人才的培养。如医学院对学生的教育目标就是会看病，如果培养出来的学生无法实现这个用途，那么无论怎样也无法认为这样的教育质量是高水平的。目前，办学层次和类型出现丰富化和差异化，不同类型高校的办学目的和社会定位可能会有很大的差别，如果采用单一的质量标准来进行衡量就会没有任何实际意义。所以，不同类型的学校应当针对各种办学方针和目标制定相应的教育质量标准。

（五）产品质量观

这种观点将高等教育视为一种特殊的社会生产活动，所以对高等教育质量的评价可以建立在对其产出质量的衡量之上。一种普遍的观点是将学生看作高等教育体系用来满足社会需求的产品，但这是高等教育职能的一个方面，另一个主要方面是其面向学生、社会、国家提供的服务产品。世界贸易组织将教育和服务列为同一类贸易项目，高校的产品应是高等教育服务。学生从高校获得知识、教师的讲授、方法以及高校提供的其他管理服务，并交纳了学费，从而形成了提供服务与接受服务的供求关系。高等教育的质量就是它所提供的服务和产品质量的辩证统一。

（六）全面质量观

全面质量观综合了以前人们对高等教育质量的各种界定，要求以全面的观点，综合评价高等教育的整体水平。而判断的标准是高等教育质量对顾客"明确或潜在的需求"的满足情况。高等教育的质量取决于教学科研人员、学生质量、环境基础设施建设、学术环境和管理水平等多方面的因素。质量的提高需要高等教育机构全体人员的共同参与，制定系统全面的质量管理体系，通过把握优化所有的过程环节来实现。上述观点表达了从不同的价值取向、判断角度对高等教育质量的理解。尽管不同观点可能存在歧义，甚至可能有些偏颇，但是每种观点都有其存在的合理性，为我们从不同的角度深刻理解高等教育质量内涵、界定高等教育质量提供了基础。同时也表明高等教育质量已经摆脱传统的单一衡量标准，高等教育大众化阶段的质量标准是多样的。高等教育质量目标的制定和质量水平的测评要根据高校的办学目的和实际情况来具体制定。

第二节　高等教育质量保障体系理论演进

一、高等教育质量保障

质量保障是指为使人们确信某一种产品或服务能够满足规定的质量要求提供某些实体的适当依赖程度，为保证质量所进行有计划、有组织、有系统的活动。高等教育质量保障是指特定的实体依据一套质量评估指标体系，按照一定的过程和程序，对高等教育质量进行控制、评估和审核，使高等教育培养的人才、开展的科学研究以及所进行的社会服务等一系列活动持续达到预定的目标，以保障高等教育的质量，促进高等教育发展有计划、有组织、有系统的活动过程。这里的实体是指高等教育相关机构，包括高等教育行政管理机构和高等学校。高等教育质量保障始于 20 世纪 80 年代，发轫于西方高等教育发达国家，尤其是西欧的荷兰、英国，北美的美国、加拿大，大洋洲的澳大利亚在高等教育质量保障方面成效显著。高等教育质量保障因在提升高等教育质量方面发挥着重要的作用而受到世界各国的重视。在当今高等教育界，高等教育质量保障已经成为大多数国家高等教育改革与发展的主要议题，质量保障正在成为高等教育的一种制度，对高等教育质量进行监控和评估。目前，高等教育质量保障的发展主要表现在以下几个方面：一是理论研究取得了丰硕成果，研究的范围极其广泛，有了国际性的质量保障研究成果。二是世界各国纷纷进行了高等教育质量保障的实践探索，成立了各种性质的质量保障机构来保障高等教育质量。三是高等教育质量保障日趋国际化，发轫于西方国家，随即波及全世界。我国正处于高等教育大众化阶段，高等教育规模的急剧扩张引起了社会与政府对质量问题的关注。对如何有效地保障高等教育质量，我国高等教育界开始引进了高等教育质量保障的有关理论，并进行了理论与实践研究，提出了有关高等教育质量保障的新思路。对建立有效的高等教育质量保障体系进行了深入的探讨。

二、高等教育质量保障体系

质量保障体系是指实施质量管理，为保证和提高质量，运用系统的原理和方法，依靠必须的组织结构，把各部门、各环节的质量管理程序、过程和资源严密组织起来，形成一个任务明确、责权协同俱进的质量管理的有机整体。高等教育质量保障体系是指与高等教育质量保障有关的基本要素互相联系、互相制约而构成的整体；是为了保证和提高高等学校在人才培养、科学研究、社会服务等方面的质量，在高等教育质量鉴定等活动的基础上出现的教育质量评价活动的深化和系统化；它是指一种在高等教育内外体制性因素的支持下，通过建立相应的组织运行机制和广泛运用各种评价手段的有机整体，保证高等学校维持和提高教育质量是其目的。高等教育质量保障体系可以分为内部质量保障体系与外部质量保障体系，主要包括内部引导、外部监控、激励系统和评估系统。高等教育质量的内部保障体系负责高等学校内部的质量保障活动，主要负责高等学校内部的教学质量保障，是自我保障。高等教育质量外部保障体系主要是政府和社会的专门机构，由保障机构组织高教界同行专家与以外的专家对高等学校进行高等教育质量鉴定与评估，监督高等学校内部的质量保障。高等教育质量内部和外部保障体系两者结合起来，共同履行高等教育质量保障的功能，促进高校达成教育质量目标。我国高等教育的扩张引发了政府、社会、学校以及民众对高等教育质量的担忧，社会和民众担心高等教育急剧扩张是否会导致高等教育质量的滑坡，政府和学校则在思考用什么标准以及如何有效地确保高等教育质量。这是高等教育大众化阶段对教育质量形成的挑战，如何建立有效的高等教育质量保障体系成为解决这一挑战的途径。

三、高等教育质量保障模式

关于高等教育质量保障模式，田恩舜认为："高等教育质量保障就其本质而言，是政府、高校与社会为了实现其各自的价值需求而进行的价值选择和价值博弈的过程。在选择和博弈的过程中，国家权力、市场和院校自治这三种力量在不同的时空背景下的张力整合，就形成了不同的质量保障模式。在过去20年的世界各国的高等教育质量保障运动中，产生出了各种不同历史文化背景、受不同政治经济体制和高等教育管理体制影响的、反映了不同教育价值观的保障模式。可以说，每一种模式的形成都是特定环境下高等教育质量保障主体之间博弈的结果。每一种模式都有其独特的结构与特征、优势与不足。模式变革的趋势朝多元复合型模式发展，以有效的协调多元主体的价值需求，在国家权力、市场与院校自治之间达到平衡。"①质量保障模式可分为抽象模式和具体模式。

（一）抽象模式

所谓抽象模式是指根据国家、市场和院校这三种权利主体不同的作用力度和作用方式，将各种模式的特征予以抽象归纳而划分出来的模式。有学者将高等教育质量保障实践中所形成的模式分为五种，即自主型模式、控制型模式、市场型模式、合作型模式与多元复合型模式，具体的特征分析如下。②

1. 自主型模式。

所谓自主型模式，是指政府与社会不参与高等教育质量保障活动，而由高等学校全面负责高等教育质量保障事宜的一种质量保障的制度。在自主型模式中，高校通过其内部质量保障的政策与过程，向政府和社会做出质量承诺并且赢取他们的信任。自主型模式的特点有：第一是自主性。即自主制定质量标准；自主设立质量保障机构；根据学校的发展目标和规划，自主决定质量保障的内容和侧重点；学校结合自身的传统与特色，自主选择质量保障的程序与方法；自主决定评估结果的用途。第二是发展性。发展性特征主要体现在质量观、质量保障目的和方法等方面。在质量观上，质量被认为是卓越的，质量没有最好，只有更好，质量是动态的、发展的；在质量保障的目的上，更加强调实质性目的，即质量的改进与提高，并且借助系统性、周期性评估手段，以实现其诊断与调节功能，发现问题，寻求改进对策，促进

---

① 田恩舜.高等教育质量保障模式研究[M].青岛:中国海洋大学出版社, 2007:18.
② 田恩舜.高等教育质量保障模式研究[M].青岛:中国海洋大学出版社, 2007:87.

学校工作的不断完善；在质量保障方法上，更多的运用自我评估、同行评估，强调内在动机的激励和自我发展。第三是单一性。自主型模式的单一性特征体现在质量保障主体和权利结构上，即质量保障主体的单一，权利的单一。第四是封闭性。由于质量保障主体及权利的单一，使得自主型模式呈现出一定的封闭性，即质量保障的政策，包括质量保障的目的、侧重点、机构的设置、程序与方法等，都由学校自主决定，并由学校组织力量加以实施，在这个质量保障过程中，外界的力量对学校的影响不大。

2. 控制型模式。

所谓控制型模式，是指在高等教育质量保障活动中国家权力起主导作用，由国家意志的执行政府机构监督高校对政策的执行情况，对高等学校实施全方位的质量控制，并且向社会做出质量承诺和担保的高等教育质量管理制度。控制型模式具有强制性、统一性和直接性的特点。

3. 市场型模式。

市场型模式是指在高等教育质量保障中，市场的调节和导向起主导作用，政府、高校和学生都以市场为中介实现各自的高等教育质量需求。一般情况下，政府不参与、不干涉高等教育质量保障活动，而是将竞争机制引入高等教育领域，让高等院校面向社会自主办学，直接参与生源市场、科技市场和劳动力市场的竞争。学校可以依据评估结果向政府提出自己的要求，社会可以利用评估结果选择学校、专业和毕业生。市场型模式具有间接性、资源性和民主性以及多样性的特征。

4. 合作型模式。

合作型模式是指在高等教育质量保障中，由政府和高校共同承担高等教育质量保障的责任。政府和高校基于一定的共识，通过协商达成在高等教育质量保障中的合作关系，即由高校负责其自身的内部质量保障，高等教育外部质量保障则由政府负责，这样，政府和高校共同向社会做出质量承诺，并且赢得社会的信任。

由政府和高校合作、共同承担高等教育质量保障责任的合作型模式，在高校自治和绩效责任之间达到了一定程度的平衡，但是由于主导合作型模式运行的主要还是国家权力和院校的自治力量，市场机制的作用甚微，这就使得高等教育质量保障的过程复杂、程序繁琐、成本过高。因此，合作型模式具有互补性、协调性和复杂性的特征。

5. 多元复合型模式。

所谓多元复合型模式，是指政府、高校和社会共同参与高等教育质量保障的管理制度。多元复合型模式不是以院校、政府或者其中任何一方的价值需求作为唯一的出发点，而是综合考虑各主体的需求，并且加以平衡，常常通过一定的协调、整合机制，使得国家权力、市场与院校自治的力量得以比较均衡的配置，从而制定出能够反映多方意志和利益的质量保障政策，并且加以实施。因此，这种模式也可以称为平衡型模式，具有多元性、自愿性与强制性统一，全面性和稳定性特征。多元复合型模式是一种较为理想的质量保障模式，它能够有效地协调多元主体的价值需求与价值冲突，在国家权力、市场逻辑与大学自治之间达到平衡，并且实现高等教育质量保障的实质性目的与工具性目的的统一。从世界上高等教育质量保障运动的发展历程来看，高等教育质量保障具有向此种模式靠拢的趋势。

（二）具体模式

"不同的高等教育质量观会导致不同的高等教育质量保障模式。目前，高等教育质量保障具体模式主要有BS5750或ISO9000模式、绩效指标模式和专家管理模式这三种。"[①]

1. BS5750或ISO9000质量保障模式。

这是西方工商管理质量保障模式在高等教育管理中的延伸。BS5750系列标准是有"英国标准协会"的说法（British Standards Institution）为检验控制其产品质量而制定的，在20世纪80年代后期、90年代初期被一些学者引入高等教育领域。ISO9000是国际标准化组织（International Organization for Standardization）以之前的标准为基础，参考加拿大标准CSA2299、美国标准ASGC21.15制定的。这一模式的理念是：虽然工商界的情况与高等教育界的情况有很大的不同，但是其"满足用户需求"的基本原理，完全适用于高等

---

①陈玉琨.教育评价学[M].北京:人民教育出版社, 1999:227-229.

教育。因此，BS5750标准的基本精神与质量保障程序被引入教学领域，形成了大学教学质量保障的BS5750模式或ISO9000模式。这一模式具有以下特征：源于工商界，"市场化"特征明显，以满足用户需求为根本宗旨，为基于外适性质量观的质量保障；具有一定的外适性，但本质上还是属于校内管理，强调学校与全体员工的参与，这与大学维护自身的自主权并不相悖；受工商界管理模式影响，关注教学过程中的所有关键活动，注重实证指标与量化要求。

2. **绩效指标模式**（Performance Indicator Model）。

这是由欧盟组织研究开发的。欧盟各国对高等教育绩效指标做了大量的研究。早在1984年3月，英国副校长与校长委员会（Committee of Vice Chancellors and Principals of United Kingdom, CVCP）就提出了关于大学效益问题的研究课题。以后该委员会邀请了伯明翰大学理事会（Council of Birmingham University）主席加雷特（Jarratt.A）组成了专门委员会进行研究。在研究的基础上，加雷特认为：需要编一套评价高等教育的绩效指标。然后，在英国副校长与校长委员会、大学拨款委员会（University Grants Committee）的共同努力下，英国1986年发布了第一套关于大学的绩效指标。在这以后，关于高等教育绩效指标的研究在英国不断出现。其中特别需要重视的是，经济合作与发展组织（OECD）在1990年与1993年先后两次发布了凯尔斯（Kells.H）编辑的《高等教育指标的编制——欧盟十一国纲要》和《高等教育绩效指标的编制——欧盟十二国纲要》。与BS5750质量保障模式不同的是，学术性要求的指标已经被放在质量保障的重要位置，从而反映出两个模式在教育价值观和质量观的分歧。

3. **专家管理模式**（Professional Model for Quality）。

这是由英国学者埃尔顿提出来的。随着质量运动在英国的开展，发端于工业界的全面质量管理思想，被引入高等教育领域并且迅速用于实践，专家管理模式在这样的大背景下应运而生。全面质量管理理论认为，生产产品或者服务的质量，既不能组织外部也不能从组织的上层得以维持，它需要组织全体成员的全面参与和无私奉献，这就是全面质量管理理论的主要信条，也是大学实施专家质量保障模式的理论前提。该模式的各阶段如下：

　　大学通过日益增长的专业化，与用户协商确定其目标及标准；根据学生学习环境的总体特性解释其目标与标准；通过在个别教师以及学校层次上的正式自我评价程序，来监督与评价学生学习环境；教师的自我评价要继之以职工评价，学校的自我评价要继之以课程评价、管理评价与资源评价；在合适的时候，评价结果可以作为师资培训与发展、课程设置与资源配置的依据；上述程序构成了一个内部质量保障体系；通过外部质量审核或者类似的过程进行质量保障；由定期的同行评价，对学生学习环境进行直接的质量评价；通过可公开的质量审核与评价对"用户"负责；根据质量保障过程中得到的实证材料，大学与"用户"协商重新界定其目标与标准；教师得到培训与发展后，专业水平得到提高。

　　专家管理模式是在全面质量管理理论的基础上发展起来的，其最重要的也正在于其发展性。它从学校设立目标开始，直至促进教师的专业化，又为重新确定目标打下基础，新的质量周期又开始了。如此螺旋式地往复，达到持续保障与改进教育质量的目的。

第三节 高等教育质量保障方法

从全球范围来看，在高等教育界主要有三种质量保障方法：评估（Assessment）、认证（Accreditation）和审核（Audit）。但是它们的定义并不是非常明晰，功能也有所重合。此外，排行榜、绩效指标、基准参照和考试、测试也可用来保障高等教育质量，但是通常将它们视为质量保障工具。还有一些院校采用ISO9000方式，比如：在澳大利亚的很多职业技术学院就采用ISO9000标准与方法进行内部质量保障。

一、评估（Assessment）

评估是一种评价。它的结果表现为一种等级，或为数字（如百分比或者范围更小的等级，如1—4），或为字符（如A—F），或为描述性语言（优秀、良好、满意和不满意）。评估问的是："结果有多好？"评估本身并不包含质量改善的目的，而这对一个院校的发展是必要的。另外，评估更容易走向量化评价而不是质性评价。[①]

二、认证 （Accreditation）

《国际高等教育百科全书》认为："认证是一个合法负责的机构或者协会对学校、学院、大学或者专业学习项目（课程）是否达到某既定资源和教育标准的公共性认定。"认证"通过启动性和阶段性的评估得以进行。认证过程的宗旨是提供一个公认的、对教育机构或者项目质量的专业评估，并且促进这些机构和项目不断地改进和提升质量"。认证用来评价院校是否符合一定的称号或者达到一定的地位。它是国家建立质量保障系统的首要选

---

① 方乐.跨境高等教育质量保障背景下的质量保障[J].中国高等教育评估, 2005（4）:22-23.

择。这种称号或地位对于机构本身或者学生有特定的意义，如机构获得办学许可或有资格取得外部资助，学生有资格取得资助或者得到专业学位等。认证问的是："你的优秀程度是否达到得以批准的要求？即：你获得批准是否合适？"认证有双重目的："质量评估和质量改善。认证在考虑输入的同时也重视结果。认证的结果一般表述为是或者否，但有时可以用等级分来确定结果，因此，评估和认证都有可能产生一串数字的分数。认证有时也被称为注册（Registration）或者批准（Licensing）。"[①]一般来说，一个通过认证的高等教育机构或者项目具有以下特征：有高等教育界认可的明确目标，具有实现目标的财力、人力和物力资源，显示出正在实现这些目标。

三、审核（Audit）

高等教育质量的审核是指在完成上述的评估、认证后的最后一部分。审核是指在一定的质量观视角下对高等教育质量进行最终评价的步骤。审核的主管部门应该是教育行政部门或者第三方评价机构。审核的部分包括对于高等教育质量认证与评价结果的功能。高等教育的质量审核过程的意义在于，不仅仅是高等教育质量保障的最终屏障，更是高等教育质量保障体系建设的纠偏机制。因此，高等教育的质量审核需要坚持公平与公正的原则，在坚持国家法律法规的条件下，通过设立的标准进行实地考察。同时，高等教育质量的审核应建立动态的审核机制，贯穿于高等教育质量保障体系建设的整个过程。

---

①方乐.跨境高等教育质量保障背景下的质量保障[J].中国高等教育评估，2005（4）:22-23.

第四节 高等教育质量保障体系的内涵

一、高等教育质量保障体系的基本内涵

高等教育质量保障体系在世界各国不尽相同，有些国家称之为"高等教育质量保障系统""高等教育质量评估体系""高等教育质量控制体系"等等。它包括教育质量保障机构和由它制定的各种评估模式与各种各样的评估指标体系以及所开展的一系列的质量保障活动。同时，还必须有一套相关的政策和法律作为实施的保证。它的中心目的是在高等教育规模发展的同时，促进各类高等教育的教育质量达到相应的水平并不断提高。就目前世界多数国家的高等教育质量保障体系而言，高等教育质量保障机构是受到了政府的支持和资助，但独立于政府的实体组织。它通过对高等学校进行质量审计与评估以激励和帮助各高等学校提高教育质量。高等教育质量保障活动以高等学校的自我评价为基础，由高等教育质量保障机构按需要组织同行专家对各所高等学校的教育质量或某几个专业或课程的建设进行质量审计与评估。由于各国政府看到了高等教育在国家未来发展中的无可替代的重大特殊作用，他们对本国的高等教育质量给予高度关注，把建立高等教育质量保障体系看作是高等教育改革的一个重要组成部分。

高等教育质量保障体系为国家整个高等教育系统所拥有。同时，随着高等教育的国际化，形成了国际性高等教育质量保障体系的组织网络。各国高等教育质量保障机构工作的目的是为高等学校服务，激励高等学校不断地为提高教育质量而努力，帮助其有效地提高办学质量；另一方面，它也有让社会公众真实地了解高等学校办学质量的责任；同时，它也是国家对高等教育质量进行宏观控制的手段。

高等教育质量保障体系建立的法律依据主要是各国现行的法律和政府及有关部门的相关政策。高等教育质量保障体系一般可分为学校外部保障体

系和学校内部保障体系。外部保障体系的机构通常是全国性或地区性的专门机构，其组成成员包括高等教育界及其相关外界的专家和权威人士，他们由政府或某个作为其领导部门的行政组织或专业组织任命。这些机构的主要任务是领导、组织、实施、协调高等教育质量鉴定活动，并指导和监督高等学校内部的质量保障活动。高等学校内部教育质量保障体系的机构负责高等学校内部的质量保障活动。高等教育质量的外部和内部质量保障体系两者结合起来共同履行高等教育质量保障的功能。要进行教育质量的鉴定或监督各高等学校的教育质量，就必须制定和不断修订、完善一整套评估模式进行评估的质量保障指标体系，或者称为评价或评估指标体系，以便进行实践操作。

二、高等教育质量保障体系构成要素

质量保障体系是由相互联系和相互作用的、具有特定功能的若干要素结合而成的有机整体。质量保障体系每一个要素的质量是整体质量的基础，整体质量又依赖于每个要素的质量水平。当高质量的要素通过优越的机制作用形成优化结构时，也就形成了高等教育的整体质量。这些要素主要包括：保障目标、保障主体、保障客体、保障方法以及保障实施载体。目标、学生、高校、老师、教学方式、教学资源、评估中介、支持服务、政府、社会、经费是其具体表现。这些要素构成高等教育质量保障体系的内部质量保障体系与外部质量保障体系。

（一）保障目标

保障目标是指高等教育质量保障的目的，即解决"为什么保障"的问题。高等教育质量保障的目的是保障与提高高等教育质量，使高等教育满足国家与社会大众对高等教育质量越来越高的需求。高等教育质量的内涵与高等教育质量保障体系的组成决定了高等教育质量保障体系的保障目标应该定位于通过指导、监督、调控高等学校人才培养、科学研究、社会服务等工作的开展，促使高等教育最大程度地满足国家政治、经济、文化、科技等方面的需求，并把高等教育对社会经济发展、文化繁荣、科技进步等所做的贡献作为衡量的指标。高等教育质量保障体系的有效性主要看保障目标的达标程度，当各项工作的活动结果满足或超越既定目标时，这个保障体系就是有效的。保障目标主要表现为以下三种形式：

1. 官方目标，它是国家教育行政部门关于学校任务的一种正式陈述，具有规定性的特点。例如，我国的教育目的就是各级各类学校总的培养目标。此外，还有国家为各级各类学校规定的具体培养目标。这些官方目标对学校管理工作起规范、控制作用。

2. 实施目标，它是某个学校将国家所规定的官方目标结合本校具体情况付诸实施过程中所要达到的工作目标，是学校所认可的真实意向与任务，具有实践性的特点，对学校工作有直接的指引和激励作用。

3. 操作目标，它是某个学校完成学校工作任务的具体指标，往往带有明确的评价标准与评估程序，具有质、量的双重规定性和可操作性的特点，对学校工作具有评估、反馈和调控作用。明确保障目标，构建多层次的保障目标体系，是衡量高等教育质量保障体系有效性的重要指标。

（二）保障主体

保障主体是指高等教育质量保障活动的组织者和实施者，即解决"谁来保障"的问题。高等教育质量保障的主体是政府、高校和社会，包括国家、国务院各部委、各行业部门、高等教育行政管理部门、专业评价委员会、高等学校、社会评价机构、企事业单位等。多元保障主体相互配合、协调共进、形成合力、共同保障，将有利于创造良好的保障环境，切实发挥高等教育质量保障体系的功效。

高等教育质量保障体系的保障主体呈现多元化，已不是单一的主体。政府、高校与社会作为保障主体相互分工与协调，共同参与高等教育质量保障。高校这个保障主体在整个高等教育质量保障体系中处于基础地位。必须充分重视高等教育机构的自我评估和改进。高等教育是一种发生在高校内部的专业活动，其主体是学术人员、高校及其成员。改进与提高质量的动机是内在的，不能从外部强加，而只能被激发、被强化。而作为其他保障主体的政府与社会的保障活动，即外部评估，其作用应该是为高校自我改进与提高提供持续、稳定的支持，使高校及其成员能够在一个良好的制度环境中关注其专业活动的质量。作为高等教育质量保障体系的构成要素，高校的自我评估经济有效，能增加被评估单位的主人翁意识和责任感，提高评估后质量改进的可能性。在高等教育质量保障中，只有当高校教师认为质量保障活动是其分内事，整个活动才可能成功。因此，各国都非常重视高校的自评，院校内部质量保障是外部质量保障的前置条件。在外部力量日益渗透到高等教育质量保障中成为保障主体的情形下，高校积极主动地建立自我保障体系，是保护学术自由、院校自治，也是向外界证明其质量与效率的一种有效手段。对高校而言，自我评估是日常的一项质量保障环节。正是通过不断的、形成性的自我检查和反省，日积月累，才能使保障体系运行起来。从而有效地促进教育质量的提高。例如在英国，各校均设内部质量保障体系，特别是在专业的规划、审批、保障和审查等重要环节上把住质量和标准关。多数学校既实行经常性的保障，又对各专业实行周期性的审查；同时一些学校还聘请校外督察员和学术审查员，他们都是来自其他学校或相关领域的学术专家。校外督察员的主要任务是对大学生是否达到学校的学业标准进行动态的评估，检查学校在给予学生成绩和学位时是否严格依据学校订立的标准，对学生的评价是否有效和公平。学术审查员每隔6年对大学进行一次总体的审查，看该大学的办学标准是否保持在合适的水平。英国高等教育质量保证局的外部评估，侧重于院校审核，即对院校内部质量保障体系及其运行情况的监督与检查，以突出高校自我质量保障的基础作用。作为保障主体的政府主导高等教育质量保障的发展方向，政府将质量保障作为推进高等教育改革的工具和发展高等教育的手段。从宏观高等教育政策看，高等教育质量保障的兴起，是政府改革高等教育体制、努力提高高等教育质量、促使高等教育更好地适应经济和社会发展需要、满足公众不断增长的需要等一系列政策的直接结果。政府在高等教育质量保障体系中的作用主要是通过政策指导和法律规范的方式进行的，政府很少直接组织实施质量保障活动，而是通过立法、财政、评估结果的利用等途径对质量保障活动施加影响。高等教育质量保障体系中的另一保障主体——社会，在高等教育质量保障中日益发挥重要的作用。社会通过直接参与学校管理，组织质量评价等评估活动将社会对人才培养的要求、高校毕业生的就业状况及其他有关信息直接反馈给高校，使高校及时了解、关心社会对人才培养提出的要求，保障高等教育质量沿着社会需要的方向发展。

（三）保障客体

保障客体是指高等教育质量保障活动所指向的对象，也可以说是保障的具体内容，即解决"保障什么"的问题。高等教育质量保障体系保障的是高等教育质量，由于高等教育质量是一个很复杂的概念，具有丰富的内涵，涉及很多内容，包括学校、专业、课程、教师、学生、教学活动等高等教育所有的主要职责与活动，在实际操作中，人们把与高等教育质量有关的因素都放到一起作为保障客体加以保障。但人们对高等教育质量有着不同的理解，因此，对高等教育质量保障体系保障什么，人们也产生了不同的认识。笔者认为高等教育质量主要体现在高等教育实施机构的人才培养、科学研究、社会服务等活动过程中。在我国，由于高等学校是高等教育的主要实施机构，所以高等学校的人才培养、科学研究、社会服务等活动过程及其结果是高等教育质量保障的客体。

（四）保障方法

保障方法是指高等教育质量保障主体为促使客体达到保障目标而对其所采用的手段与措施，即解决"如何保障"的问题。高等教育质量保障方法主要有投入支持、立法约束、政策导向、制度传导、评价监督、信息反馈、激励惩戒、舆论影响等。各保障方法的有效运用和科学实施是保证高等教育质量保障活动发挥作用和实现目标的基础与前提。保障方法一般可分为内部保障和外部保障两个方面。这里的核心问题是方法和指标问题。对于保障方法问题，政府和高校各自关心的角度并不相同，政府担心的是钱没花在该花的地方，而学校担心的是外部干预侵犯学校的价值目标。关于保障指标、方法与技术，目前用得最多的是所谓的"绩效指标"。绩效指标是定量测量的工具，但高等教育质量评价需要更复杂的方法，因为整个高等教育的过程并不是全部可以采用定量测量的方法进行测量的。定性与定量相结合，多种多样，因地制宜才能更好地保障高等教育质量。

（五）保障实施载体

保障实施载体是指能够在系统各要素之间运载有用物质，保障系统"能源供给"，保障系统有序运行的物质——信息。信息是任何系统有效运行的根本保证，是系统构成的最基本要素。通过信息的交流使系统其他构成要素有机地联系起来，共同影响系统的运行状态与运行结果。高等教育质量保障体系当然也不例外，信息同样是其各要素相互联系、相互影响的桥梁与纽带。信息就像血液供给、支撑生物的生命一样，支持着整个保障体系的运行。通过信息的交流，保障主体不断改进、创新、选择和运用恰当的保障方法，保障与促进客体朝着既定的目标发展，最终实现目标、满足愿望。

三、高等教育质量保障体系功能

高等教育质量保障体系的功能就是高等教育质量保障体系本身所起到的作用。高等教育质量保障体系的功能问题是高等教育质量保障体系研究的基本理论问题之一。高等教育质量保障体系的内涵决定高等教育质量保障体系具有鉴定、监督、调控、导向、激励等多种功能，对高等教育起到保障作用。主要有以下功能：

（一）鉴定功能

高等教育质量保障体系建立起来之后，高等教育管理者就可以根据质量保障体系确立的标准与目标，对高等学校的教育质量进行评鉴，从而判断高等学校培养的人才质量是否达到预定的最低标准，起到鉴定高等学校的教育质量是否达标的作用。

（二）监督功能

教育管理部门可以通过高等学校自身或外部评审专家的质量评审报告，了解高等学校的日常教育教学活动的质量状况。最后形成的评审报告要向社会公布，政府与社会各界可根据学校的质量状况对学校做出一定的判断，并有可能采取相应的对策，进而起到监督的作用。外界对高等学校质量状况的了解和认识，学校在社会中的形象，对于学校在教育资源上的竞争力乃至于学校的生存将发挥重要的作用。因而高等学校不能不重视自身教育质量的提高，不能不重视各种类型的教育质量保障活动，应使学校自觉地处于社会监督之下。高等学校内部也可以通过制度化的教育质量保障体系监督学校的日常教育教学活动，确保学校的各项教育工作按预定计划进行，一步一步达成学校教育质量目标。

（三）导向功能

高等学校可以通过高等教育质量保障体系及时了解社会对高等教育结构的需求、期望以及基本评价，发现自身在满足社会需要方面存在的优点与不足，还可以发现本校与其他学校的差距，进而引导学校明确自己的发展方向，引导学校的教育教学活动和发展目标。

（四）激励功能

高等学校通过高等教育质量保障体系对自身有一个正确的评估，对学校的生存和发展进行反思，增强学校对学生、对政府和对社会的责任感，增强学校的质量意识和效益意识。学校教育教学质量评估报告的公开，促使学校关注其社会声誉，关注本校与其他学校的差距，激励高等学校不断进取、不断提高教育质量，更努力地搞好教学、科研和社会服务工作。

第二章 大众化视域下的浙江高等教育

第一节 马丁·特罗的高等教育发展理论

一、产生背景

马丁·特罗的大众化理论形成于20世纪70年代，是以美国为样本，以欧洲为参考而提出的，是特定历史背景下的产物。彼时，一系列对高等教育倍加重视的法案和报告的出台，使得美国高等教育规模迅速得到大幅度扩张，高等教育哲学理念逐渐由贵族哲学、英才哲学转向平等主义哲学，走教育民主化道路。马丁·特罗教授运用跨学科研究方法，构建出系统的高等教育大众化理论，有力回答了人们对于高等教育合法性的质疑，提出了高等教育大众化是各国高等教育发展必由之路的思想观念。

高等教育大众化理论以系统论为研究的方法论基础，从跨学科角度，运用社会学的各种研究方法研究高等教育从精英阶段向大众普及阶段过渡中的观念、职能、教学和管理等方面的质和量的变化，构成了高等教育大众化理论。

二、主要思想

1970年和1971年，马丁·特罗在发表的两篇论文《大众高等教育向普及的转变》和《高等教育的扩张和转变》中，提出了"精英""大众""普及"等概念以及一些假说和设想。1973年6月，在OECD召开的关于"中等后教育的未来结构"的国际会议上，马丁·特罗发表了《从精英向大众化高等教育转变中的问题》的论文，这一篇论文是对前几篇文章的归纳总结，至此，特罗教授的高等教育大众化理论体系的基本框架便建立起来，包括"阶段论""模式论""质量观"和"多样性"等主要内容。

（一）阶段论：三段论

以美国高等教育发展进程中量的扩张和质的飞跃为准绳，把高等教育发展分为三个阶段。他认为，当一个国家高等教育所接纳学生数与适龄青年的比率在15%以下时，属于精英（Elite）高等教育阶段；15%—50%为大众化（Mass）高等教育阶段；50%以上为普及（Universal）高等教育阶段。而且，在各个阶段中高等教育规模、高等教育本质、高等教育功能、课程和教学形式等量与质的11个规定性维度呈现出不同的特性。这就是"阶段论"的主要内涵。

1. 高等教育规模

一些国家的精英高等教育，在其规模扩大到能为15%的适龄青年提供学习机会之前，它的性质基本上不会改变，当达到15%时，高等教育系统的性质开始改变，转向大众型。如果这个过渡成功，大众型高等教育可在不改变其性质的前提下，发展规模直至其容量达到适龄人口的50%。当达到50%时，即高等教育开始快步迈向普及的时候，必然要创新高等教育发展模式。

2. 高等教育本质

高等教育入学机会的增加与人们接受高等教育的观念密切相关。精英高等教育阶段，由于入学人数极为有限，接受高等教育被普遍认为是出身好或者天赋高的人的特权；当入学率提高到15%左右，进入大众化阶段，人们开始逐渐把接受高等教育看作是具有一定资格者的一种权利；在普及阶段，接受高等教育被看作是一种义务。

3. 高等教育的功能

精英高等教育主要是塑造统治阶层的心智和个性；在大众化阶段仍然是培养精英，是一种范围更广的精英，塑造个性转向培养专门的技术精英；在普及化阶段，为发达工业社会大多数人的生活做准备，主要目的是提高人们对迅速变化的社会的适应能力。

4. 课程及教学形式

精英阶段，教学的最大特点是个别指导，教师和学生之间的关系为个人关系；大众阶段，重点是强调传授知识和技巧，正常的教学逐渐通过演说进行，以讨论式教学为补充；在普及化阶段，将更多依赖于函授、电视、计算机和其他技术进行帮助教学。

5. 学生

精英阶段学生通常是完成中等教育后直接进入高等教育；大众化阶段往往是工作或者游学后接受，职业训练成为高等教育的重要组成部分。

6. 高等教育的类型和规模

精英高等教育机构一般是两千至三千寄宿学校的小社会，如果规模超过三千学生，将被分为几个分校；大众高等教育的标志是综合性学校，是由几个三四万学生和教师组成的"大学城"。普及型则不受限制。

7. 领导和决策

精英高等教育机构最高的领导和决策，由相当少数的精英群体组成。大众高等教育机构虽然继续受精英集团的影响，但更多受"民主"政治程序的制约；普及高等教育阶段公众介入则更多。

8. 学术标准

精英高等教育阶段，一般有共同的、相对较高的学术标准；大众高等教育阶段，学术评价标准趋向多样化，在不同的机构和系统中其标准和特点各不相同；普及阶段，虽然也有不同的成就评价标准，但是这种评价标准与初等和中等教育的非学术评价形式一样，凭借教育经验的"价值增值"成了普及高等教育的评价依据。

9. 入学和选拔

在高等教育发展的不同阶段，学生选拔的原则也是多种多样。精英阶段以出身和地位为依据的入学标准在过去的几十年中被以特定的考试成绩和中等学校表现的"英才成就"所替代。大众阶段，作为入学限制条件的英才标准虽然仍然被接受，但是被教育机会均等的观念冲淡了。大众化阶段则依据个人是否有意愿入学为标准。

10. 学术管理形式

典型的精英型大学是由学术人员兼任行政职务，他们实质上是非专职的行政管理人员；大众化阶段，高等教育机构的规模日益扩大，功能逐渐多样化，行政管理人员队伍也随之扩大，这时的行政领导成为大学专业管理者；普及化阶段，大学会因巨大的成本需求而需要聘请越来越多的全日制专家。

11. 高等教育的内部管理

精英高等教育倾向于高级教授控制。大众高等教育阶段不同层级的初级工作人员享有校内管理权。普及化阶段，高等教育也出现了社会政治机构中既常见又容易控制的利益和观念冲突。

综上所述，马丁·特罗教授的高等教育大众化"阶段论"的思想观点可以归纳如下表：

表2.1 高等教育发展三阶段的量和质的十一纬度变化

	精英阶段	大众阶段	普及阶段
毛入学率	15%	15%—50%	50%以上
本质	特权	权利	义务
功能	塑造人的心智和个性，培养官吏和学术人才	传授技术和培养能力，培养技术和经济专家	培养人的社会适应能力，造就现代社会公民
课程	高度机构化和专业化	模块化	课程结构泛化
教学形式和师生关系	学年制，重视个别指导；师徒关系	学分制，讲授为主，辅以讨论；师生关系	多样形式，现代化手段；师生关系淡化
学生学习经历	住校，学习不间断	走读，多数学生的学习不间断	延迟入学，时学时辍现象增多
学校类型与规模	类型单一，每校数千人；学校与社会界限清晰	类型多样化的大学城；学校与社会界限模糊	类型多样至没有共同标准；学生数无限制；学校与社会界限消失
领导与决策	少数精英群体	受政治、关注者影响	公众介入
学术标准	共同的高标准	多样化	价值增值
入学与选拔	考试成绩，英才教育	引入非学术标准	个人意愿
学校行政领导学校内部管理	学术人员兼任高级教授控制	专业管理者、初级工作人员和学生参与	管理专家、民主参与、校外人士参与

（二）模式论

高等教育大众化发展"模式论"是特罗教授对西方发达国家高等教育发展模式的归纳和概括。包括四种：传统精英主义派（传统主义者—精英主义者），认为接受高等教育是由社会出身决定，只是少数精英的事情，高等教育与大学直接联系，与高深学问直接联系，所以坚决捍卫学术价值、学问和无私的科学探索精神。传统扩张主义派（传统主义者—扩张主义者），认为在不改变精英高等教育根本方向或者不增加其他类型高等学校的情况下，大力扩大精英高等教育系统的规模是可能的。精英主义改革派（精英主义者—改革主义者），与扩张主义的观点是相对的，认为应该维持大学作为最高水平的学术和研究中心特有的地位，但是同时也有必要进行一定的内部改革，以便反映学问的变化以及高等教育和社会之间的关系变化。扩张主义改革派（扩张主义者—改革主义者），认为大学的许多传统形式和功能是高等教育扩张和民主化的最大障碍，要实现大众和普及高等教育，必须对传统的高等教育系统进行改革。

（三）大众化质量观

马丁·特罗高等教育大众化思想中包含着多样化的高等教育质量观。主要是对高等教育质量、平等与扩张两难问题的解答，学术标准内涵的解释以及对英国高等教育的质量评价标准的批判等，论述了他的多样化的质量观。

面对高等教育质量与扩张这个两难问题的困惑，特罗教授认为其来源主要是三个方面：首先，强烈的平等主义观点；第二，大众化高等教育的评价标准所依赖的仍然是精英高等教育的原有标准；第三，高等教育几乎是在无限制地迅速增长，但是每个学生的消费水平仍然是精英高等教育的消费水平，这样就造成了很大的财政负担。特罗教授反对那种只要质量、平等而放弃扩张的主张。他认为这个问题是可以得到妥善解决的，关键是"新形式的高等教育是否能在赢得较高社会地位和满足平等主义要求的情况下发挥应有的功能，同时在面向大众高等教育的转型过程中，减少人均消费"。[1] 即他认为从相对平等入手，主张减少教育的人均消费，带来教育机会扩大的同时，提高效率。不应为平等而限制发展。减少教育的人均消费、扩大教育机会意味着不能沿袭传统的精英高等教育标准，大众和普及高等教育所依赖的质量评价标准应该是多样化的高等教育质量评价标准。也就是说，多样化的高等教育质量评价标准是解决这个问题的关键。精英阶段应该有共同的高标准，大众化阶段要有多样化的标准，普及阶段需要更加多样化的标准（如"价值增值"）。

综观马丁·特罗教授的大众化理论，不难看出其中存在着高等教育多样性的主线。"保持我的多样性的偏见，我认为即使发达社会高等教育所面临的问题相似，对他们的答案也是有差别的"。[2]

---

[1] Trow M. The Meaning of Impact In Proceedings of the 1966 Invitational Conference on Testing Problems[A]. New Jersey: Educational Testing Service,1966.

[2] With A.H.Halsey.British Academics and the Professorship Sociology（Great Britain）[Z].1969:321-339.

第二节　浙江高等教育的百年发展

与西方悠久的现代高等教育历史相比，中国近代高等教育起步晚。中国现代高等教育的探索始于19世纪末，至今已过120年。百年的历程中，高等教育事业时常被裹挟进政治斗争、国家冲突的旋涡中。至改革开放后，才真正实现安定社会环境中的平稳发展。自1998年以来，建设高等教育强国的呼声伴随经济发展、社会进步、民智提升越来越强。显然，中国高等教育规模和高等教育水平已取得了瞩目成就，但是距世界高等教育强国仍有相当的差距。同时，中国高等教育发展过程中面对相当多的困难和问题，或是世界高等教育发展的共性问题，或是中国高等教育系统的个性问题。

一、近代中国高等教育发展历程梳理

自1898年京师大学堂创建以来，现代高等教育制度的发展已一百多年。诞生于风雨飘摇之清末的高等教育发展至今从时空上来看分为两个大的阶段：第一阶段是1898年京师大学堂创建至1949年新中国成立，第二阶段是1949年中华人民共和国成立至今。第一个阶段（1898—1949）的50年细分亦可分为三个阶段：第一是1898年到1911年，中国的传统高等教育向现代化高等教育制度转换；第二是1912年到1927年，缺乏统一的中央政府在民国前期高等教育的发展自由放任，第三是1928年到1949年，仿美教育改革时期。第二个阶段（1949年至今）细分亦可划为三个阶段：第一是1949年到1978年，高等教育经历了恢复和调整；第二是1978年到1998年，高等教育体制改革全面铺开；第三是1998年至今，高等教育进入稳步快速发展的轨道。

高等教育的发展伴随着中国社会的现代化进程，经受各异理念的冲击，经历政权更迭影响，不同历史时段呈现出不同的高等教育发展特点。但是毫无疑问，现代化的高等教育制度从无到有，高等教育规模由小变大，是中国社会发展的应然之义，高等教育强国的发展目标亦是必然诉求。梳理中国高等教育发展历程，理清高等教育在历史十字路口的战略选择，百年高等教育历程足以总结出一些有意义的经验和教训。

（一）1898年至1949年的中国高等教育

1. 传统高等教育向现代高等教育制度转换时期（1898—1911）。

对于中国高等教育的起源时间，学界一直有不同的观点。但是就现代大学制度的创设，基本认同始于1898年京师大学堂的创办。倘若仔细加以考证，清末洋务运动已有现代大学制度的萌芽。

面对"数千年未有之变局"，面临"数千年未有之强敌"（李鸿章语），深怀亡国忧患和救国之思的先知先觉之士开始形成一种时代自觉："欲制外夷者，必先自悉夷情始。"①洋务派把鸦片战争的失败归因于自己技艺不如人，于是满怀希望地本着"中体西用"这一原则兴办了大批的外国语学堂、军事学堂和专业技术学堂。这些学堂中，著名的外国语学堂有京师同文馆（1862年）、上海广方言馆（1863年）、广州同文馆（1864年）、湖北自强学堂（1893年），这些学堂相当于中国最早的语言专科学校；而福建马尾船政局附设的船政学堂（1866年），以及天津水师学堂（1880年）、天津电报学堂（1880年）等，则相当于中国最早的技术专科学校和军事专科学校。据统计，从1862年至1895年，清政府先后创办了23所洋务学堂。它们不同于传统教育机构，不是培养作为各级封建官吏的"治才"，而是培养通晓各国语言和技术（特别是军事技术）的所谓的"艺才"。

甲午战争以后，民族危机日益严重，中国有识之士喊出了"教育救国"的口号，发起了改良主义的"维新运动"，维新派倡导新学校不仅要学习"西文""西艺"，更要学习"西政"。在维新运动影响下，仿照西方学制的中国近代大学诞生，1895年、1896年和1898年分别成立了天津中西学堂、上海南洋公学和京师大学堂。这三所学堂以西方国家的近代科技知识为学习对象，但还没有像西方大学那样设置各类学科，一般被认为是中国近代

①陈景磐，陈学询.清代后期教育论著选（上册）[M].北京：人民教育出版社,1997:22.

大学的雏形。随后由于政治原因，仅有京师大学堂延续下来，是我国第一所新式综合国立大学。需要指出的是清末新政中，清政府试图进行一些改革，废科举，改书院、增学堂，"上溯古制，参考列邦"拟定、颁布了《钦定学堂章程》（亦称"壬寅学制"），未经实施，1904年出台更为细致的《奏定学堂章程》（亦称"癸卯学制"）。后者是近代中国第一个全国范围内付诸实施的学制，是1904—1911年整个教育系统遵循的法律规范，普遍意义上认为其标志着中国近代新式学校制度在中国的确立。

2. 民国前期高等教育的自由放任时期（1912—1927）。

辛亥革命后，中华民国成立，废除了清末的教育制度，高等教育较之清末的反复实现规范化，表现明显的是现代高等教育制度的立法。南京临时政府先后颁布《大学令》《大学规程》《专门学校令》《专门学校规程》等法令。同时1912—1913年颁布《壬子—癸丑学制》，对于《癸卯学制》有关高等教育的内容做了一些调整。但是由于民国初年的政局混乱，加之教育经费短缺，并没有在全国广为实施。

在此期间，由于高等教育的发展和大学设置标准的变化，高等学校数量也有较大的变化。"根据有关统计，清末官办高等学校3所（京师大学堂、山西大学堂、北洋大学堂），私立大学2所（中国公学和复旦公学），高等学堂27所，专门学堂127所。"[1]"由于民国建立后取消高等学堂，高等学校数量下降，1912年，全国大学本科1所、预科10所、专门学校94所、高等师范学校12所。"[2]后1917年颁布的《修正大学令》放宽大学设置的限制，规定"设两科以上者可称大学，设一科者可称为某科大学"，大学数量增加较多，至1922年，大学35所、专门学校68所、师范专门学校8所、其他14所。[3]

3. 仿美教育改革时期（1928—1949）。

1927年东北易帜后，南京政府基本实现全国统一。学习和模仿美国教

---

① 郑登云.中国高等教育史（上册）[M].上海:华东师范大学出版社,1994:87.

② 潘懋元,刘海峰.中国近代教育史资料汇编·高等教育[M].上海：上海教育出版社,1993:803.

③ 潘懋元.中国高等教育百年[M].广州:广东高等教育出版社,2003:116.

育系统的改革始于20世纪20年代的学制改革。之所以出现由仿日到仿美的转向，大致有两方面的原因：一方面，清末公派留学美国的幼童纷纷回国，深受美国教育模式熏陶并在一些领域有较大建树，积极宣传美国的教育模式；另一方面，中国政府与日本关系的恶化，让日本的教育模式丧失市场。20年代初，北洋政府教育部公布参仿美国学制的《学校系统改革案》（壬戌学制），各省纷纷把各类专门学校或升格为大学，或合并各专门学校组成大学。"到1928年，全国专科以上学校有74所，其中大学及独立学院49所，专科学校25所。"①

1928年至1937年是我国近代高等教育发展较为迅速和相对稳定的时期。1929年7月，国民政府教育部颁布《大学组织法》，取消单科大学的设置。同年8月14日，教育部公布《大学规程》，规定大学各"科"改称学院，大学于文、理、法、商、农、工、医七学科之外，加添教育学科，成为八个学院。1929年，教育部颁布《专科学校组织法》及《专科学校规程》，改称专门学校为专科学校，规定"专科学校以教授应用科学，养成技术人才为宗旨"。随后相继颁布一系列的文件，基本完善了近代高等教育制度。

抗日战争时期，得益于国民政府和全社会的努力，高等教育仍然实现了较大发展。一方面加强高校的统一管理和规范调整，另一方面调整和充实沿海地区西迁的高校。西迁的一些著名大学经过组合，发扬和互补各自的优良传统和学科优势，形成新的特色，如西南联大、国立浙江大学等。西南、西北还新设和改制一些大学，如贵州大学等。抗战时期的高等教育呈现发展态势，高等学校数量也实现了较大增加。"1947年，全国专科以上学校有207所，其中大学及独立学院130所，专科学校77所。1948年1月公布了《大学法》和《专科学校法》。"②抗日战争胜利后，战时西迁的高等学校一方面复员返回原校址，一方面根据各高校条件充实发展，成为基本学科具备的多学科综合性大学。

---

① 霍益萍.近代中国的高等教育[M].上海:华东师范大学出版社,1999:285.
② 霍益萍.近代中国的高等教育[M].上海:华东师范大学出版社,1999:288.

短短的一个世纪里，中国高等教育在发展模式的选择上经历了多次的转换，即便是从世界高等教育发展史上考察也是绝无仅有的。归根结底，这是受近代中国急剧变化的政治、经济和社会现实所制约，每次模式的抉择和转换都深深地打上了时局复杂多变的烙印。

（二）1949年至今的中国高等教育

1. 恢复调整阶段（1949—1978）。

中华人民共和国成立后，高等教育事业的发展进入了一个新的发展时期。最开始的十年，由于新生政权面临复杂的国内、国际环境，高等教育发展模式完全被颠覆，转向全盘模仿苏联模式。到1953年，高等学校院校调整任务基本完成，新中国进入第一个五年计划时期，高等教育纳入国家计划轨道，发展较快。

这一时期，政府通过对私立学校的接收改造、教会学校的取缔和院系调整等重大举措，初步完成了对1949年以前高等教育体制和格局的改造。新的以苏联模式为样本的高等教育体制将高等教育的重心放在与经济建设直接相关的工程和科学技术教育上。院系调整后，培养专门人才的能力和效率大为提高，初步形成了比较齐全的学科专业体系。[①]

1957年以后，由于中苏关系恶化和国际国内形势的变化，中国高等教育的发展逐渐走上了一条摒弃一切"外国模式"，复归"传统"的道路。1958年，中共中央分两次召开教育工作会议，总结新中国成立以来的教育工作，解决教育方针和教育改革的问题，确定党的教育工作方针是教育为无产阶级政治服务，教育与生产劳动结合，提出了教育事业发展措施。9月，中共中央、国务院发布了《关于教育工作的指示》，由此展开全国系统的"教育大革命"。之后是随着国民经济的调整、巩固、充实、提高而进行的高等教育大调整。1961年，《中华人民共和国教育部直属高等学校暂行工作条例（草案）》颁布，对高等学校的培养目标做了前所未有的详细规定，培

---

① 杨东平.新中国"十七年教育"的基本特征[EB/OL].[2017-09-09].http://www.xschina.org/show.php?id=10470.2007/09/04.

养目标更加明确，对专业有一定的要求，确实也对实践产生了积极的影响。

但是，这种状况并未持续多久。随着"千万不要忘记阶级斗争"口号的提出，高等教育培养目标的泛政治化倾向愈演愈烈。从1966年开始的"文化大革命"完全是关起门来"革教育和文化的命"，在经历了高等学校三年不招生、工农兵上大学和工人阶级领导下的"斗、批、改"之后，力图清除一切外国模式的干扰和影响的目的似乎已经达到，但事实是中国高等教育已经到了崩溃的边缘。

"文革"结束后，全国范围内开始了拨乱反正和调整改革，从根本上扭转高等教育停滞的局面。1977年，《人民日报》发表文章正式否定了"四人帮"炮制的否定知识分子和十七年教育路线的"两个估计"，恢复已经中断10年的高等学校统一招生制度。全社会重新树立尊重知识、重视教育的风气，在很大程度上确立了这一时期教育的发展方向和基本价值。自此，中国高等教育重新走上向良性发展时期。

纵观新中国成立后高等教育近30年的发展历程，经历了较大的挫折，整体来看，高等教育事业亦取得了一些进步。至1978年，我国已有高等学校598所，在校本科生达到85.6万人。

2. 教育体制改革全面铺开阶段（1978—1998）。

十一届三中全会后，高等教育的办学方针逐步恢复与确立，恢复和增设了一大批普通高等学校。1979年，国家科委、教育部和农林部在北京联合召开全国高等学校科学研究工作会议，提出高等学校是我国文化和科学水平的重要标志，担负着培养专门人才和发展科学技术的双重任务，高等学校必须把工作重点转移到教学和科研上来。1978年5月，中国第一个专门的高等教育研究机构——厦门大学高等教育科学研究室成立，标志着高等教育研究在中国成为第一个专门的研究领域。随着高等教育改革和发展速度的加快，以学科建设的迅速发展为推动力，高等教育研究进入蓬勃发展的时期。1979年5月，教育部召开直属11所工科院校专业调整会议，6月召开直属综合大学理科专业调整会议。1980年开始提出高等教育结构的问题。1983年起，高等学校开始进行招生制度的改革。其间，我国先后颁布《关于高等学校教师职责及考核的暂行规定》《中华人民共和国学位条例》《关于高等教育自学考试试行办法的报告》《关于自费出国留学的暂行规定》《关于全国毕业生和高等学校毕业生分配问题的报告》等文件，涉及教师、学位、自学考试、留学教育、毕业生分配等多个方面。

1985年5月，中共中央颁布的《关于教育体制改革的决定》提出"教育必须为社会主义服务，社会主义建设必须依靠教育"，标志着1958年以来的教育方针的巨大转向。同时，提出扩大高等学校的办学自主权，改变政府对高等学校"统得过多的管理体制，使高等学校具有主动适应经济和社会发展需要的积极性和能力"。[1]这是我国高等教育以体制改革为突破口启动全方位改革的开始。

1992年，邓小平南方谈话和党的十四大的召开，标志着中国的改革进入了一个新的阶段。随着改革开放的深入和经济体制的转变，中国高等教育的发展进入了一个新的历史时期。经济、社会迅速发展与较小的高等教育规模之间矛盾突出，供需紧张导致高等教育人才的选拔陷入了应试教育的泥潭，高考制度活力不够，改革迫在眉睫。淡化精英教育，体现大众化的呼声越来越强烈，对现有教育制度的批判越来越激烈。在这样的形势下，1992年12月制定了《关于加快改革和发展普通高等教育的意见》，提出"211工程"计划，即面向21世纪在全国重点办好100所大学和一批重点学科。1993年1月，国务院批转国家教委《关于加快改革和积极发展普通高等教育的意见》，要求高等教育必须面向经济建设主战场，改革办学体制，积极发展以高新技术产业为主的校办产业。同年2月，中共中央、国务院印发《中国教育改革和发展纲要》，制定了我国教育20世纪90年代发展的目标、战略和指导方针。这是我国改革开放时期最有指导意义和教育改革与发展决策的文件，把我国高等教育体制改革引向了进一步深化改革的新阶段。1994年国家教委启动了"高等教育面向21世纪教学内容和课程体系改革"的计划。1995年5月，我国科学技术大会召开，会后颁布了《关于加速科学技术进步的决定》，首次提出了"科教兴国"的战略，"科教兴国"战略成为21世纪高等

---

[1]杨东平.我国教育改革与发展30年:改革开放以来教育发展和改革的进程[EB/OL].[2008-10-08]. http://theory.people.com.cn/GB/40557/134502/141296/.

教育改革的基本指导思想。

在此期间，国家一方面积极促进高等教育发展，为社会进步提供科技和人才支持；另一方面十分重视高等教育质量，大力发展研究生教育，关注高等教育的结构和布局，力促高等教育体制改革，重视高等教育发展和社会经济发展相适应，高等教育获得长足的发展。至1998年，全国普通高等学校为1022所；普通高等学校招生数和在校生数分别为108.36万人和340.87万人；全国招收研究生7.25万人，其中博士学位招生1.50万人，硕士学位招生5.73万人，在校研究生达到19.89万人；全国成人高等学校962所，招生100.14万人，毕业82.57万人，在校学生282.22万人。1998年，全国高等学校在校生总数（包括成人高等学校）为623.10万人。

3. 稳步快速发展阶段（1998年至今）。

1998年5月4日，江泽民在庆祝北京大学建校一百周年大会上发表重要讲话，强调大学是科教兴国的强大生力军，提出建设若干所世界一流大学的历史任务。同年8月29日，九届全国人大常委会第四次会议通过了《中华人民共和国高等教育法》，于1999年元旦起施行。1999年，国务院批转教育部《面向21世纪教育振兴行动计划》，"985工程"正式启动建设。"985工程"一期建设率先在北京大学和清华大学开始实施。1999年，中共中央、国务院在北京召开改革开放以来的第三次全国教育工作会议，颁布《关于深化教育改革全面推进素质教育的决定》，这次会议和《关于深化教育改革全面推进素质教育的决定》赋予素质教育以时代的特征和新的内涵，并紧紧围绕全面推进素质教育，以培养适应21世纪现代化建设社会主义新人提出了一系列教育改革和发展的重大决策，取得了一系列突破性进展。会后，教育部根据会议精神，进一步扩大了当年全国高校的招生规模。与此同时，随着经济的发展和人民接受高等教育要求的不断高涨，西方发达国家高等教育大众化的理念正在日益被人们所接受，并且转化为政府的教育决策，中国高等教育面向社会精英阶层的传统正在成为历史。

2003年，以胡锦涛为总书记的新一代中央领导集体提出人才强国战略。党的十七大明确做出了"优先发展教育，建设人力资源强国"的重要战略决策。2003年，在党的十六届三中全会上党中央首次明确提出关于"科学发展观"的概念。随后，我国高等教育全面贯彻落实"科学发展观"的概念。2004年，根据《2003—2007年教育振兴行动计划》，教育部、财政部印发《教育部、财政部关于继续实施"985工程"建设项目的意见》，启动了"985工程"二期建设。从2006年起，控制高等教育的发展规模，将高等学校招生数量的增长率控制在5%内，将高等教育纳入内涵发展、提高质量的科学发展轨道。2006年10月18日，中国共产党第十六届中央委员会第六次全体会议通过的《中共中央关于构建社会主义和谐社会若干重大问题的决定》提出"坚持教育优先发展，促进教育公平"的方针。2010年7月，《国家中长期教育改革和发展规划纲要（2010—2020年）》正式发文公布，这是中国进入21世纪之后的第一个教育规划，是今后一个时期指导全国教育改革和发展的纲领性文件，提出全面提高高等教育质量，提高人才培养质量，提升科学研究水平，增强社会服务能力和优化结构办出特色。2015年10月24日，国务院印发《统筹推进世界一流大学和一流学科建设总体方案》，提出坚持以中国特色、世界一流为核心，以立德树人为根本，以支撑创新驱动发展战略、服务经济社会发展为导向，坚持"以一流为目标、以学科为基础、以绩效为杠杆、以改革为动力"的基本原则，加快建成一批世界一流大学和一流学科。

二、近代浙江高等教育的发展历程

近代浙江高等教育发源于清末，今天浙江的许多高校可以回溯至此。

（一）萌芽阶段

浙江素称"文化之邦"，高等教育有着悠久的历史和一定的基础。1845年10月，美国北长老会传教士麦嘉缔和魏理哲一起创办了浙江最早的西式男子住宿学校，取名"崇信义塾"。1897年，改名为育英书院，正科学制6年，设英文、化学两科，相当于高等专科程度。1911年2月，育英书院改称之江学堂，是私立之江大学的前身。1897年5月21日，经浙江巡抚批准，求是书院正式开学，由杭州知府林启任总办。第一批招收具有各级科举功名的学生30名。1901年11月，求是书院改为浙江求是大学堂。1902年初，改称浙江大学堂。1903年，改称浙江高等学堂。求是书院是浙江大学的前身，也是中国最早的高等学府之一。至1912年，浙江境内共有高等学堂10所，其中普通类2所（浙江高等学堂、之江学堂），法政类4所（浙江官立法政学堂、宁波法政学堂、绍兴私立法政学堂、浙江私立法政学堂），师范类1所（浙江官立两级师范学堂），工业类1所（浙江高等工业学堂），医科类2所（广济医学堂、广济药学堂）。

（二）民国时期的浙江高等教育

民国初期，颁布《大学令》，原有的高等学堂多数停办。至1927年，省政府立案的高等学校共6所。1914年，之江学堂改称之江大学，获得学士学位授予资格。1931年，之江大学改称私立之江文理学院。至1948年，之江文理学院被国民政府教育部核准改名为私立之江大学。1927年，在浙江高等学堂旧址创办第三中山大学，将原浙江公立工业专门学校、原浙江公立农业专门学校并入成为其工学院和农学院。1928年，原第三中山大学改名为国立浙江大学，组建文理学院。至1937年初，浙江境内教育部予以立案的普通高等学校共有4所：大学1所（国立浙江大学）、独立学院1所（私立之江文理学院）、专科学校2所（国立杭州艺术专科学校、浙江省立医药专科学校）。1937年12月，杭州失守，国立浙江大学、国立杭州艺术专科学校、私立之江文理学院等陆续迁移，辗转于赣、湘、黔、滇、川等内陆省份。1937年9月至1940年2月，浙江大学一迁至浙江天目山、建德，二迁至江西吉安、泰和，三迁至广西宜山，继而迁往贵州遵义、湄潭，最终选择遵义和湄潭作为新的落脚点。6年半时间的西迁，浙江大学在竺可桢校长的领导下，秉持"求是"校训，战胜艰难困苦，办学实力和科研水平大幅进步，由一所普通大学崛起为全国著名的大学。

办学规模：战时离开杭州的浙大只有3个学院、16个学系，战后返回杭州前夕，已有6个学院、25个学系、4个研究所、5个学部、1个研究室、1个分校、2个先修班及1所附属中学，另有工场11所，农场300亩。

教师队伍：许多学术威望甚高的教授成为各院系的领导核心。数学系有陈建功等，物理系有王淦昌等，化学系有周厚复等，生物系有贝时璋等，工学院有王国松等，文学院有梅光迪等，农学院有卢守耕等，师范学院有郑晓沧等。此外，陈寅恪、钱穆、马一浮等著名学者也在不同时期到校讲学。一时硕彦汇聚浙大，教授、副教授人数由1936年的70人增加到1946年的201人。入选国家学部委员的人数仅次于西南联大。

招生范围：抗战前浙江大学只在东南的苏、浙、皖、赣等省份招生，是一所区域性大学。在其后13年，其招生范围扩大到苏、浙、皖、赣、闽、湘、粤、桂、黔、川诸省，以致招收全国各地的流亡学生，成为一所全国性大学。

国际影响：1941年，外国报刊开始把浙江大学与中央大学、武汉大学、西南联大并称为"中国四强"。英国学者李约瑟则认为西南联大、浙大可与牛津、剑桥、哈佛媲美，浙江大学"东方剑桥"之美誉由此得来。1948年，由美国普度大学发布了世界上第一份世界大学排名，当时的亚洲第一是国立中央大学，世界第49名，国立浙江大学位居亚洲第三，世界第89名，西南联合大学世界第127名，国立武汉大学世界第199名，国立中山大学世界第207名。

抗战胜利后，浙江省普通高等学校5所：国立浙江大学、国立英士大学、私立之江文理学院、国立杭州艺术专科学校、浙江省立医药专科学校。至中华人民共和国成立前夕，全省共有高等学校7所，包括大学3所（国立浙江大学、私立之江大学、国立英士大学），独立学院1所（浙江省立医学院），专科学校2所（国立艺术专科学校、浙江私立体育童子军专科学校），专科学校分校1所（南京私立重辉专科学校分校）。

（三）建国以后的浙江高等教育

经过建国后的高校院系调整，至1952年初，全省共有普通高校6所：浙江大学、私立之江大学、浙江省立医学院、中央美术学院华东分院、中苏友协俄文专科学校、浙江师范专科学校。至1955年，全省共有5所高等学校：

浙江大学、浙江师范学院、浙江农学院、浙江医学院、中央美术学院华东分院。至1966年初，全省共有高校13所：杭州大学、浙江大学、浙江化工学院、浙江丝绸工学院、浙江农业大学、浙江水产学院（原舟山水产学院）、天目林学院、浙江医科大学、浙江中医学院、温州医学院、浙江师范学院、浙江美术学院、杭州外国语专科学校等。

"文化大革命"运动对浙江省高等教育造成极大的破坏，1966至1969年，连续停止招生4年。后经过调整，至1976年，全省普通高等学校共11所，在校生比"文化大革命"前减少了37.4%。

（四）改革开放以来的浙江高等教育

1. 1978至1998年的发展。

改革开放以后，浙江高等教育的现代化走上正轨。至1980年，高校由1976年的11所增至22所，在校生数增加到3.82万，增加了2.6倍多。1981年，国务院批准浙江大学、杭州大学、浙江农业大学、浙江医科大学为首批博士、硕士学位授予单位。到1983年，浙江省共有5所高校的32个学科专业获得博士学位授予权，9所学校的128个学科、专业获得硕士学位授予权。1984年，浙江大学经国务院批准建立研究生院，为我国首批建设研究生院的高校之一。1995年，浙江大学成为首批列入国家"211工程"建设计划的重点大学之一。杭州大学、浙江农业大学、浙江医科大学也先后通过了"211工程"部门预审和重点建设项目立项论证。到1998年，全省普通高等学校有32所，在校生数12.35万人，博士学位授予单位5个。

2. 1998年以后的发展。

从高等教育规模来说，全省普通高校数量从建国初期的4所，发展至2013年的106所（含独立学院及筹建院校），其中大学15所、学院20所、独立学院22所、高等专科学校2所、高等职业学校47所。形成以杭州、宁波、温州三大城市群为核心的六大高教园区，各地级市区"一本一专"或"一本多专"的高等教育布局。而在校生数从1998年的119534人扩展至959629人，是1998年的8倍。

表2.2　1949—2013年部分年份浙江高等教育规模数据对比

年份（年）	校数（所）	本年毕业生数（人）	本年招生数（人）	本年在校学生数（人）	教职员工数（人）
1949	4	1042	1147	3112	1442
1978	20	3743	14562	24544	11961
1985	35	11507	20301	54978	22497
1989	37	18333	19087	63760	26772
1998	32	25625	38823	119534	28327
2013	106	244860	283353	959629	85400

1998年，浙江高等教育毛入学率达到8.96%。2001年，浙江省比全国提前一年实现了高等教育毛入学率15%的突破。2013年，高等教育毛入学率达到51.7%。

2008年至2013年的5年间，博士生招收、在校和毕业数均增加15%—35%，硕士生招收、在校和毕业数分别增加1.5倍、1.7倍和1.9倍。高校专业设置覆盖除军事学以外的11个大学科门类。全省共有博士学位授予高校10所、硕士学位授予高校18所。拥有博士学位授予一级学科点83个、硕士学位授予一级学科点256个。2009年至2013年，浙江省高校共获得国家级奖励（自然科学奖、技术发明奖、科技进步奖）96项。

1998年9月，原国家教委直属的浙江大学和隶属于浙江省政府的杭州大学、浙江农业大学、浙江医科大学4校合并，组建新的浙江大学。此后，国内先后有多所著名大学都开启了高水平学府的合并。浙江大学在重新组建之后，展现出了与众不同的活力。在国内一些大学排行榜中，长期保持前三的位置。至2003年，共有788所高校参与了合并，组建成318所高等学校，出现了一批文理、工、医、法、管理、教育等学科门类齐全的综合性大学。全国有19个部（委）和31个省（区、市）政府参与院校调整合并工作，部门办学体制问题基本得到了解决。

1999年，浙江省委、省政府决定，在杭州市的下沙、滨江、小和山、紫金港（浙江大学的独立新校区）和宁波、温州高标准兴建6个高教园区。省委、省政府对杭州市4个高教园区的功能定位：一是重点扶持浙江大学紫金港新校区建设，打造高等教育的"龙头"；二是地处经济技术开发区的下沙高教园区以理工院校为主，为高新技术产业发展提供人才和科技支撑，并推动产学研合作；三是小和山高教园区以文科和文理兼容的院校为主，将建成与旅游风景区相匹配的开放型、园林式的高教园区；四是以高职院校为主的滨江高教园区。分别座落在杭州市东、南、西、北的4个高教园区成为4个新型的城市文教区。

　　浙江产业结构以民营中小企业为主，这一特点决定了需要大力发展培养以高素质、高技能应用型人才为主要目标的高等职业教育。2013年，浙江省共有高职高专院校49所，高职（高专）在校生37.22万人，占全省普通本专科在校生数的38.8%。已建设省级示范高职院校22所。在有"高职211"之称的国家级示范性（骨干）高职院校建设名单中，浙江有11所，上海7所，江苏15所，安徽8所。

表2.3　浙江省国家级示范性（骨干）高职院校建设名单

高　校	地区	建设时间
宁波职业技术学院	宁波	2006
浙江金融职业学院	杭州	2006
浙江机电职业技术学院	杭州	2007
温州职业技术学院	温州	2007
金华职业技术学院	金华	2007
浙江警官职业学院	杭州	2008
浙江经济职业技术学院	杭州	2010
浙江旅游职业学院	杭州	2010
浙江交通职业技术学院	杭州	2011
杭州职业技术学院	杭州	2012
浙江建设职业技术学院	杭州	2012

目前，浙江民办高等院校共有35所，民办本科院校25所，其中包括22所独立学校，民办高职高专院校10所。民办高等院校在校生30.15万人，占全省普通本专科在校生数的32.34%。在民办高校实力方面，根据武汉大学中国科学评价研究中心（RCCSE）最新公布的"中国民办院校竞争力排行榜"（不包括独立学院）数据显示，在前10名中，浙江树人大学和宁波大红鹰学院分列第四和第七，百强民办院校中浙江占了4所，且排名靠前。

1999年4月，宁波大学科学技术学院创办。其后，各院校纷纷创办二级独立学院。据《2013年浙江教育事业发展统计公报》显示，在全省106所普通高等学校中，独立学院22所，占比20.8%，仅次于高等职业学校在普通高等学校中所占的比例46.2%，是浙江省内高等教育培养的主要形式之一。在全国30个举办独立学院的省、直辖市中，浙江省独立学院总数位居第四位，仅次于湖北（31所）、江苏（26所）和辽宁（23所）。从浙江省独立学院的实力来看，根据中国科学评价研究中心2014年发布的"中国独立院校竞争力排行榜"前100名中，浙江共有11所独立院校名列其中，与河北省并列第一位，而后是广东（9所）、陕西（8所）。而同处于长三角地区的江苏只有6所独立学院名列其中。

表2.4　2014—2015年中国独立学院百强排名（浙江省）

百强排名	名　称	总得分	省份
3	浙江大学城市学院	85.8	浙江
8	浙江大学宁波理工学院	76.64	浙江
11	浙江中医药大学滨江学院	74.03	浙江
40	杭州师范大学钱江学院	67.22	浙江
45	温州大学瓯江学院	66.8	浙江
46	浙江师范大学行知学院	66.78	浙江
55	浙江理工大学科技与艺术学院	66.2	浙江

百强排名	名 称	总得分	省份
66	湖州师范学院求真学院	65.49	浙江
68	浙江工业大学之江学院	65.29	浙江
84	中国计量学院现代科技学院	63.3	浙江
98	同济大学浙江学院	62.64	浙江

近年来，根据教育部"六个独立"原则，浙江省陆续搬迁或计划搬迁独立学院，在全国率先迈出改革转型的步子。

表2.5 浙江省部分独立学院搬迁情况

搬迁学校	迁入地址	搬迁时间	备注
浙江财经大学东方学院	海宁	2010年9月	已完成搬迁
杭州师范大学钱江学院	余杭	2013年8月	已完成搬迁
浙江农林大学天目学院	诸暨	2013年9月7日	已完成搬迁
杭州电子科技大学信息工程学院	临安	2013年4月18日	已完成搬迁
浙江工业大学之江学院	绍兴	2013年9月22日	落户，计划分4年完成全部迁建
浙江理工大学科技与艺术学院	桐乡		部分搬迁
浙江工商大学杭州商学院	桐庐		2014年启用
浙江中医药大学滨江学院	富阳		2015年或2016年启用
浙江师范大学行知学院	兰溪		2017年启用

　　2003年，浙江万里学院与英国诺丁汉大学合作，创建了全国第一所具有独立法人资格和独立校园的中外合作大学——宁波诺丁汉大学，它将英国诺丁汉大学的优势学科与中国社会经济发展实际所需相结合，引进一系列具国际一流水准的学位课程，使国内学生也能便捷获取世界优质高等教育资源。时至今日，教育部总共批准建立了4所独立设置的中外合作办学机构，其中2所在浙江，上海、江苏各1所。

　　近代以来的浙江高等教育事业发展经历了萌芽阶段的快速进步，承受了民国时期的自由之风的洗涤，经历了动乱和战争的阴霾，成长于改革开放后的跨越发展。总体来说，浙江高等教育的发展基本与中国近代高等教育事业的发展同步。至2015年，浙江省高等教育毛入学率达到57%，高等教育进入大众化阶段。

第三节　浙江高等教育质量保障体系的构建

在西方，高等教育质量保障运动已有相当长的历史，实践中也被证明对提升高等教育质量有一定的作用。然而，在我国是否需要建立高等教育质量保障体系，有否可能在较短的时间内建立高等教育质量保障体系，这并非是一个不证自明的问题。本节对我国建立高等教育保障体系的必要性、可行性以及可能遇到的问题进行探讨。

一、建立高等教育质量保障体系的必要性

在我国建立高等教育质量保障体系是时代发展的要求，它的必要性是由以下事实决定的。

（一）经济全球化与高等教育资源国际化的挑战

我们所处的时代已经进入经济全球化的时代。在这一时代，经济的竞争说到底是人才的竞争。就人才的争夺来说，进入21世纪后，世界各国在人才竞争方面日趋激烈。2000年5月，美国制定了人才引进计划，该计划决定在2001年至2003年间，科技人才引进的名额由每年11.5万增加到20万，同时撤销外国技术人员到美国必须的签证限制。德国总理施罗德宣布从国外招聘信息技术人才新政策，随后内阁通过了向非欧盟国家引进人才发放"绿卡"的规定。

此外，近20年来，世界范围内高等教育资源的国际化趋向日益明显。人们不再用一国的眼光来看待高等教育，而是倾向于把本国的高等教育置于整个地区、整个世界的大背景中，用国际的眼光对高等教育进行考察。所谓的高等教育资源国际化，就是指不同国家和不同地区的高等教育在办学实践中通过联合培养、合作研究等方式在人才知识技术设备和资金等多方面经常地进行广泛的国际交流，从而建成国际性的高等教育体系，培养出大批国际

性人才以应付日趋激烈的国际竞争。我国高等教育从1978年后开始改变封闭的自我发展方式，高等教育的国际交流有了较大的发展，不仅在国际人员交流、学术交流方面取得了长足的进展，而且在合作研究、吸引国外教育投资等领域都有了较好的开端，国内已有不少高等教育机构在这方面进行了有益的探索。

这只是问题的一方面，从另一方面来看，生源的国际流动、跨国交流和教育资源的国际化，将使我国的教育市场，尤其是高等教育市场面临被直接瓜分的危险。方兴未艾的各种国际教育展在我国成功举办给我们传递了这样的信息：生源流失的背后是未来人才的流失与教育资源的流失。作为发展中国家，我们在人才竞争方面并不占优势。同时，在为社会提供充分的优质高等教育资源方面，情况也很难令人感到满意。因而，一方面，如何通过提高高等教育人才的培养质量，更好地为我国社会经济发展服务，以使我国的经济和社会发展能与世界的发展相适应，显然，这是个需要国家和社会共同关注的重要问题。高等教育质量保障体系作为人才培养质量保障体系，理所当然应当受到人们的关注。另一方面，高层次人才的跨国服务与市场占领，迫切地需要建立与国际接轨的质量认证制度。

（二）高等教育规模扩大过程中解决数量与质量矛盾的需要

新中国成立以来，我国高等教育事业获得了空前的大发展，无论是高等学校的数量还是毕业生数、招生数、在校规模等都有了较大幅度的增长。尤其是近年来，虽然我国高校数量在"高校合并"的背景下有所减少，但是高等学校却笼罩在"扩招热"之中，在校生规模猛增。历史的经验证明：高等教育在数量规模扩张的同时，数量与质量的矛盾必然会日益突出。20世纪80年代中期是我国高等教育迅速发展的时期，80年代后期也是社会各界对我国高等教育质量反响和担忧最盛的时期。人们普遍认为，在高等教育数量扩展的同时，高等教育质量却有滑坡的趋向。当前的扩招也必然会带来人们对质量的疑问。因而，目前的现状迫切需要建立高等教育质量保障体系，在我国高等教育规模扩大的同时，也能充分地保证高等教育质量不因此有任何的降低，以适应社会发展的客观需要。

（三）经济发展的必然要求

经济发展的要求主要体现在两个方面。一方面是经济体制转轨的需要：社会主义市场经济体制的确立，在旧的经济体制下形成的高等教育评价体系已经不能适应新形势的需求，这就要求高等学校改革原有的质量评估办法，研究与开发适应新经济体制的高等教育质量保障体系。

另一方面是经济增长方式转变的需要：经过几十年的经济建设尤其是改革开放后几十年的发展，我国经济建设取得了长足的进展。经济增长的方式已经由粗放式转向集约式、由数量型向质量型转变。尤其是当前社会正在向信息化、数字化方面发展，在信息化时代，我国的经济要实现超常规、跨越式的发展，就要依靠也只能依靠智力资源。我国有超14亿人口，这是一个沉重的人口负担，当然，这一人口负担也有可能转化为巨大的人力资源。实践表明，把人口负担转化为人力资源需要教育。然而，并非所有的教育都能将人口资源转化为人力资源。这需要科学的、优质的教育，错误的、劣质的教育只能祸国殃民。

二、建立高等教育质量保障体系的可行性

任何一项工作如果缺乏现实的可行性，那么，其必要性再大，在现实生活中仍然成为不了现实。为此，我们需要对高等教育质量保障体系的可行性进行讨论。

（一）高等教育界进行的评估理论与实践探索基础

从1985年中共中央颁布的《中共中央关于教育体制改革的决定》至今，我国高等教育界进行的理论与实践的探索已经几十年。经过众多学者、专家的共同努力，我国高等教育评价界从无到有，研究队伍不断壮大，在高等教育评价理论研究和实践操作上均取得了一定的成绩。

在理论研究方面专业队伍不断壮大，目前已经初步建立了一支具有一定水平和数量的研究队伍，在高等教育评价领域已经开始培养自己的博士生。译介了大量的有关高等教育评价的学术著作与论文，对国际高等教育评

估理论研究与实际操作情况进行了比较全面的介绍与分析。其中有些具有一定的代表性。国内也出现了一些有影响的高等教育评价专著。除了以上译介的国外著作与论文外，我国高等教育评估理论研究工作者还结合了我国的国情，开展较为深入的理论研究，并且取得了一定的研究成果。

在评价实践方面，高等教育评估由试点走向规范化。1987年6月，国家教委在线召开了全国高等工程教育评估试点工作会，正式揭开了以本科教学评估为中心的学校评估、专业评估与课程评估三个层面的试点工作的序幕。到1989年第一季度，基本完成了各项试点任务。在此任务基础上，1990年10月，国家教委正式颁布了《普通高等学校教育评估暂行规定》，它是我国高等教育评估方面的第一个规范性文件，标志着我国高等教育评估工作正式走向规范化。同时，高等教育界发起和组织了一系列的学术会议，并且成立了一些高等教育评估机构。1985年6月，以原教育部在黑龙江召开的"高等教育工程专题讨论会"为起点，高等教育界举办了许多大型的学术讨论会。1986年5月，在合肥举行了全国性的"教育评估讲座与研讨会"；1986年12月在成都、1987年6月在西安两次召开"高等教育工程评估试点工作会议"；1991年6月，中国高等教育评估研究协作组成立；1994年1月，中国高等教育评估研究会在长春成立，该组织的任务是围绕我国高等教育评估的理论与实践问题，开展专题研究，提供专题咨询服务和组织国内外学术交流；1995年7月，学位与研究生教育评估事务所成立，几年来该所在促进我国高等学校和科研院所研究生培养与学位授予质量方面开展了大量的工作；1996年，上海成立了上海高等教育评估事务所，之后江苏也挂牌成立。这些专业化的教育机构在其实践中为我国教育评估的发展提供了有益的经验。

（二）国际经验可资借鉴

一方面，一些西方国家如荷兰、英国、美国等从20世纪80年代开始了高等教育质量问题的理论与实践探索，在此方面尤其是高等教育质量方面积累了很多有益的经验，可以供我国高等教育界参考。因此，我国高校开展教学质量保障有一个较高的起点。另一方面，我国教育界在参与国际学术交流、学习先进国家经验上也迈出了很大的步伐。

同时，我国高等教育评估界在加入国际专门性评估组织方面也比较积极，并且取得了一些进展。1983年，我国就加入了国际教育成就评价协会，成立了中国国际教育成就评价中心；1991年，在香港召开的国际高等教育质量保障会议上建立了"国际高等教育质量报站机构网络"，在1996年的会议上，中国高等教育评估研究会作为团体会员加入了这一网络。这些都为我国高等教育界共享世界质量保障最新信息与经验教训打开了方便之门。

（三）高等教育管理信息系统发展迅速

当今社会是信息化社会，科学技术的革新日益加快。同时，科学技术在教育领域的应用也进展神速。教育信息学、教育技术学也成为专门的研究领域。多媒体技术、网络技术、大学信息数据库已经开始在我国高校传播并取得了一定的进展。虽然我国目前的教育信息技术刚刚起步，较之西方仍显薄弱，但是相对于我国原有的基础仍然有重大进步。目前大部分高校对信息网络建设极为重视，有些学校已经实现了国内、国际联网，建立了规模较大的信息数据库，高等教育绩效指标的研究也正在进展之中。近年来，国家与不少教育行政部门在建立学校基本教育状态数据库方面做了很多的努力，并且取得了一定的成绩，可以预见，在未来的若干年内，信息技术在高校会有更大的发展。

三、高等教育质量保障模式选择的基本思路

浙江高等学校类别、层次多种多样，各高校面临的具体情况相差悬殊，要采用一种具体的教育质量保障模式似乎不太可行，也是不现实的。但是建设高等教育保障体系也必须遵循一定的基本思路。

（一）认证性质量保障与发展性质量保障共存，以发展性质量保障为主

我国高等教育事业要适应世界经济全球化趋势的需要，就要建立与国际接轨的高等教育质量认证制度，并且，这种质量认证制度从高等学校自我质量承诺开始，无疑是高等学校自加压力的一条途径，这对高等学校的发展也是极为有利的。因而，这种认证性的高等教育质量保障活动既有存在价

值，也有存在的必要。

发展性的高等教育质量保障以高等学校的发展为诊断对象，又以促进高等学校发展为目标，重视高等学校发展的特色，在质量保障活动的成本方面具有优势，因而，从我国高等教育发展现状来说，在我国高等教育质量保障中，要以发展性质量保障为主，以发展性质量保障为主要求做到以下几点：

第一，以高校内部的自我质量保障为主，辅之以外部的质量审计。

我国的高等教育质量保障要充分发挥高等学校自身以及学术界在这一活动中的作用。高等学校的教育质量是学校办学水平的核心体现，它反映了高校日常教育教学活动的质量及办学效益。而高等学校自身及学术界是开展高校教育教学活动的主体，它们最有权、最有资格，也最有责任对高等教育质量做出解释。只有通过高校自身的不断努力，才能真正地保证与改进高等教育的质量。

第二，评价是教育质量保障的重要手段，评价有定位性评价、诊断性评价、形成性评价和总结性评价等多种类型。高等学校的自我质量保障就决定了这一体系下的评价只能以诊断性评价为主，辅之以总结性评价。

所谓的诊断性评价是在形成性评价发展问题的基础上，找出问题根源，或者说症结所在的评价。这种评价对学校改进自身工作有着更为直接的意义。诊断性评价不涉及对学校工作的分等鉴定，可以有效地防止有关学校的"防卫心理"，更有利于学校的发展和提高，因而，在发展性质量保障中要坚持诊断性评价为主。

当然在这一过程中，总结性评价也有一定的意义与作用，它有利于对学校某一阶段的发展状况做出准确的判断，从而为学校的下一步目标的确定提供必要的反馈信息。

第三，以注重高等学校办学特色为主，辅之以对高等学校办学的一般要求。高等学校办学有自己的一套规律，因而，高等学校的办学也必须有一定的基本要求，因此，无论是在认证性的质量保障还是发展性的质量保障活动中，对高等学校办学提出一般的共同的要求是合理的，也是十分必要的。缺乏这一基本要求，往往是造成高等学校办学混乱的根源。

然而在走向大众化时代的我国高等教育，面临着社会多样化的需求，面对经济、文化和高等教育发展基础不平衡的现状，用统一标准来要求不同高校也是不合理的。

由此涉及一个问题：高校的办学特色。在高等教育质量保障活动中，要充分鼓励高等学校自主定位，即根据社会对学校的需要和自己学校的历史传统等方面来确定自身的发展目标。在高等学校自我定位的基础上，要鼓励学校根据自身发展目标的要求来判断达到的目标的优势与问题，并且针对这些问题提出改进措施。在我们看来，任何学校都可以办成一流，只要从它的实际出发，充分满足社会对它的需求和学生发展的要求。因而，只是拿一把所谓的"优秀的高等学校"的尺子来评价各类不同的高等学校既是毫无必要的，在实践中也是有害的。尤其，它可能极大地干扰高等教育结构性的调整，不利于高等学校服务于我国社会和经济发展的实际需要，不利于促进学生各得其所的发展。

（二）质量文化的建设与质量保障体系活动并重

在开展高等教育质量保障活动的过程中，学校应把关注的焦点放在"质量文化"的培育上。高等学校的质量文化是高等学校校园文化的重要组成部分。高等学校在设计任何新型的高等教育质量保障模式时都应该着眼于未来，尽量为未来的高等教育质量评价与质量保障创造更好的评价条件与评价环境。从我国开展高等教育评价活动的短短几十年间，许多质量评价活动的失败都与校园质量文化的缺失有重大的关系。有关人员对高等教育质量评价的抱怨与指责，社会各界、政府与高校之间的相互不信任，专家判断方法与客观评价方法的矛盾，收集信息的信度与效度之间的问题，评价报告与决策之间的可能关系等，都与质量文化方面的冲突有关，因而需要得到更大的关注。

（三）理论与实际结合，理论指导实践

高等教育质量保障体系是在高等教育评价的基础上进一步深化与系统化，高等教育质量评价是质量保障的直接基础。从我国高等教育评估的实践来看，由前期的理论准备不够充足，在实践中导致了一系列问题的产生，与

此同时，由于实践与理论的分离，导致理论与实际在一定的程度上的脱节。没有理论的实践是盲目的实践，在行动中难以避免闪失；同样，没有实践的理论也必然是空洞的理论。因此，在建立我国高等教育质量保障体系的过程中，我们要力求把这两者很好地结合起来，即用科学的理论来指导实践，同时，在实践的基础上，不断地丰富我国高等教育质量保障的理论。

可以断言，我国高等教育质量保障活动的理论建设水平将在很大程度上决定高等教育质量保障起点的高低。在我国高等教育界，开展高等教育评估的理论研究虽然取得了系列的成果，但是相对于西方国家如美国、英国而言，我国高等教育评估无疑还是刚刚起步。尤其是高等教育评估还远未被社会大众认可，社会各界基本上没有参与高等教育质量评估与质量保障的热情和欲望，高校教职工与广大学生对质量评估也心存戒心，在实际评估的过程中往往持观望态度，迎合心理也比较广泛地存在于广大师生员工之中，总而言之，在我国尚未形成一种社会各界主动参与的评价文化，高等教育界进行实际质量评价与质量保障的能力也存在明显的不足。因而，在学术界加强对高等教育质量保障的理论研究与理论的普及具有十分重要的意义。

高等教育质量保障体系的研究应该包括高等教育质量保障技术与方法的开发，高等教育质量保障方法的开发包含适当的评价工具的开发。由于我国高等教育评估的基础相对薄弱，我国高等教育质量保障的评价工具与技术的开发和发展还远远落后于西方发达国家，因此开发适合于本国、本校的高等教育质量评价与质量保障工具和技术同样是选择质量保障模式时应考虑的问题。

此外，在我国有能力从事高等教育评价的专家和学者人数寥寥，一般评价人员的心理素质与业务素质都难以胜任未来高等教育质量保障的需要，因而在评价方法开发的基础上，开展对评价者的培养与培训应该引起高等教育界的关注。

在我国，高等教育质量保障活动的理论研究脱离高等教育实践是不可能有生命力的。高等教育质量保障体系的研究要紧密结合我国高等教育质量保障活动的实际进行。理论研究工作者要善于从实践中认真汲取养料，用实践来滋养理论，这样的理论才有可能是真正的、有生命力的理论。

第三章　构建高等教育质量保障体系：顶层设计

第一节　我国高等教育质量保障体系构建的出发点

自1999年高校扩招以来，我国高等教育在规模上实现了跨越式发展，高等学校数量也大幅增加。但受各方面因素的影响，我国高校在发展中存在严重的趋同化现象，这不仅影响我国高等教育系统有效适应社会的多样化需求，影响毕业生的总体就业水平，也缩小了高校自身的发展空间，直接导致我国高等教育系统整体质量的滑坡。2010年教育部颁布的《国家中长期教育体制改革和发展规划纲要（2010—2020年）》确立了人才培养体制改革的方向和目标，明确指出："改革教育质量评价和人才评价制度。改进教育教学评价。根据培养目标和人才理念，建立科学、多样的评价标准。开展由政府、学校、家长及社会各方面参与的教育质量评价活动。做好学生成长记录，完善综合素质评价。探索促进学生发展的多种评价方式，激励学生乐观向上、自主自立、努力成才。"这客观上要求高等学校和教育管理部门将建立新的教育质量保障体系，优化高等教育结构作为推进当前高等教育改革与发展的重要命题。因此，对国家或地区的高等学校进行分类，在一定程度上已然成为我国高等教育深化改革、提升质量、效率和竞争力的基础性工作。

一、结构优化：高等教育质量保障的内在要求

高等教育结构是指高等教育系统内部的各个组成部分的组合方式和相互关系，主要包括高等教育的层次结构、类型结构、学科专业结构、办学形式结构和区域布局结构等等。优化高等教育结构既是提升教育质量的内在要

求，也是教育质量提升的显著标志。构建高等教育质量保障体系，需要进一步调整和优化高等教育结构。在优化结构的基础上，促进高等学校合理定位、有序竞争、特色发展。

（一）高等教育结构

学界对高等教育结构的定义虽然众说不一，但基本内容大体相近。潘懋元在长期深入研究并博采众长的基础上提出："对高等教育结构这个概念的理解，应当包括下列含义：1.高等教育结构是指高等教育系统内诸因素（单位、部分、子系统等等）相互依存，相互作用的关联方式（或组合方式）；2.对于教育系统来说，特别应当重视各部分的比例关系；3.高等教育系统内部诸因素与外部因素的关系，因为教育系统是一个开放的系统；4.高等教育结构随教育系统内外部因素的变化而变化，是一种动态的结构。"[①]这一理解既说明了高等教育结构内涵的丰富性、开放性，也说明了高等教育结构的复杂性。人们从不同的角度，依据不同的观念或标准，可以对高等教育的结构做出不同分析，从不同的方面进行把握。例如，高等教育宏观结构研究，主要针对高等教育体系的宏观构成及其与经济等外部因素的关系问题，主要解决高等教育战略选择和实施问题，包括层次结构、科类结构、形式结构、管理体制结构、区域布局结构等；高等教育微观结构研究，则主要针对高校内部各组成部分的关系及其教育效果，着重解决高校内部管理问题，包括学校组织结构、师资队伍结构、学科结构、专业结构和课程结构等。

"教育结构的依据和归宿，一是社会对知识和人才的需求，二是教育自身的本质和规律。"[②]首先，从高等教育的本质特性来看，科类结构即"不同学科领域的高等教育的构成状态"，是高等教育结构的核心。伯顿·R.克拉克认为，以高深知识为核心是高等教育组织的基本特征。高等学

[①]潘懋元.高等教育学讲座[M].北京:人民教育出版社,1993:77.

[②]郝克明.当代中国教育结构体系研究[M].广州:广东教育出版社,2001:4.

校的管理和运行都围绕这一核心展开。①高深知识寓于既高度分化又高度综合的学科之中。高等教育以成熟的学术专业和学科为基础，实施专业性教育、培养高级专门人才是高等教育两个最重要的特点之一（另一个特点是它建立在中等教育基础之上）。因此，学科专业结构是高等教育的基本结构。由于学科发展和社会需求的变化，我国在不同历史时期对学科（专业）门类的划分往往不同。计划经济体制时期，我国将学科按照国民经济主要部门分为：工科、理科、文科、农科、林科、医药、师范、财经、政法、体育、艺术11类，每类下面再分若干专业。1997年起，新的专业目录将本科专业划分为哲学、经济学、法学、教育学、文学、历史学、理学、工学、农学、医学、管理学（军事学未列入目录）11个学科门类。各学科门类再分二级学科和专业，共有二级学科71个，专业249种。

其次是层次结构。从社会对知识和人才的需求情况看，对于每一种学科专业而言，为适合社会分工的需要，其知识服务和人才培养又是分层次进行的。"科学分化和社会分工是形成高等教育系统结构的两大主要因素。"②高等教育层次结构，是指在高等教育纵向结构体系中，按不同要求和程度的高等教育的构成状态。如高等专科教育、本科教育、研究生教育等。

最后是不同类别的高等教育构成状态，即类型结构或形式结构也是高等教育的基本结构之一。高等教育类别划分问题比较复杂，学界也无定论。管理实践中人们常常将高等教育分为普通高等教育、高等职业教育和成人高等教育3大类。"高等教育的类型结构，是指在高等教育横向结构体系中，按人才培养的类型不同而形成的结构，其实质是高等教育的范畴问题。高等教育的范畴有狭义和广义之分，狭义的高等教育指的仅仅是高等科学教育（目前我国称为普通高等教育），重点是本科以上的高等科学教育。这是一种传统的观念。广义的高等教育指的是完成高级中学教育基础上实施的教育，即人们常说的高中后教育，包括学历教育和非学历教育两个体系，高等

①[美] 伯顿·R.克拉克.高等教育系统——学术组织的跨国研究[M].王承绪,等译.杭州:杭州大学出版社,1994:11-17.
②潘懋元.多学科观点的高等教育研究[M].上海:上海教育出版社,2001:360.

科学教育、高等职业技术教育、成人高等教育和高中后短期高等教育四种类型。"[①]形式结构的演化反映了高等教育培养目标和培养方式的变化。因此，研究高等教育形式结构的变化，除了要分析狭义高等教育或广义高等教育，还必须分析其他办学类型的变化，具体而言，就是要分析高等职业教育、成人高等教育以及高中后短期高等教育的发展变化。由于高中后短期教育专指学习时间从几个月到一年左右的专业学习和职业训练，一般属于非正规学校教育，因此，往往也归入成人高等教育之列。

中华人民共和国成立以来，我国高等教育类别划分大致经历了4个阶段：第一阶段，20世纪50年代初期，除了普通高等教育，其他类型的高等教育尚处于萌芽状态。1951年8月10日，政务院第97次政务会议通过了《关于改革学制的决定》，将高等教育分为大学、专门学院和专科学校，并且规定高等学校得附设专修科，大学和专门学院得设研究部。同时，为便利工农干部入学，高等学校得附设先修班或补习班。第二阶段，从1958年到1966年，非正规高等教育得到一定程度的发展，出现了独立设置的成人高校，如"红专大学""劳动大学"等，普通高校举办的函授教育和夜大学也得到一定程度的发展。但由于缺乏经验，发展较慢，有的办学形式和质量难以保证，还处于试验、摸索阶段。第三阶段是"文化大革命"期间，名义上虽有"七·二一大学"（厂办大学）等其他教育类别的存在，但实质上已是面目全非，甚至普通高等教育也失去了专业教育的性质。第四阶段是改革开放以来，不仅函授教育、夜大学和独立设置的成人高校如职工大学、管理干部学院、教育学院、广播电视大学等快速发展，而且高等职业教育也迅速崛起，并日益成为我国高等教育的重要组成部分。此外，高校地区布局结构也是高等教育宏观结构的重要方面。

（二）结构优化是质量提升的内在要求

1998年巴黎高教会议通过的《21世纪高等教育展望和行动宣言》提

---

① 王冀生.宏观高等教育学[M].北京:高等教育出版社,2000:88-89.

出："高等教育质量是一个多层面的概念，要考虑多样性和避免用一个统一的标准来衡量高等教育质量。"①今天，人们已经无法沿用单一的学术标准评价高等教育或高等学校，取而代之的是，正视高等教育的多样化，并运用多元的观念审视高等教育质量，提出了覆盖多种类型、多种层次和多种形式的高等教育质量观念和高等教育质量评价标准。但是，高等教育质量观念的多元化和高等教育质量标准的多元化，实际上包含基本的、重大的、共同的核心要素，那就是高等教育应该运用与时代和社会相适应的培养途径，造就大批优秀人才，这样的人才应该规格类型多样、基本素质优秀、具有广泛的适应能力和一定的创新能力；同时，高等教育要能够向社会提供优质的智力、知识和技术服务。这就对于进一步优化高等教育结构提出了新要求。优化结构已日益成为提升大众化高等教育质量的重要基础和保证。一方面，优化的高等教育结构，能够为提高高等教育质量创造最为基本的条件，使高等教育与社会发展相互适应，培养大批适应社会需求的人才，贡献促进社会进步的智力、知识、技术和观念成果。另一方面，高等教育结构优化本身就是高等教育质量优化的内容。高等教育质量标准的一个重要维度就是高等教育结构各个组成要素相互协调，相互促进和相互支撑，释放系统整体功能。对此，《中共中央关于教育体制改革的决定》曾深刻地指出："高等教育的结构，要根据经济建设、社会发展和科技进步的需要进行调整和改革。高等教育结构的合理化，是从根本上扭转当前高等教育与社会主义建设不相适应状况的重要途径，也是教育改革中涉及全局的战略任务。"对一个国家或地区的高等学校进行较为科学合理的分类的作用是多方面的，具体有以下几个方面：

1. 有利于政府对高等学校实施分类管理。

对高等学校实施分类管理，这是高教界普遍认同的观点，无论学术界、高教实际工作者，还是政府高等教育管理部门，都希望在这方面有所进展。其原因至少有三：

---

① 教育大辞典编纂委员会.教育大辞典（第一卷）[M].上海:上海教育出版社,1990:24.

首先，从高等教育资源配置角度考虑。众所周知，经费短缺是世界高等教育领域的普遍现象，高等学校一方面试图拓展经费来源渠道，另一方面则希望得到政府的财政支持，而政府可用于高等教育的财力又非常有限，社会对高等教育的投入也遵循"对口"和"有用"的原则。因此，如何对有限的高等教育资源进行合理配置，使其产生最大的效益，并推动高等教育系统增强对社会资金的吸引力，这是政府部门不得不考虑的问题。分类管理有助于政府部门根据不同类型高等学校的特色和发展方向，结合一定时期社会对高等教育的客观需要投放教育资源，从而保证政府高等教育资源配置真正实现合理、有效。

其次，分类管理也是保证并促进高等学校提高教育质量的重要途径。随着我国高等教育大众化不断推进，高等教育质量成为人们关注的焦点，国家和地方教育行政部门在这方面也采取了很多措施，取得了不少成效。但从另一个角度来看，教育行政部门在质量监管方面显然遇到一些困难，用同一种目光来了解高校，用同样的标准来评价高校、要求高校，既不符合实际，于高校今后的发展也没有益处，而要改变这种状况，首先必须对高等学校进行分类，根据各类高校的特点提出不同的要求，这样才能引导高等学校按类办学，提高质量。

再次，政府对高等教育的管理有两个基本目的：一是要通过发展高等教育最大限度地满足广大民众接受高等教育的需求；另一方面则要充分发挥高等教育的社会功能，使高等教育更好地为国家和地区的经济和社会发展服务。而要实现这两个基本目标，分类管理就必不可少，否则，行政管理的指挥棒就会将高等学校引导到同一个方向，高等教育系统就很难适应社会的多样化需求。

综上所述，政府对高等教育实施分类管理，这是高等教育发展的客观需要，是高等教育发挥其社会功能的客观需要，也是提高教育质量和效率，建设民众满意的高等教育的客观需要。而没有科学合理的高校分类，政府部门对高等学校实施分类管理的愿望显然不可能实现。

2. 有利于高校明确方向、合理定位、特色发展。

高等学校要办出特色，其理由非常简单，因为特色就是一种特定的发展空间，没有特色的高校就没有自己独有的空间，就只能与许多同类高校一起去争夺有限的教育资源，去面对熙熙攘攘的出口市场。特色也是一种价值，高等学校之所以需要存在，就因为它对社会有价值。一所有特色的高校就具有其他高校无法取代的社会价值，缺乏特色就失去自我，就削弱了其社会价值，有些高校甚至因此使人们对其存在和发展的必要性产生怀疑。特色还是一种优势，是一种"人无我有、人有我优"的优势，这种优势是集聚教育资源的法宝，是拓展生存和发展空间的砝码，是提高声望、引领潮流的动能。

彰显高校的办学特色，这不仅是高校自身发展的需要，也是国家或地区经济社会发展对高等学校的要求。高校要办出特色，其前提是要明确方向、合理定位。而这项工作往往受到许多因素的制约。就主观因素而言，有些高校的办学者根本就没有意识合理定位、凸现特色的重要性；有些高校的办学者则心有余而力不足，不知从何入手解决这方面问题。就客观因素而言，许多高校长期以来一直缺乏特色，要培育特色确实受到管理体制、办学基础和历史传承等方面因素的制约。与此同时，国家现有人事制度、教育资源配置制度，以及高校面临的社会环境也迫使高等学校随流入俗，而不是去发展特色。以人事制度为例，我国高校的领导者有双重身份，一是办学者，二是政府官员。而在一个官本位的社会环境中，作为政府官员的意识往往掩盖了作为办学者的责任，对学校级别、领导者政绩的追求也往往多于对学校科学发展、社会责任的谋划。一所专科学校升格到本科院校，或一所普通本科院校上升到地方或国家重点院校，学校领导的地位上升了，政府划拨的经费增加了，学校的生源改善了，毕业生的就业率提高了，在这么多的诱惑面前，学校办学特色、社会人才供需矛盾往往被置于次要地位。正是由于有上述这些主客观原因，目前我国许多高校在发展办学特色方面进展缓慢，在发展方向上重学轻术，在规模和学科上求大求全，在办学层次上盼升攀高，以至于不少高校办学方向迷失、办学定位脱离实际、办学质量和效益得不到保障，造成了教育资源的极大浪费，影响了国家或地区高等教育系统的整体社会功能。

因此，对高校进行科学合理的分类，有助于高校了解自己在国家或地区高等教育系统中所处的位置，使高校制定的发展方向和办学定位更加切合实际，并把更多的精力用于寻求办学特色上。

3. 有利于社会个人对高等教育服务的选择。

我国高校数量众多，考生要比较清楚地了解有关高校的基本情况十分困难。目前考生了解高校情况的主要途径：一是高校在网站、报纸、电视、招生简章等媒体上公布的信息；二是一些民间机构对高校的介绍和评价。这两种渠道都难免存在信息失真和信息量过大等问题。因此，在高校招生期间，许多考生及其家人求亲访友，最终仍觉得无所适从，盲目填报志愿者大有人在。

对高校进行较为科学合理的分类后，各类高校的办学特色、录取要求和录取可能性、就业机会和就业质量等一些基本情况就比较清楚，考生结合其自身高考成绩，需要了解的信息量就可以大大减少，所知信息的准确度也可以进一步提高。这既可以减少盲目填报志愿的现象，方便考生对教育服务的选择，又有利于高校因才择生，为提高教育质量奠定基础。

另一方面，科学合理的高校分类也有利于社会潜在办学力量和社会用人单位了解高校的特色，促进高校与社会各界建立更加牢固、有效的合作关系，提高高校适应社会需求的能力。

二、国内外高等教育分类研究述评

高等学校自其产生初期就有不同类型，如西方早期大学根据其管理体制和专业特色就可以划分成学生型大学、教师型大学；以培养法律人才为主的学校、以培养牧师为主的学校、以培养医生为主的学校等等。对高等学校的分类也不是新近才出现的，各国政府在管理、干预或支持高等教育发展的过程中，就已经明显地体现了分类的精神。如我国把高等教育系统分成专科、本科、研究生三个层次，把高等学校分成综合性大学、独立设置的学院、高等专科学校、高等职业院校等类型。在此基础上，国家又选择了一批办学水平较好的高等院校进行重点建设，从而又出现了"985"大学、"211"大学等等。但是，建立在研究基础上的、综合的、较为具体的高校分类并不多。

（一）国外高等教育分类研究

在国际上，比较典型的高校分类主要有美国卡内基基金会的高校分类标准、联合国教科文组织国际教育标准分类和日本的高校分类等。

联合国教科文组织国际教育标准分类把教育分为三级，第一级教育为小学，第二级教育是中学，高等教育包含在第三级教育中，称为中学后教育。中学后教育的分类如图3.1所示[①]。其中，代码4开头的教育层次不在我国规定的高等教育范围之内，6开头的专指博士研究生教育，5开头的则包括了专科、本科和硕士研究生教育。在5开头的教育层次中，5A是理论型的大学和学院，5B则是实用型、技术型，以培养职业技能为主的高校。

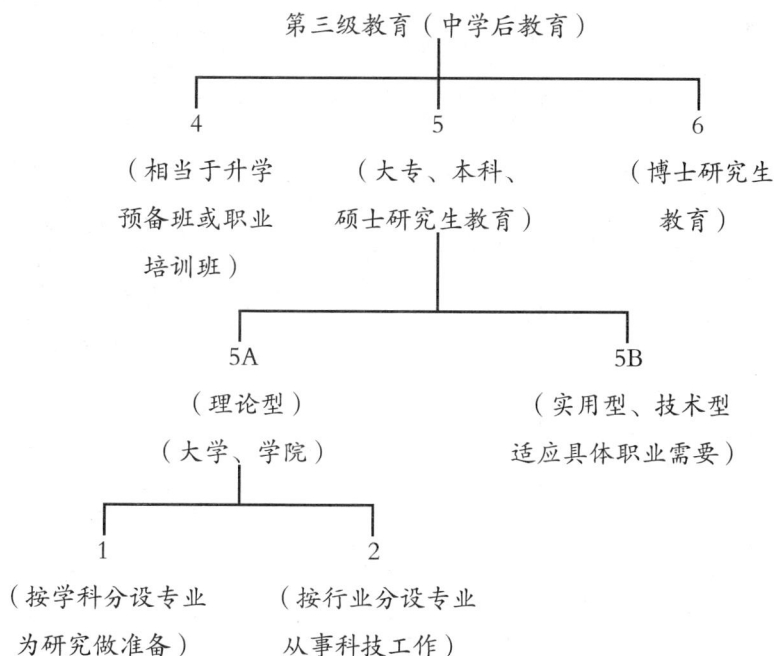

图3.1 联合国教科文组织第三级教育分类

---

① 潘懋元.分类、定位、特点、质量——当前中国高等教育发展中的若干问题[J].福建工程学院学报,2005（2）:103-108.

日本的高校分类研究比较典型的是天野郁夫的研究，他将日本大学分为5个基本类型（详见表3.1）：

表3.1　天野郁夫对日本大学的分类

类别	细分	标准
1.研究型大学 （research-R型）		进入这个范畴的是在有权授予学位的大学中具有特别强研究功能的大学。以如下两点为标准：在所有的学部之上都有博士课程大学院；大学院在学人数与学部在学人数之比，国公立为9%以上、私立为6%以上、医牙类的单科大学为20%以上
2.大学院大学 （doctorate granting 1-D1型）	2-1综合性或多科性大学 2-2医牙类单科大学 2-3其他单科大学	在所有或大多数的学部之上都有博士课程大学院，大学院在学人数与学部在学人数之比在上述标准以下的有权授予学位的大学
3.准大学院大学 （doctorate granting 2-D2型）		仅在一部分学部之上有博士课程大学院，大学院在学人数与学部在学人数之比在上述标准以下的有权授予学位的大学
4.硕士大学 （master granting-M型）	4-1综合性或多科性大学 4-2单科大学	仅有硕士课程大学院的大学
5.学部大学 （college-C型）	5-1多科性大学 5-2女子大学 5-3人文科学类单科大学 5-4社会科学类单科大学 5-5自然科学类大学	没有设大学院、仅有学部的大学

在所有各国有关高校分类的研究中，最有影响的当推美国卡内基基金会的高校分类标准。卡内基高校分类法始订于1970年，1973年首次公开发表，至今共出版了6个版本。其中，前5个版本分别于1973年、1976年、1987年、1994年、2000年发布，这5个版本虽不断修订，但分类基本依据的变化并不大，主要考虑高校的学术任务和人才培养层次。如2000年的版本先将美国高校分为博士/研究型大学、硕士学位授予院校、学士学位授予院校、副学士学位授予院校、专门院校、部落院校等6类，然后根据各校所授学位的数量和学科覆盖面将前3类院校细分为7小类，即博士/研究型Ⅰ类和Ⅱ类，硕士学位授予院校Ⅰ类和Ⅱ类，学士学位授予院校文科类、普通类、学士/副学士院校。

2006年1月，卡内基基金会对原有分类方法进行了修订，修订后的分类方法以分类公布前一年的学校数据，包括本科/研究生专业、在校学生数、校园面积、学校所在地等为基本数据，把全美4000多所高校分为大专学院（Associate's Colleges，其中又分成14种类型学校）、博士点大学（Doctorate-granting Universities，其中又分成3种类型大学）、硕士点大学（Master's Colleges and Universities，其中又分成3种类型大学）、本科学院（Baccalaureate Colleges，其中又分成3种类型大学）、专业学院（Special Focus Institutions，其中又分成9种类型学校）、部落学院（Tribal Colleges）等6种类型。

而在此前，卡内基基金会曾于2005年11月发布了一个与前5个版本有极大差别的分类方案。该方案由5个平行独立的分类体系组成，其中，以本科生教学计划为衡量标准的分类体系，先根据授予本科生学位的层次（副学士或学士）分为副学士院校、副学士主导型院校、学士主导型院校3大类；再根据文理学科和专业学科授予的学士学位的比例将学士主导型院校划分为文理型院校、文理+专业型院校、文理与专业平衡型院校、专业+文理型院校、专业型院校5类；然后根据能授予从学士学位到研究生学位的学科数比例将5类分别细分为3小类，总共15小类。这样，美国有关院校被划分为3大类17小类（具体分类见表3.2）。

以研究生教学计划为衡量标准的分类体系根据高校授予研究生学位的层次、授予学位的学科数量、在广泛的学科领域授予学位的集中度，先根据是否授予博士学位将高校分2大类，再根据授予学位的学科范围分别对2大类院校进行划分，然后根据学科属性、学位的学科集中度对多学科院校进行细分。这样，美国有关院校被划分为18小类。

表 3.2 卡内基高校分类中的本科生教学计划系列

第一次分类	第二次分类	第三次分类
	副学士院校（Assoc）	
	副学士主导型院校（Assoc-Dom）	
学士主导型院校	文理型院校	无研究生学科类（A&S-F/NGC） 低于50%研究生学科类（A&S-F/SGC） 半数以上研究生学科类（A&S-F/HGC）
	文理＋专业型院校	无研究生学科类（A&S + Prof/NGC） 低于50%研究生学科类（A&S+Prof/SGC） 半数以上研究生学科类（A&S+Prof/HGC）
	文理与专业平衡型院校	无研究生学科类（Bal/NGC） 低于50%研究生学科类（Bal/SGC） 半数以上研究生学科类（Bal/HGC）
	专业＋文理型院校	无研究生学科类（Prof + A&S/NGC） 低于50%研究生学科类（Prof +A&S/SGC） 半数以上研究生学科类（Prof +A&S/HGC）
	专业型院校	无研究生学科类（Prof-F/NGC） 低于50%研究生学科类（Prof-F/SGC） 半数以上研究生学科类（Prof-F/HGC）

以学生入学情况为衡量标准的分类体系根据秋季入学学生的层次（大学生，研究生/专业学生）、学制（2年，4年）、研究生/专业学生中相当于全日制的入学学生的比例等3个指标，先把院校划分为仅有大学生院校、有大学生和研究生院校、仅有研究生/专业学生的院校等3大类，再把仅有大学生的院校划分为2年制、4年制2小类，然后根据研究生/专业学生中相当于全

日制的入学学生的比例把有大学生和研究生的院校划分为4小类，美国有关院校共被分为3大类7小类。

以大学生概况为衡量标准的分类体系根据全日制或非全日制学生的比例、学生的入学选择性、学生的转入率等3个指标，先把高校划分为2年制与4年制2大类，再按非全日制学生的比例把2年制院校划分为4小类，按非全日制学生比例、入学选择性及转入率等指标把4年制院校分为9小类。美国有关院校共被划分为2大类13小类。

以规模与背景为衡量标准的分类体系根据院校的学生规模与住宿特征，先根据层次（学制）把高校划分为2年制、4年制2大类，再根据秋季入学学生中相当于全日制的学生数把2年制院校分为5小类，然后根据秋季入学学生中相当于全日制攻读学士学位的人数把4年制院校分为4小类，继而根据攻读学士学位的住校生比例把4小类细分为12小类，美国有关高校由此被分为2大类17小类。

（二）中国高等教育分类研究

近几年来，我国学者在高校分类问题上开展了一些研究，并就我国高校如何分类的问题提出了各自的看法。从现有研究的情况来看，比较典型的观点有以下几种：

1. 21世纪的中国高等教育研究课题组提出的分类方法：把我国高校分为5类，分别为：（1）研究型大学。主要承担本科至博士生教育以及大学后继续教育，并进行高层次重点科学研究。分类的主要标准是具有博士点10个以上；研究生占学校在校学生总数的25%以上，其中博士生占研究生总数的20%以上；每年接受科研经费资助在5000万元以上。（2）省、部级重点大学。主要承担本科至博士生教育以及大学后继续教育。分类的主要标准是具有3个以上博士点；研究生占学校在校生总数的10%左右；提供至少3个大学科类本科课程。（3）一般本科院校。分为两类：一类为多学科大学或学院，以本科教育为主，具有硕士或博士点；另一类为多学科或单学科学院，承担本科和专科教育，以本科教育为主，同时扩大成人专科学生的比例。（4）普通专科学校。在几个主要专业领域提供专科课程。

（5）高等职业技术学校。提供专科课程和非学历教育的证书课程，也提供少量专业的本科课程。[1]

2. 广东管理学院武书连结合大学排行问题提出的分类方法，即从学科比例和科研规模两方面入手，提出高校类型由"类""型"两部分组成，"类"反映高校的学科特点，根据教育部划分的学科门类和高校内部设置各学科的比例，现有高校被分为13类，即：综合类、文理类、理科类、文科类、理学类、工学类、农学类、医学类、法学类、管理类、体育类、艺术类等。"型"反映高校的科研规模，以科研规模大小为依据，可将现有高校分为研究型、研究教学型、教学研究型和教学型4种。一所高校的类型即由上述某类、某型组成，类在前，型在后，如清华大学按学科比例可以归在工学类，按科研规模应当归于研究型，则清华大学属于工学类研究型（工学研究型）大学；北京大学按学科比例可以归在综合类，按科研规模应当归于研究型，则北京大学为综合研究型大学；等等。[2]

3. "网大"中国大学排行榜采用的大学分类，即沿袭我国过去以学科为主线的分类方法，将普通高校划分为综合大学、理工院校、农业院校、林业院校、医药院校、师范院校、语言院校、财经院校、政法院校、体育院校、艺术院校、民族院校等类型。

4. 潘懋元先生提出的分类方法。他认为，根据国际的教育标准分类和我国的实际情况，可以把中国高等学校划分为3种基本类型：（1）综合性研究型大学（相当于5A1），它们遵循"本科（学士学位）→硕士（学位）→博士（学位）"的顺序提升其学习层次；（2）多科性或单科性专业型（应用性）大学或学院（相当于5A2），它们依循"本科（学士学位或文凭）→专业硕士（学位或文凭）→专业博士（学位或文凭）或进入研究型博士"的学习阶梯；（3）多科性或单科性职业技术型（或技能型）高校（相当于5B），它们走"专科（副学士学位或文凭）→职业本科（学士学位或文

①21世纪的中国高等教育研究课题组.21世纪的中国高等教育[J].高等教育出版社,2001:68.
②武书连.再探大学分类[J].中国高等教育评估,2002（4）.

凭）→进入专业硕士"的培养阶梯。

5. 上海交通大学刘少雪、刘念才提出的分类方法。他们根据不同层次学生的招生数量、最高层次学生与本科生的比例、主要科研成果产出及获得政府资助研究经费情况等4个指标（其中后两个指标主要用于研究型大学分类），将我国普通高校分为5大类9小类（具体分类情况见表3.3）。

表 3.3　中国普通高校分类标准 2005 年版

大学类型		定性标准	定量标准	具体要求
研究型大学	I	提供广泛领域的本科教育，从事博士研究生教育，重视前沿科学研究工作，能够获得充分的政府资助研究经费	授予博士学位数量超过授予博士学位大学的平均数，授予博士学位与学士学位的比例不低于0.09，获得政府资助研究经费数量居全国高校前五十名，且每年师均发表SCIE、SSCI论文高于美国研究型大学协会（AAU）会员大学的最低值	每年授予193个以上博士学位，授予博士学位与学士学位比例高于0.09，每年获得政府资助研究经费0.44亿元以上，每年师均发表SCIE、SSCI论文0.7篇以上
	II	提供广泛领域的本科教育，从事博士研究生教育，重视科学研究工作，能够获得充分的政府资助研究经费	授予博士学位数量超过授予博士学位大学的平均数，授予博士学位与学士学位的比例不低于0.09；或授予博士学位数量超过授予博士学位大学的平均数，授予博士学位与学士学位比例不低于0.06，且获得政府资助研究经费数量居全国高校前五十名	每年授予193个以上博士学位且授予博士学位与学士学位比例高于0.09；或每年授予193个以上博士学位、授予博士学位与学士学位比例高于0.06，且每年获得政府资助研究经费0.44亿元以上
博士型大学	I	提供广泛领域的本科教育，从事博士研究生教育	授予博士学位数量不低于博士型大学的平均数	每年授予70个以上博士学位
	II		授予博士学位数量低于博士型大学的平均数。	每年授予69个以下博士学位

续 表

大学类型		定性标准	定量标准	具体要求
硕士型大学	Ⅰ	提供广泛领域的本科教育，从事硕士研究生教育	授予硕士学位数量不低于硕士型大学的平均数	每年授予136个以上硕士学位
	Ⅱ		授予硕士学位数量不低于硕士型大学的平均数	每年授予135个以下硕士学位
本科型大学/学院	Ⅰ	从事本、专科教育	每年授予学士学位不少于全部本、专科毕业生的50%	每年授予学士学位不少于全部本、专科毕业生的50%
	Ⅱ		每年授予学士学位少于全部本、专科毕业生的50%	每年授予学士学位少于全部本、专科毕业生的50%
专科型学院		从事高等专科和职业教育		

有关我国高校分类的研究方兴未艾，有关我国高校分类的观点还有不少，如陈厚丰从类型与层次两个方面对我国高校进行分类。在类型上进行3次划分：第一次划分出公立高校、营利性民办高校和非营利性民办高校；第二次从纵向上划分为研究型、教学科研型、教学型、应用型4种；第三次从横向上分为综合类、多科类和单科类3类，二者组合成12种基本类型。在层次上又划分为全国性高校、区域性高校和社区性高校3个层次，即从理论上共组合成108种高校的类型和层次。[①]马陆亭、孙建波等建议把我国高校分为研究型大学、教学科研型大学、教学型本科院校、高等专科学校和高等职业学校。肖国安提出把我国大学划分为研究型大学、应用型大学和技术型大学。贾志兰、杜作润将我国大学分为3大类：一是进入"211工程"的大学，二是以招收本科生为主的全日制大学，三是依靠社会力量办的大学。陈敏将高等学校

①陈厚丰.中国高等学校分类与定位问题研究[M].长沙:湖南大学出版社,2004.

分为精英型大学、大众型大学、精英大众共存型大学。刘澍、郭江惠将高校分为学术型高校、行业型高校、职业型高校。诸如此类。

（三）国内外高等教育分类研究简评

高校分类是我国高教界目前研究的热点之一，学者们的观点自然少不了，这种众说纷纭的局面足以说明一些问题：一是高校分类确实非常复杂，它涉及高等教育领域的许多问题，人们可以从不同角度来讨论分类问题，由此也可以得到许多不同的结论；二是我国目前还没有一种比较公认的高校分类标准，人们对我国原有的政府分类标准并不满意，而对新的分类方法又不能达成比较一致的意见；三是许多学者对自己研究工作的目的性并不明确，为什么要研究高校分类问题，应当怎样研究，研究时需要考虑哪些方面因素，这些问题有些学者清楚，有些学者看似清楚，其实并不清楚。

从比较宽泛的角度来看，高校分类可以分为两大类：一类是体制性分类，另一类是学术性分类。体制性分类任何一个国家都存在，它是国家（地区）在发展、完善高等教育体系，落实、加强高等教育管理过程中逐步形成的。我国高等教育的体制性分类有多种，如从宏观管理体制的角度可以将高校分为全国性大学与地方性高校；从高校发展水平和国家扶持力度的角度可以分为"985"大学、"211"高校、地方重点建设大学和一般高校4种；从办学层次角度可以分为本科院校和高专高职院校；从办学体制角度可以分为公办高校和民办高校等等。学术性分类与体制性分类不同，它是研究者根据一定的目的，设定相应的标准，在对国家（地区）高等教育体系中有关高校进行考察的基础上得出的分类结论。

学术性分类反映了学者们对高校分类的意见，由于研究者切入的角度不同，其分类结论难免会有差异，因此，对一些具体的分类进行评价似乎没有必要。而从国内高校分类研究的整体状况来看，其问题主要表现为三个方面：一是较为深入的研究还不够多。高校分类作为一项基础性工作，其重要性已被越来越多的人所认识，有关这方面的研究文章也不少，但多数文章是即兴之作，没有深入研究的基础，也没有明确的目标。因此，人们提出的分类意见五花八门，但很难找到能解决某方面问题的分类意见。二是许多分类意见都试图通过一定的"量"为高校定"性"，并希望高校依据其"性"确定目标，在特定的"性"的框架中运行。这种努力既无理也不可能有效。三是分类指标不足。许多研究者往往以某一方面的指标为依据对国家或地区的高等学校进行分类，这种分类忽视了高等学校的复杂性，很难比较真实地反映高等学校的总体状况，其分类结果也不足为信。

第二节 我国高等教育质量保障体系构建的主要思路

一、国内外高等教育质量保障体系的经验借鉴

纵观国内外高等教育发展的进程，有以下几方面经验值得借鉴：

（一）强调政府对高等教育体系的整体规划

在美国，高等教育由州政府协调指导、统筹管理。加利福尼亚州1960年开始实施《高等教育总体规划》，赋予大学、州立大学、社区学院不同使命，分别承担不同学生群体的高等教育责任，把相互竞争的不同类型大学和学院转变为一个有机的高等教育体系。

国内兄弟省市正陆续推进高校分类指导体系、统筹高校发展。上海市在《2010—2020年中长期教育改革和发展规划纲要》中提出"建立高校分类指导服务体系，引导各高校科学制定发展定位规划，完善分类管理、指导、服务的政策措施和资源配置"。广东省在《2010—2020年中长期教育改革和发展规划纲要》中也提出"建立与高校分类定位、分类指导、分类发展、分类评估相适应的体制机制，鼓励高校在本层次本类型中办出特色，创造品牌，争当一流"。

（二）重视现代大学制度建设

当今世界发达国家的大学已经形成比较完备的现代大学制度体系，美国、英国、德国的大学制度具有典型的代表性。主要有以下几个特征。（1）强调大学的高度自治。美国大学拥有较为完备的自治权，包括规划、预算、招生、教授的聘任等。英国的传统大学通过皇家特许状的形式确立了大学的独立法人地位，大学的自治权利和学术自由得到保护。（2）注意引入市场竞争机制。美国建立了较为完善的大学竞争制度，包括办学主体多元化、举办

权与办学权相分离以及公平竞争制度。英国通过大学基金委员会与多科技术学院基金委员会进行分类拨款，大学通过竞标和订立合同的方式获得拨款，促进大学间的竞争。（3）引入第三方评价。美国建立了院校认证和专业认证制度，以自我评估和同行评估为基础，由非政府、自愿参加的院校协会或专门职业协会下的独立认证机构负责。德国建立大学自我评价与社会评价共存的评价机制，大学质量评估以社会评价为主。（4）从内部关系来看，美国、英国、德国等现代大学制度强调教授治校、学术自由、学术民主管理等。

（三）重视学科、专业建设的市场导向和社会参与

美国政府和高校都奉行市场导向原则，强调将市场需求细化到地区、行业、生源等方面；高校、政府机构都在制度上确保高等教育专业人士和行业专家在专业建设、管理上的广泛参与。英国建立了职业教育的全方位合作机制：雇主支付工学交替制学生的薪水；许多企业与社会团体向职业教育基金会捐助的资金与设备可不用纳税；建立国家职业资格框架体系，充分吸收企业、行业协会及教育机构共同构建了职业与教育资格制度及相关标准。德国2004年以来推出并实施了"应用技术大学联合经济界科研计划""应用技术大学联合企业界科研计划"，以加强应用技术大学与企业之间的应用型科技成果转化、人才培养合作。

国内兄弟省市日益注重学科专业的布局，建设与地方经济社会的适应性。江苏省2008年提出优先设置与地方经济发展密切相关、基础条件厚实的专业，2010年要求70%新增本科专业应与新兴产业有关，不再增设毕业生初次就业率低于70%的专业。广东省积极培育与战略性产业相关的新兴学科和交叉学科，加大与基础产业、支柱产业和新兴产业紧密相关的重点学科、特色专业建设力度，着力提高工科专业比重；高校自主设置社会需求量较大、紧缺的本科专业，需求量较小的特殊专业由全省统筹规划、统一布点、学校分工协作。

（四）鼓励建设创业型大学

20世纪60年代以来，国外逐渐崛起了一批创业型大学，英国的沃里克

大学和美国的斯坦福大学、麻省理工学院等都是创业型大学的典型代表。创业型大学注重学术与创业的结合，既满足时代需求又以学术为中心，其与传统大学的区别在于：强调学术自由和自治，能够对外界的需求做出更加灵活的反应，敢于冲破各种势力的束缚，形成一个强有力的驾驭核心，建构自己多元化的资助基地，依靠学术心脏的能力实现自己的抱负和目标。

（五）加大高等教育的财政投入

江苏省2008年底启动省属高校化债工作，到2010年4月省财政拨付化债补助资金122亿元；实施高校优势学科工程，从2010年开始将连续6年每年安排不低于10亿元的财政专项资金，建设60个左右实力雄厚、优势突出的学科；国家示范性高职院校配套资金1：3，每年投入1亿元建设实训基地。广东省2007年一次性偿还高校债务149亿元；自1983年开始进行了8轮省重点学科建设，2000年后每年投入到重点学科的总经费不低于3000万元；2006年起省财政设立高职教育专项资金，每年投入1亿元用于高职院校示范专业建设。

制约高等教育结构的因素十分复杂，其间关系交错重叠，因而，我们可以从多种角度构思高等教育结构的规划与完善。在新的历史阶段，需要进一步完善我国高等教育结构，促进高等教育质量提升。

二、我国高等教育质量保障体系构建的主要思路

（一）正确处理规模与质量的关系

关于中国高等教育大众化进程中所承担的双重使命问题，实际也是中国高等教育发展过程中所遇到的一个现实问题，即在高等教育大众化进程中，因地区发展不平衡，既要继续尚未完成的精英化任务，又要实现以规模扩张和高入学率为标志的大众化任务，这就使其面临大众化趋势和精英化不完全的现状的双重严峻挑战，其实质是高等教育规模扩张与质量保障之间的关系问题。

一般而言，高等教育规模急剧扩张的同时势必会导致部分高校的教学质量因教学资源的紧张和精力的过于分散而下降。另外，高等教育的成本投入不同、质量各异，如果在高等教育领域和人才就业市场上没有更能体现和

区分两者的明确指标，那么，高等教育领域就极有可能形成经济学上所说的"格雷欣现象"（Gresham's Law）[①]。道理很简单："如果质量高的学校得不到奖励，同时又不能克服质量低的学校'搭便车'的现象，那么整个教育系统有可能进入低质量状态。"[②]因此，如何保持高等教育规模扩张与质量保障之间平衡，是思量高等教育规模扩张一切问题的突破口。落后而不甘落后并直面落后，中国高等教育大众化进程中要更好地实现"由精英教育向大众化教育过渡"和"由精英教育向大众化与精英教育并存过渡"的双重使命，就必须直面社会对高等教育的需求与高等教育的供给之间的矛盾，直面高等教育大众化进程中社会对优质高等教育资源的期望及持续追求与高等教育的实际供给水平之间的差距，着力关注并解决好高等教育规模与质量的关系问题。

在高等教育大幅扩招之前，高等教育的发展在其既有的节奏上平缓增长，而且这一时期的高等教育高淘汰率和低录取率似乎都成了高等教育高质量的标志。但高等教育的大幅扩招及高校规模的持续扩大，使得高等教育发展的固有节奏被打乱，与此前的低入学率和高淘汰率相比就不能不令人对高等教育的质量心存怀疑。当然，高等教育高入学率和规模的扩张并不必然地引起质量的下降，但是受高等教育机构人才高流失性及"不完全性"的影响，本来基础薄弱的欠发达地区高等教育的规模扩展势必引起"规模扩展"与"质量可能下降"的矛盾与冲突。因规模扩张而导致"教育质量下降曾经是一些'先发国家'高等教育大众化过程中出现的问题，'后发国家'应该引以为鉴"[③]。高等教育大众化进程中决不能以质量作代价一味地追求较大规模，更不能片面地将高等教育毛入学率及高校规模作为高等教育发展的"政绩"，而应倾向于高等教育的受教育群体规模质量

---

①因英国经济学家格雷欣提出而得名。格雷欣现象也称格雷欣法则。即"劣币驱逐良币"（bad money drives out good）规律：当两种铸币在同一市场上流通时，实际价值高于法定价值的"良币"会被逐出流通，即被熔化或输出国外，导致实际价值低于法定价值的"劣币"充斥市场的现象。
②胡赤弟.教育质量：政府与学校的责任[J].高等教育研究,2001（6）:23.
③胡建华."后发国家"高等教育大众化的基本特点[J].教育发展研究,2002（1）:32.

的提升，进而发挥高等教育应有的规模效益。因此，中国高等教育大众化进程中在规模扩张的同时关注质量，在规模与质量之间保持平衡，避免既定差异的持续增大，追求实现规模较适当、质量有保障的地区高等教育，是保证高等教育健康持续发展的根本前提，也是中国高等教育大众化进程中的新命题和进一步发展瓶颈所在。

（二）引导各类高校合理定位、特色发展

要积极探索并确立科学的高等学校分类标准，为各级各类高校提供办学定位和办学方向的参照体系和理论指导。高等学校分类标准的主要内容是规范高等学校办学层次、办学类型、办学形式、培养方向、办学宗旨、学校名称、内部组织和相应的评价标准。建立和推行高等学校分类标准，既要借鉴国际上的高等教育分类标准和办法，又要总结、提炼我国高等教育分类管理的实践经验，并且在此基础上，不断推陈出新，形成符合国情和各省省情的高等教育分类体系。

首先，重视借鉴国际高等教育分类标准和办法。高等学校分类问题是一个难于解决而又必须及时予以解决的难题。这一问题既同以公共利益为核心的高等教育资源配置有关，同时又是高等学校运行必要的参照系。综观世界其他国家的高等学校分类标准，大致呈现3种模式：一是政府主导的高等学校分类标准；二是社会主导的高等学校分类标准；三是历史形成的高等学校分类标准。然而，即便是后两种高等学校分类标准，其中都包含政府的影响和作用。从当前我国的实际情况出发，高等教育分类工作只能由政府有关机构来完成。这是因为：其一，政府机构负责高等教育政策的制定和规划，因而对于高等教育分类有较为全局性的考虑；其二，政府机构比较充分地掌握高等教育事业的统计数据，能够相对保证分类的科学性；其三，政府机构比较易于组织各方面力量联合攻关，保证管理者、决策者、研究者的广泛参与。因此，在目前的现实条件下，政府机构应承担起这一角色。高等学校分类虽以政府为主导进行，但需要社会各界的广泛参与。既有代表政府意志的决策者、高校的管理者、从事高等教育研究的专家学者，又有来自社会各界的人士；同时，还要能创造高校公平竞争的环境，给高校充分的办学自主

权，保证高校走上良性发展的轨道。分类标准中应该包容高效的评估体系，分类评估是高校多样化发展的现实选择。只有在这样的背景下进行高等学校分类，才能保障其科学性、客观性和可行性。从这一意义上讲，联合国教科文组织的《国际教育标准分类法》（1997年修订稿）值得借鉴。该分类法将第三级教育（高等教育）分为两个阶段：第一阶段相当于专科、本科和硕士生教育；第二阶段相当于博士生阶段。鉴于该分类法概括了许多发达国家和发展中国家的基本情况，因而其基本原则和方法对于许多国家的高等教育分类具有普遍的指导意义。

其次，总结、提炼我国高等教育分类管理的实践经验。目前，具有一定代表性的高等学校和高等教育分类标准包括美国"卡内基分类标准"、广东管理科学研究院的"高等学校分类体系"和联合国教科文组织提出的高等学校分类标准。就内容而言，三种分类各有特点。美国卡内基教育促进基金会（Carnegie Foundation for Advancement of Teaching）将全美高等教育机构划分为6个层次，有的层次又细分为若干级别，这是目前美国高等教育界最为广泛使用的划分方法，对其他国家也有广泛的影响。如果说，卡内基分类以学位高低分层次，那么，广东管理科学研究院的分类则先按学科门类分类，再以科研规模大小代替学位高低分层。目前国内所通行的高校分层是将高校分为"研究型大学、研究教学型大学、教学研究型大学、教学型大学"等几类，对照"造就数以亿计的高素质劳动者、数以千万计的专门人才和一大批拔尖创新人才"的现实要求，显然，分层办学、分类评估、区别资助等各种措施都旨在于保持各类型大学的合理比例和结构，务必使这项工作保证高等教育的可持续发展，保证高等教育大众化的大局，在此前提下，鼓励和重点扶持部分高校冲刺世界一流或知名大学。

最后，探索高等学校分类体系，建立合理的高等院校类型结构。在高等学校继续向多科化、综合化方向发展的过程中，积极引导和大力发展各类具有鲜明特色的专门学院，以改变现有专科（高职）教学型学院——本科教学型学院——教学科研型大学——研究型大学的单一分类体系。通过引导，逐步将江苏各类普通高校分为两大系列：一类以综合性、多科性院校为主，包括综合性职业技术学院、多科性学院、综合大学等，着眼于培养学术及其他广泛社会领域的专业人才；另一类以专门学院为主，包括各类行业优势明显的职业学院或专业学院，重点培养特定领域的专业人才。与20世纪50年代初院系调整后所形成的单科性院校不同，这种以培养特定的专业人才为主的专门学院，许多虽然具有一定的独立性，但又往往与有关的综合性大学有着同盟或协作关系，甚至成为这些综合性大学的专业学院。例如，作为一所相对独立的专门学院的医学院或师范学院，既不同于现存独立设置的医学院或师范学院，也不同于现存综合性大学中的医学院或教育学院，它一般不直接招收高中毕业生，而是以其他学校已经接受一定年限普通教育的生源为主体，实施高度专业化的课程。

第三节　浙江省高等教育系统分类的实践

教育是经济发展、社会进步的基石。高等教育在教育事业发展中处于龙头地位，承担着人才培养、科技创新、社会服务、文化引领的重要任务，是浙江省全面实施"创业富民、创新强省"总战略，加快转变经济发展方式，全面建成小康社会的重要推动力量。

一、浙江省高校发展现状与高校分类的基本原则

（一）浙江省高校的发展现状

自1992年浙江省委、省政府提出科教兴省战略以来，尤其是进入新世纪以后，浙江加快了高等教育现代化的建设步伐，作为民办教育和独立学院的发祥地，高职教育以"高起点准入、高标准建设"的鲜明特色走在全国前列。2001年，浙江省正式迈进了高等教育大众化阶段，比全国提前一年实现了高等教育毛入学率15%的突破；2002年，省委、省政府确立教育强省建设目标；2006年制定了教育强省建设纲要；2010年制定了《浙江省中长期教育改革和发展规划纲要（2010—2020年）》。通过跨越式发展，浙江省高等教育毛入学率连续多年居全国各省区市首位，2013年高等教育毛入学率达到51.7%，在全国省区市中率先进入普及化阶段。[1]截至2015年底，全省已建有普通高等学校108所（含独立学院及筹建院校），其中大学15所、学院21所、独立学院22所、高等专科学校2所、高等职业学校48所。全省研究生及普通本专科在校生105.47万人，高等教育毛入学率达56%。目前，全省有博士学位授予高校10所、硕士学位授予高校18所。拥有博士学位授予一级学科点83个、硕士学位授予一级学科点256个，6个国家大学科技园区、14个国家

---

[1]浙江省教育厅.2013年工作总结和2014年工作要点[EB/OL].[2017-03-31].http://www.zjedu.gov.cn/gb/articles/2014-02-12/news20140212163945.html.

重点实验室和21个教育部重点实验室。[①]

目前，全省已基本形成以政府办学为主、社会各界共同参与、公办学校与民办学校共同发展的高等教育新格局。在办学规模不断扩大的同时，高等教育的质量和水平也有了较大提高。浙江大学、中国美术学院着眼于创办世界一流大学，综合实力和国际影响力稳步增强；一大批省属高校和地方高校蓬勃兴起，高等职业教育水平跃居全国前列，教学质量稳步提高，重点学科建设取得明显成效，为浙江现代化建设提供了有力的智力支撑和人才保障。

浙江高等教育实现了跨越式发展，取得了令人瞩目的成就，主要得益于以下几个方面：

一是得益于省委、省政府的高瞻远瞩和科学谋划。自20世纪90年代以来，浙江省确立了科教兴省的发展战略，各级党委和政府都把教育作为先导性、全局性和基础性的工作，将教育摆在优先发展的战略地位。省委、省政府高度重视，先后几任省委、省政府主要领导，亲自挂帅，亲临一线指挥，不遗余力推进高等教育的改革和发展，积极顺应人民群众对高等教育的强烈期盼，统一思想、精心规划、加大投入、狠抓落实，在比较短的时间内解决了"上大学难"的问题，确保了浙江省高等教育持续、健康、快速发展。

二是得益于浙江省社会经济快速发展为高等教育奠定了坚实的物质基础。浙江高等教育的快速发展离不开政府的重金支持，通过启动重大工程项目来实现跨越式的发展。据统计，仅六大高教园区建设累计投资近300亿元，"十一五"期间"浙江省全面提升高等教育办学质量和水平行动计划"中用于学科、专业、课程、教材等内涵建设项目经费达14个亿。浙江省高校"重中之重"学科和人文社科重点研究基地建设经费累计投入5.3亿元。全省本科、高职院校生均事业费拨款达到7250元和5075元，位居全国前列。2006年、2009年省政府先后2次通过国库转移支付的方式，一次性为省部属本专科高校偿还贷款57.81亿元，大大减轻了债务压力，为高校的可持续发展增添了后劲。

[①] 浙江省人民政府.浙江教育简介[EB/OL].[2017−03−31].http://www.zjedu.gov.cn/news/26003.html.

三是得益于浙江敢为人先、与时俱进、开拓进取的创新实践。"自强不息、坚韧不拔、勇于创新、讲求实效"的浙江精神，在浙江省高等教育的发展历程中处处得以体现。浙江省紧紧抓住高等教育快速发展的历史机遇，在激烈竞争的大环境中，敢于破除传统、僵化的教育思想，更新教育观念，锐意进取，勇于实践，创造了许多高等教育改革和发展的成功经验。浙江的高等教育走出了一条敢于争先的探索之路，实现了跨越式发展。在全国率先创办第一家独立学院，率先创办全国第一所中外合作大学，大规模启动高教园区建设，高起点、高标准建设高等职业院校，大面积务实推进高教园区资源共享，率先在全国实施省属普通高等学校本科教学业绩考核结果与财政拨款挂钩制度，率先实施教师教学业绩考核制度等试点工作，这些体制机制创新及其生动实践意义重大，影响深远。

然而，由于浙江高等教育基础薄弱，高等教育综合实力与其他高教强省相比仍存在较大差距。另外，随着高校招生规模的持续扩张，高等教育容量与高等教育质量二者之间的矛盾在浙江省愈发尖锐地显现出来，浙江省高等教育发展正面临着高等教育规模与区域经济发展水平不匹配、高等教育对经济增长的贡献率不高、教育经费投入总量偏少、高等教育投入占比和生均水平偏低等诸多挑战，集中体现为高等院校办学层次整体水平偏低，层次差异大，且高校间学科实力偏弱，专业特色不明显等问题。

当前，浙江省高等教育已进入改革的攻坚期。在新的历史制高点上，浙江省要实现由高等教育大省向高等教育强省的战略转型，不仅要加大对高等教育领域的财政投入，更要兼顾本科高校、高职高专、民办高校的协同进步和发展，借鉴多元巨型大学的观点，充分发挥浙江大学的旗舰作用，统筹布局，合作办学，逐步建设和完善层次分明、分工有序、相互贯通的区域高等教育系统，从纵向角度推进高等教育强省建设目标的实现。

（二）浙江省高校分类的基本原则

结合国内外有关高等教育分类研究与浙江省高等教育存在的主要问题，我们认为，在浙江省开展高校分类工作，应当首先明确以下几个基本的原则：

1. **目的性原则**。

目的性原则包含了两方面内容：一方面是高校分类研究必须有特定的目的。众所周知，目的是一切工作的出发点和归宿，工作目的不同，工作思路和最终结果往往也有差别。研究高校分类也一样，首先必须明确为了实现什么目的。高校分类的目的可以有很多，如为了提高政府对高校的管理效率，为了帮助高校了解自身在区域高等教育系统中的位置，为了给相关研究提供必要的资料和数据等等。研究者应当根据特定目的来设计高校分类方案，而不能无目标地空谈分类依据、分类指标等具体问题。另一方面，高校分类研究的目的应当适当。从我国现有高校分类研究来看，不少研究者所确定的研究目的不够合理。其中，有些研究者把高校分类与高教管理、高校定位、大学排名等等混同一起，似乎分类就是管理，就是定位，就是排名。例如，有些研究者认为只要制定一个科学、合理的分类标准，高校就能找到一个合理的定位。这种观点显然值得商榷，它忽视了高校分类只是一项基础性工作，这种观点虽然有助于管理、定位、排名等工作，但两者不能混为一谈，更不能互相代替。还有一些研究者提出的研究目的非常宽泛，试图通过高校分类解决一系列问题，这就造成了目的不够明确，需要考虑的因素过于庞杂，分类工作的难度加大，而效果并不理想。

2. **合理性原则**。

研究高校分类问题，不仅要明确目的，还要注重合理性。合理性主要也包括两个方面：一方面是要合乎事理，即要反映事物的本来面目，也就是人们通常所说的科学性；另一方面则要合乎情理，即要反映人们认识事物的基本规律，使研究具有较高的认可度。高校分类的合理性主要体现在分类指标和分类结果上。分类指标的设定不仅要反映高校在主要职能方面的基本数据和基本情况，体现学校的特色，也要重视学校的沿革和环境，以保证分类结果既具有真实性，同时又能为人们所理解。需要指出的是，人们研究高校分类的目的不同，选择分类指标的侧重点就会有一定差别，分类结果也不一样。因此，合理性是一个相对的概念，是以特定研究目的为前提的，离开特定研究目的讨论高校分类指标的合理性是不切实际的。

3. 发展性原则。

注重高校的改革发展是高校分类必须强调的基本原则之一。我国现有高校分类研究绝大多数属于一种"框框研究"。这类研究试图把一个国家或地区的高等教育系统划分为A、B、C、D若干个"框框"，系统内的高校分别被置于这些"框框"内，框内高校被认为最好根据这个"框框"办学，政府对高校的评价最好也根据这个"框框"设定标准。这类研究说轻一点是试图重走计划经济时代的老路，说重一点则是在不知不觉地限制中国高校的改革发展。

高校分类研究如果只停留在学术层面上，学者们不管如何考虑都可以理解，但如果要把高校分类与政府对高校的管理和高校自身的定位结合起来，就必须非常慎重，就必须注重发展性原则。不少人都了解，哈佛大学是从一所以培养人才为主的哈佛学院（1639年前称剑桥学院）发展起来的，如果把哈佛学院放进"教学型"院校（按照有些学者的分类）的"框框"里，并在管理上、舆论上对其施以影响，要求它安于教学型院校的本分（当然可以努力办成最好的教学型院校），那么，1780年，哈佛学院就不应该更名为哈佛大学，1782年哈佛医学院（作为首个研究生院）就不应该创办，校长查尔斯·艾略特（1869—1909年间任职）强调研究的重要性根本是不务正业，世界上也就没有现在的哈佛。

在世界高等教育史上，像哈佛这样的例子不胜枚举，不断改革、不断创新、不断发展，这是世界名校成长的基本经验之一。高校分类不应该成为我国高校改革发展的绊脚石，而应成为推动高校改革发展的重要工具。

二、浙江省高校分类的基本框架与主要标准

（一）浙江省高校分类的基本框架

参照国内外有关高校分类研究的经验，本着为教育行政部门对区域内高校实施分类管理提供基本依据的目的，遵循前述高校分类的基本原则，我们认为，浙江省高校分类的基本框架可以设定为"三维、二层、一周期"。

"三维"是指分类的三大基本指标。高校是一个复杂的系统，分类的指标可以有很多，如根据宏观管理权限可以划分为部属院校、省属院校、市

属院校；根据政府扶持力度可以分为"985"大学、"211"大学、地方重点院校；根据专业可以划分为综合类院校、理工类院校、师范类院校、财经类院校、农林类院校；根据办学体制可以分为公办高校、民办高校；根据渊源可以分为原有高校、升格高校、转制高校等等。但就浙江的情况而言，高校的数量本就不多，没有必要分得很细，有些指标对浙江没有多大意义。如浙江的部属院校很少，绝大多数都是省属院校，从管理体制的角度进行分类就没有多大必要；又如浙江高校目前大多已设有多个学科，以学科类别作为分类指标显然也不可取。

从另一个角度考虑，根据浙江省"十一五"教育事业发展规划，浙江高等教育在今后一个时期的发展重点主要集中在三个方面：一是培育一批高水平大学，提高浙江省高等教育总体水平，把浙江建设成高教强省；二是努力提高高等教育质量，使广大民众不仅能获得更多接受高等教育的机会，而且能接受更多高质量的高等教育；三是主动适应国家和地区经济社会发展的需要，最大限度地发挥高等教育的社会功能，提高高等教育的社会贡献率。这些目标势必影响浙江高等教育管理的工作重心，作为服务于高教管理的高校分类，其指标取舍应对此有所体现。

根据上述分析，我们认为，浙江高校分类的基本指标可以设定为三个维度：其一是高校现有学科规模，即各高校能提供各层次教学计划的学科数量（学科以教育部规定的学科门类为准）。将学科规模作为高校分类的维度之一，这主要从三方面因素考虑：一是从依据的角度考虑。我国《高等教育法》把从事高等教育的机构分为两大类，一类是高等学校，另一类称为"其他高等教育机构"。高等学校又被分为大学、独立设置的学院和高等专科学校等，其分类的主要依据即是高校所设学科涉及的学科门类多少。二是从研究经验角度考虑，国内外比较有影响的高校分类，学科规模始终是其考虑的主要内容之一，这对保证分类科学性和准确性是非常有用的。三是从管理工作的实际需要考虑，这一指标可以反映全省高校在学科设置方面的基本情况，为教育行政部门调控提供依据，防止求大求全不求特色。

从学科规模这一维度出发，全省高校可以分为三类，即综合性高校、多科性高校和专门性高校。

分类指标的第二个维度是高校在完成其基本职能方面的主要情况。把高校的基本职能作为分类指标之一，这是现有各种分类的通行做法。采用这一指标的理由有二：一方面职能体现了高校工作的核心内容，缺少这一指标的任何分类都不能有效地反映高校的基本面貌；另一方面，高校的基本职能是高校之所以成为高校而不是其他机构的本质特征，所有高校在这方面具有共性，而不同高校在完成基本职能方面的差异也有效地反映了高校之间在社会角色和发展水平等方面的主要差别。

高校的基本职能包括知识的继承、创新、传播、应用等几个方面，这些职能在办学中表现为人才培养、科技开发、社会服务等活动。其中，社会服务主要是通过人才培养和科技开发来实现的，因此，对大学职能的分类最终可以归结为对人才培养与科技开发的分类。从科技开发的角度来看，浙江的高校首先可以分为三类：第一类是科技开发并且在这方面实力雄厚的；第二类是对科技开发有一定的条件和实力的；第三类缺乏科技开发实力、条件的。从人才培养的角度来看，有几种分类方法：一是根据各校拥有的学位授予权和办学层次将全省高校分为培养博士院校、培养硕士院校、本科院校、专科和职业高校4类；二是将全省高校分为以培养拔尖创新人才为主的创新型人才培养院校、以培养工程技术人员等为主的应用型人才培养院校以及以培养职业技能为主的技能型人才培养院校（高职高专院校）

分类指标的第三个维度是高校的现有类型。将高校发展特色列入分类指标，一方面可以弥补前两类指标的不足，另一方面则使整个分类更加人性化，同时也保证分类工作能对高校的发展形成正确的导向。高校的特色可以是多方面的，如从科技开发与人才培养的角度，可以把高校分别描述为学术型院校、技术型院校、技艺型院校等。有些特色是某些高校特有的，难以分类，则可以在总体分类的基础上把这些特色单列出来。

三个维度的分类指标确定后，整体分类指标可以分两个层面描述。第一层面是把学科规模与学校的办学职能（任务）结合起来，形成一个基本分类；第二层面是在此基础上进一步根据发展水平和特色把同类高校划分为若干小类。与此同时，为了描述各高校的发展态势，把时间因素列入分类指标体系。

综上所述，浙江省高校分类的基本框架如表3.4所示：

表3.4 浙江省高校分类指标基本框架

指标1			指标2
学科规模	学校职能		发展特色与发展态势
综合性	学术型	Ⅰ	发展特色： 发展特色根据学校在某方面的发展优势或成就而定，如有些高职属于示范学校，则可以称为专门性技能型示范高校，诸如此类 发展态势： 发展态势主要描述一所高校在某些方面的变化状况。并据以对其类别进行适当调整。如一所高校前三年来在学术研究方面取得了很大进展，尽管与学术型高校的标准相比还有一定距离，但可以把它列为学术Ⅱ型或准学术型高校。
		Ⅱ	
	应用型	Ⅰ	
		Ⅱ	
多科性	学术型	Ⅰ	
		Ⅱ	
	应用型	Ⅰ	
		Ⅱ	
	技能型	Ⅰ	
		Ⅱ	
专门性	学术型	Ⅰ	
		Ⅱ	
	应用型	Ⅰ	
		Ⅱ	
	技能型	Ⅰ	
		Ⅱ	

（二）浙江省高校分类的主要标准

分类指标确定后，需要进一步研究的是具体的分类标准，分类标准是作为一类高校的共同特征，也是把一所学校归入某种类型的主要依据。分类标准有些是定性的，有些则是定量的。要确定分类标准，一方面必须考虑影响高校类型的关键因素有哪些。一般而论，学科规模这一指标的分类标准比较简单，主要涉及高校所设学科、专业的数量；学校职能这一指标的分类标准比较复杂，它涉及科学研究和人才培养等方方面面。科学研究需要考察研究条件、研究能力、研究成果和研究类型等四大因素，人才培养则需要考察生源质量、培养条件、培养层次和培养质量等因素。另一方面，确定分类标准还必须对被分类高校的相关数据进行统计分析，并以统计结果作为确定分类标准的主要依据之一，以保证分类更加切合实际。

有鉴于此，浙江高校分类的主要标准可以归纳为表3.5、表3.6。

表3.5 浙江高校分类学科规模指标的分类标准

学科规模类型	标　准
综合性高校	所设学科、专业涉及教育部规定的学科门类8个以上；专业布点达到80个以上；含有文、理两大基本学科门类（文、史、哲和数、理、化应招收学生并授予学士及以上学位）
多科性高校	所设学科、专业涉及教育部规定的学科门类5—7个；专业布点在30—80个
专门性高校	所设学科、专业涉及教育部规定的学科门类4个及以下；专业布点30个以下

表3.6 浙江高校分类职能指标的分类标准

分类		特征描述	标　准
学术型大学	I	具有良好的研究条件，拥有很强的研究实力，广泛开展科学研究，有一批教师站在相关学科前沿，大量承接国家学术创新项目，主要从事高层次创新人才培养	1.80％以上的专任教师从事科学研究工作；重视前沿科学研究； 2.专任教师和科研人员人均年研究经费5万元以上，在公开刊物上人均发表论文1.5篇以上，其中被SSCI、SCI、EI收录0.7篇以上； 3.全校每年获省级及以上政府研究经费资助5000万元以上，其中基础研究资助1000万元以上，研究成果获省部二等以上奖励10项以上；

续 表

分类		特征描述	标 准
学术型大学		具有良好的研究条件，拥有很强的研究实力，广泛开展科学研究，有一批教师站在相关学科前沿，有能力承接一些国家学术创新项目，具有博士学位授予资格	4.全校专任教师中拥有博士学位者占50%以上，拥有教授职称者占30%以上，在校学生与专任教师之比不超过15∶1； 5.拥有省级及以上重点学科、重点实验室（含专业实验室）10个以上； 6.拥有博士学位授予权，并拥有10个以上一级学科博士点或30个以上二级学科博士点，研究生与本科生之比达到1∶2，研究生中，博士生与硕士生之比达到1∶3
	Ⅱ		1.80%以上的专任教师从事科学研究工作，重视前沿科学研究； 2.专任教师和科研人员人均年研究经费5万元以上，在公开刊物上人均发表论文1.5篇以上，其中被SSCI、SCI、EI收录者0.5篇以上； 3.全校每年获省级及以上政府研究经费资助3000万元以上，其中基础研究资助500万元以上，研究成果获省部二等以上奖励5项以上； 4.全校专任教师中拥有博士学位者占30%以上，拥有教授职称者占30%以上，在校学生与专任教师之比不超过15∶1； 5.拥有省级及以上重点学科、重点实验室（含专业实验室）5个以上； 6.拥有博士学位授予权，并拥有5个以上一级学科博士点或15个以上二级学科博士点，研究生与本科生之比达到1∶3，研究生中，博士生与硕士生之比达到1∶5
应用型院校	Ⅰ	具有一定的研究条件，拥有一定研究实力，积极开展科学研究和技术开发，并取得良好成绩，主要从事应用型人才培养，拥有硕士及以上学位授予权	1.50%以上专任教师从事科学研究和技术开发工作，教学科研人员人均科研经费3万元以上，人均发表公开刊物论文1篇以上，或参与科研开发项目（校内项目不计）1项以上； 2.拥有省级重点学科或重点实验室； 3.拥有硕士学位授予权，每年授予硕士及以上学位超过150个，硕士、博士专业布点涉及3个以上一级学科； 4.每年授予博士学位少于70个

分类		特征描述	标 准
应用型院校	Ⅱ	主要从事应用型人才培养，具有学士及以上学位授予权	1.具有学士学位授予资格，全日制本科层次学历教育占50%以上； 2.只有少量教学、科研人员从事研究开发活动，专任教师、科研人员人均年研究经费低于1万元，人均发表论文不到0.5篇； 3.没有省级及以上重点学科和重点实验室（含专业实验室）； 4.高职称教师不到30%； 5.在校生与专任教师之比超过18：1； 6.每年授予硕士学位的学科不超过3个，或授予硕士学位的数量不超过150个（国内拥有硕士学位授予权学校的平均数）
技能型院校	Ⅰ	具有一定的开发能力，积极开展教育教学改革，主要培养技能型（职业）人才，从事专科层次学历教育	1.没有授予学士学位的资格，本科层次学历教育低于50%； 2.拥有少量高职称教师，能开展一些科技开发活动； 3.积极从事教育教学改革，并取得了良好的效果，学生就业率达到95%以上
	Ⅱ	承担技能型人才培养任务，主要从事专科层次学历教育	1.经省级人民政府审批后建立并依法办学的普通高校； 2.从事全日制专科层次学历教育（不具备本科毕业文凭颁发资格）

三、浙江省高校分类的对策建议

大学分类是一项很有意义的基础性工作，无论对高等教育宏观管理还是对高校内部管理都非常重要。目前，我国在高等教育管理方面存在一些需要改进的地方，其中相当一部分是因缺乏这类基础性工作而造成的。以本科教育评估为例，这是教育部提升我国高等教育质量的重要手段之一，但这项工作至今仍广受争议，其中一个很重要的原因即在于教育主管部门用一个指标体系评价全国700多所本科院校，办学层次、人才类型、学科差异等诸多因素都没有在评估指标体系中得到应有体现。在高校内部管理上也存在盲目抄袭、照搬等一些令人担忧的现象，其原因之一也在于许多高校的决策者对学校今后的发展方向心中无数，而政府部门在这方面又没有清晰的导向。

因此，我们建议教育行政部门继续组织并支持这项研究，逐步把这项研究推向深入，形成每3年对分类指标进行一次修订，并公布分类结果的制度，使这项基础性工作能真正在浙江乃至全国高等教育管理中发挥应有的作用。

实际上，教育部对高校分类工作也是相当重视的。2001年开始，教育部就陆续委托了上海教育评估院等一些机构研究高校分类评估指标体系问题，但至今仍没有实质性进展。很显然，这项研究非常复杂，工程浩大，而相关研究基础又明显不足，限制了这类研究的深入。以统计数据为例，分类工作需要相关的数据支持，一个分类指标体系无论在理论上多么科学、合理，如果缺乏必要的数据，就不可能有实用价值。因此，许多分类研究在制订分类指标时，不得不考虑获取数据的可能性，指标的科学性就难免受到影响。

为此，建议教育行政部门对现有的高校统计工作进行必要的改革，建立一个更为完整、详细的高等教育数据库，既满足国家有关部门的统计要求，也为分类研究的进一步深入创造条件，同时为区域高等教育管理奠定坚实的信息基础。

需要说明的是，高校分类研究只是实施分类管理的基础性工作，教育行政部门和高等学校应当正确理解这一工作的作用，既不能忽视，也不能夸大。管理者必须清楚，分类结果仅仅提供了省内高校目前的状态和相关信息，它并不表明这些高校今后的发展方向，更不应成为限制这些高校改革发展的依据和理由。例如，一所没有博士点的高校被列入应用型高校，管理者不能因此限制这所高校申请博士点、争取成为学术型高校的努力，对这所高校的有关努力采取何种态度，这应当取决于全省高等教育发展的总体目标和这所高校现有的条件和发展势头。

第四章　构建高等教育质量保障体系：
学科建设与专业设置

　　当前，浙江省经济发展进入加速转型期、社会建设进入整体推进期、体制改革进入攻坚突破期，必然要求提供更强的科技、教育支撑和建设更加优质、更高水平的高等教育。因此，加强学科建设，优化专业设置，提升高校发展水平，主动适应经济社会发展需要，实现高等教育大省向高等教育强省转变，已成为浙江省高等教育发展的战略任务。

第一节　浙江省高校学科专业设置现状分析与对策

　　专业是高校办学的重要组成部分，是高等学校根据科学分类和社会职业分工而设置的培养人才的学科类别。历史上每一次大规模学科专业结构调整都给高等教育带来了深刻变革。我国高校的专业设置工作始于20世纪50年代初，从80年代以来国家共进行了3次大规模的学科专业调整工作。2001年教育部颁发《关于做好普通高等学校本科学科专业结构调整的若干意见》后，启动了新世纪首次学科专业结构调整工作，这必将给高等学校人才培养工作带来深远影响。近几年，浙江省为适应产业结构调整和技术升级的需要，全面提高办学质量和效益，一方面积极引导高校增设市场适应性强、需求量大的新专业，另一方面加大了老专业、传统专业的调整改造力度，使全省高校的学科专业结构更趋于优化、布局更加合理。但离国家加入WTO后对人才培养提出的新要求，国家经济社会发展新形势以及高等教育规模迅速扩大的新变化，高校学科专业结构仍存在诸多的不相适应，必须从全局、战略的高度，从宏观与微观两个方面做好新世纪初的学科专业结构调整工作。

一、浙江省高校学科专业设置现状

（一）学科专业设置概况与基本特点

1. 学科专业设置概况。

"十一五"末浙江省有普通本科院校22所，共设11大类153种本科专业，占国家专业目录249种的61%，设本科专业点591个（包括目录外专业7个，工科引导性专业7个）。其中工学类43种，设点160个，占27%；理学类23种，设点103个，占17%；文学类23种，设点96个，占16%；管理学类18种，设点91个，占15%；医学类16种，设点33个，占6%；法学类6种，设点30个，占5%；教育学类6种，设点28个，占5%；经济学类6种，设点27个，占5%；农学类11种，设点14个，占2%；历史学类2种，设点8个，占1%；哲学类1种，设点1个，占0.2%。

2. 基本特点。

一是直接面向国家经济建设主战场一线的工科专业布点最多，占专业布点总数的27%；二是近几年增长设点最多的专业，也是当前人才市场需求量大的专业，20所高校设有计算机科学与技术专业，19所高校设有英语专业，14所高校设有国际经济与贸易、汉语言文学、信息与计算科学、信息管理与信息系统专业，电子、信息、计算机类专业达100多个；三是长线专业、市场需求小的专业布点已呈逐年下降趋势，其专业内涵也赋予了新内容，传统专业得到了改造。例如原先高校的机械类专业大多停留在手工的"车""铣""刨""磨"上，而如今基本实现了机与电的结合，自动化水平较高。

（二）"十一五"期间浙江省高等学校学科建设成效

"十一五"期间，省委、省政府高度重视浙江省高校学科建设，加大了政策扶持和财政投入，学科布局得到优化，学科水平明显提升，服务经济社会发展的能力不断增强。

1. **学科布局不断优化。**

截至2009年，浙江省高校共有一级国家重点学科14个，国家重点实验室13个（含培育基地），国家工程（技术）研究中心7个，国家大学科技园2个，省级重点学科251个，基本建立起了国家、省（部）、校三级学科（平台）体系。省政府重点实施的"重中之重"学科建设取得了可喜的成绩：中医临床基础、工业催化学科分别被列入为国家重点学科和重点培育学科；眼视光、食品科学与工程、纺织工程、海洋生物学等达到了国内同类学科的一流水平。

与此同时，紧密依托学科建设的学位授权单位及授权点建设成效显著，新增3个博士授权单位，新增2个博士学位和2个硕士学位授予权立项建设规划单位。2009年，全省研究生招生1.6万人，在学研究生规模达4.34万人。浙江省一级学科博士点达66个、一级学科硕士点达201个，专业学位授权点总数达87个。

2. **学科水平加速提升。**

由于学科重点建设政策的有力支持，浙江省高校学科整体水平得到了加速提升，在承担国家和省重大技术攻关项目、获取国家级奖项、集聚国家级人才等方面都有了长足进步，成为浙江省科技攻关和技术创新的主体力量。2006至2009年，全省高校共获科研活动经费393亿元；获得国家级科技奖励67项，获浙江省科学技术奖421项。高校每年授权的发明专利占全省总数的32.7%左右。2009年浙江省以第一单位获国家科学技术奖18项中，高校主持的项目17项，占获奖总数的94%。

学科水平的提升集聚了一批高层次人才，国家级人才奖项获得者数量明显增多，人才梯队不断优化。目前，浙江省拥有两院院士27名，"海外高层次人才引进计划"27人，国家级"新世纪百千万人才工程"87人，国家级突出贡献中青年专家34人，国家杰出青年基金获得者81名，长江学者特聘教授82名，国家级教学名师15人。全省有教授总数4771人。

3. **服务经济社会发展能力显著增强。**

一批学科主动适应学科发展前沿和地方经济发展的需要，着力推进科研成果转化，努力提升服务经济社会的能力水平。2006年至2009年，浙江省高校获授权发明专利3168项，与企事业单位签订专利出售合同468项，出售专利当年实际收入为6801.9万元。20个"重中之重学科"带动产值100亿元以上，转化科研成果625项，到位横向科研项目经费3.1亿元。

二、浙江省高校学科专业建设存在的主要问题与成因分析

（一）学科建设存在的主要问题

浙江省的学科建设取得了优异成绩，但从建设内涵来看，还存在一些问题：高水平的学科总量偏少，且高校之间分布差异明显；领军人才缺乏，省属高校更为紧缺；服务经济社会转型升级能力较弱，对浙江省战略性新兴产业支撑不够。

各校虽然都根据国家产业、经济结构的战略性调整及社会经济发展新形势及学校的整体发展新规划普遍启动了新一轮的学科专业结构调整工作，但调整仍然是局部的，有盲目性，调整幅度、广度、深度不够，布点的宏观调整与协调力度不足，缺乏有效措施。高校学科专业结构调整中存在以下几方面问题：

1. 高校学科专业缺乏总体规划，争相创办综合性大学的倾向较为严重。

一方面高校拥有自主设置、调整学科专业的自主权，另一方面高校缺乏自我发展、自我调整的专业管理机制，增设、调整专业有较大盲目性。高校持续扩招使原来学校专业数严重不足，许多高校不顾办学条件设置热门专业，抢占市场，造成资源浪费。各级主管部门在管理上缺乏有效的宏观调控手段，致使一些专业毕业生供给远远大于市场需求。据浙江省有关部门统计，2001年财政学专业供需比为33.5：1，工商管理专业供需比为11：1，经济学专业供需比为5.2：1。受高校管理体制改革影响，许多高校都想趁调整、合并之际，加快学校建设步伐，早日使学校成为在规模上知名的"万人"大学。在这一过程中，创办综合性大学为了许多高校首选，使学校学科专业的布局在宏观上失去控制，学科专业的布点大幅度增加，出现了众多高校争先设置播音、汉语言文学、艺术设计、广播电视新闻等综合性高校的主打专业，这势必降低此类专业人才培养质量，从而最终影响学校的办学声誉。许多高校往往从局部的角度，从完善学校、学科专业结构布局的角度考

虑较多，而从社会发展实际需求和市场供求方面考虑较少。

2. 高水平学科偏少，培养人才难以适应经济发展需要。

浙江省国家级重点学科总数与江苏、上海等兄弟省市相比，严重偏少，省属高校则更少。全省虽有251个重点学科，40个"重中之重"学科，21个人文社科重点研究基地，但40%的高校只有2—3个重点学科，还有7个本科高校无省重点学科。因名额限制，不少学校一些急需扶持、特色建设与地方经济结合紧密的学科得不到政府的重点支持，有的高层次人才因缺少重点学科这一平台无法引进，也影响了这些学科申报其他高层次项目和平台。具有博士、硕士学位授予权的高校总数较少。浙江省22所本科高校中计算机科学与技术专业有20个点，英语有19个点，国际经济与贸易有14个点，法学有13个点，生物科学、生物技术各有9个点。这些专业人才应为经济建设、社会发展最急需的。我国加入WTO后，熟悉世贸规划、了解国际惯例、参与国际竞争的外语、营销、金融、财会、法律和现代管理等领域的专门人才缺乏。学科类别上传统学科、长线学科分布居多，而与主导产业、块状经济、区域产业群相契合的学科布点较少。与主导产业相关的海洋科学、系统科学、交通运输等领域没有重点学科；化学医药、新材料缺少强势的工程类学科支撑。外向型经济、知识密集型服务业，人才和技术支持需求旺盛，但缺少相关学科的支撑。学科横向联系机制薄弱，与地方经济社会紧密结合的科技转化平台起步较晚。

3. 特色专业、优势专业、重点专业不明显，综合实力不高。

现在任何一所高校学科专业的拥有数都较多，但缺乏特色，学校之间也千篇一律，培养的模式、专业教学计划也是大同小异。地方高校在设置、调整学科专业时，为地方经济、区域经济服务意识不强。高校热衷于创办投入少、教学成本较低的文经管类专业，相反投入大、办学成本高的专业，尤其是一些应用型工科专业涉及较少，而这些专业往往是国家经济建设主战场最急需的。高校学科专业的调整难以适应经济建设、社会发展形势。例如公共事业管理、工商管理、法学、汉语言文学等专业增长势头较快，增幅均在70%以上，法学、农学、经济学专业已出现供大于求，交通运输、交通工程等专业布点仍然是空白。学校的重点专业、优势专业办学水平与兄弟学校相比没有明显的优势，形成经济类高校的财会、贸易类专业不强，工科类高校计算机、电子类专业不强等不合常理的格局。现在大多数高校还没有建立重点专业建设制度。

4. 领军人才缺乏，存在"因人设庙"等现象。

学科建设的关键是人才。浙江省高校学科人才明显不足，导致学科建设难以实现异军突起的跨跃式发展。特别是省属本科院校中，领军人才显得比例失调，只有院士2人，百千万人才27人，国家杰出青年科学基金获得者8人，长江学者1人，省特聘教授60人，省特级专家11人。现有学科带头人数量难以满足高水平学科建设的需要。新兴学科、应用学科的交叉复合型人才的短缺情况更为突出。另外，对一些就业长期不好，生源严重缺乏的专业，因有教师的存在，下不了决心进行调整。对有普通专科学校、中等专业学校并入任务的普通本科高校，要使原专科学校、中专学校的教师有教学任务，不顾条件，千方百计增设相关本科专业，使人才培养的基本规格得不到保证，也使专业布点在宏观上失去控制。

（二）学科建设存在问题的成因分析

1. 高校分类发展、专业错位竞争的体系没有形成。

高等教育缺乏一个长期、全面的高校专业发展规划，高校竞相向综合性大学方向发展，"求大、求全、求高"的趋势十分明显，精力过分集中在专业布点、规模扩张上；没有建立统一的专业人才供需信息平台，专业设置的审查从区域需求、高校定位角度考虑太少，分专业的招生计划没有跟上专业结构调整的要求。高校专业外延式规模扩张、低水平重复设置现象较为严重，供需矛盾尤为突出。

2. 专业调整机制不健全，管理体制相对僵化。

国家统一规范的高校本科专业目录及管理制度客观上限制了高校及时、主动服务于新兴产业、地方特色行业专业的发展。同时高校缺乏专业自我完善、自我调节机制，"因人设庙""因人保庙"的现象较为严重，专业改造机制、退出机制欠缺。全省立项建设的重点专业遴选机制有待完善，应该主要以服务经济转型升级、满足经济社会需求为主要依据，而不能仅凭学校布局、专业本身现有基础及优势。

在高职学校方面，一是专业设置过于局限于高职院校内部，停留在"有什么力量就办什么专业"，造成高职专业设置"求热、求大、逐利、趋同"；二是高职教育宏观体制与评价监督机制还停留在行政行为层面，没有建立起具有公信力的社会参与评价机制；三是经费投入不够，高职院校办学成本较高，省属高职生均拨款只有本科的70%，有些地方属高职将财政投入折合成生均拨款只能达到3000元左右；四是高职专业设置的风险补偿机制还未建立，高职院校在专业设置时过多考虑投入产出比，利益驱动现象明显；五是专业建设服务机制还未形成。缺乏适应高职教育特色的专业设置社会服务体系，学校缺少专业设置所必需的信息，未能"量身打造"一些与地方经济发展紧密结合的专业。

3. 专业保障机制相对滞后。

专业教学需要的财力、精力投入没有得到足够的保障，教学来源的经费供给科研的现象较为突出，生均经费拨款不足以支撑教育的持续发展；"重科研、轻教学"的评价导向致使教师的教学精力得不到保障，而科研也没有有效反哺教学，严重影响了专业教育的质量。没有形成有效的本科专业发展的学科支撑机制，国家、省级层面的重点学科建设项目内容主要以学位点、师资队伍、科研为主，而对本科专业内涵建设少有人问津，影响专业建设水平的提升。在市场化竞争下，许多高职院校迫于市场经济激烈竞争的重重压力，在专业设置时无法顾及专业结构的合理性、学校办学条件和社会的需求，而是盲目壮大办学规模，扩大招生量，以经济效益作为专业设置的杠杆。

三、调整高校学科专业结构，提升浙江省高等教育发展水平

（一）调整高校学科专业结构的对策建议

高校学科专业设置及其调整，应主动适应国家经济建设、科技进步和社会发展的需要，遵循教育规律。做好高校学科专业结构调整工作，应从以下几方面去探讨。

1. 进一步下放高校学科专业设置、调整权，形成自我发展、自我调

整、自我约束的学科专业运行机制。要避免以往专业设置一管就死、一放就乱的局面。下放专业设置权并不意味不管，而是转变政府职能，主动适应社会变革需要，增强竞争力。浙江省从2000年开始已试行在所有高校在一定学科范围内自主设置、调整学科专业，在3所省重点建设大学试行自主设置、调整学科专业制度。从试点情况看，高校不仅没有违反国家、省有关规定，反而更加重视市场调研及学科专业论证，更加慎重对待自主这一权限，为主动适应市场、合理配置教育资源、优化学科专业结构创造了条件。

2. 认真做好学科专业建设规划，编写学科专业建设指南，提供信息服务，加强宏观管理与调控。做好规划是宏观控制、优化结构的前提。规划必须要有一定的超前意识，既要遵循教育规律，又要紧贴市场。为避免高校关门做规划，充分了解人才市场需求，政府有关部门应定期公布有关信息，如国家、地区学科专业布点情况，毕业生就业信息、供需比、人才市场紧缺专业目录等，使高校学科专业设置、调整有所为有所不为，发挥优势，扬长避短，提高教育质量和办学效益。

3. 加强新设专业检查评估，提高教育质量和办学水平。近几年由于扩招的需要，学校增设了一大批新专业，其中80%以上均为热门专业。如何确保新设专业的办学水平，是保证学科专业结构调整工作正常开展、良性运作的关键，否则将严重影响高校学科专业结构调整和高等教育的可持续发展。浙江省从2000年开始已连续多年对新设专业（1999年以后设置）在学校自查基础上进行抽查，14个专业因办学条件达不到基本要求，被亮黄牌。这一举措警示了那些增设新专业盲目性较大的高校，对亮牌学校促动更大。

4. 采取调整、合并、撤销等方式，对现有专业进行调整，加大传统学科专业改造力度，充实先进教育内容，适应经济结构调整和科学技术迅猛发展的形势。这是新形势下高校学科专业结构调整的重要内容，也是调整的难点。当前最迫切的任务是根据我国加入WTO后对人才培养提出的新要求，加强人才培养的专业结构和知识结构的调整，加大教学改革力度，增加科技含量，增强毕业生的适应性。对涉及浙江省国民经济基础，但暂时就业情况不理想的专业，如农林等科类专业要拓宽专业面，可实行宽口径招生，教学后期根据当时实际需要按方向培养。对办学历史较长、教学力量较强，但社会需求较少的传统专业，要发挥学科优势，加强专业的改造，增强适应性，满足社会需求。

（二）提升浙江省高等教育发展水平的对策建议

加快提升浙江高校发展水平是"十二五"时期浙江教育事业的历史责任。要保持浙江省"十二五"期间高等教育又好又快发展，建设高等教育强省，必须要有思想上的大解放，观念上的大突破，必须走超常规的发展道路。要有科学合理的战略规划，更需要超常规的战术和举措，没有思想上的解放和突破，就很难再创浙江省体制机制的新优势。在这一点上，全省高教战线必须认清形势、形成共识、抓住机遇、改革创新、真抓实干，努力开创浙江省高等教育事业发展的新局面。

在建设思路上，要立足浙江经济社会发展和产业转型升级的新需求，顺应国内外高等教育发展的新趋势，利用浙江丰厚的人文优势和强劲的经济优势，顶层设计、合理定位，科学布局，强力推进，构建富有浙江特色的高等教育体系，扩大浙江高等教育在国际、国内的影响。

在建设原则上，高等教育发展必须体现浙江特色，发挥浙江优势，形成浙江经验。坚持高等教育与经济社会文化协调发展、坚持不同层次和类型的高等学校协调发展、坚持高等学校在人才培养、科学研究、社会服务和国际交流的协调发展。

在路径选择上，确立浙江高等教育强省战略：以创建一流大学、实施高等学校学科专业建设行动计划、推进高等教育国际化战略为抓手，建立健全高等教育的宏观调控机制、评价机制和投入机制等三大保障机制，大力提升浙江高等教育的发展水平。

四、提升策略

在建设策略上，采取部分学科的学术赶超与着力提升浙江高等教育与全省经济社会发展的适切度、贡献率相结合的方略，通过资源整合优化，加快优势高校的发展，努力提升浙江高等教育对浙江经济社会发展的引领力，形成中国高等教育强省建设的浙江模式。

（一）确立浙江高等教育强省战略

近年来，浙江的经济总量虽连续跻身全国第四位，但浙江的经济地位和优势正逐步弱化。同时，广东、江苏、山东、黑龙江等省纷纷提出要建设高等教育强省。在这样的背景下，浙江应确立高等教育强省战略，不仅是浙江实现教育强省的内在要求，更是一种历史性的战略选择。

经过10年的跨越式发展，浙江已经是高等教育大省，今后10年，浙江应充分利用中央鼓励东部地区高等教育率先发展的契机，实现从"高等教育大省"向"高等教育强省"的跨越，在全国除京、津、沪、渝外的27个省和自治区中率先进入高等教育普及阶段，率先建成"高等教育强省"。如果说21世纪的第一个10年，浙江高等教育的发展是对经济社会发展的适应，那么21世纪的第二个10年，浙江高等教育的发展应该实现从对经济社会发展的适应向引领转变。

高等教育强省是一个涵盖先进性、相对性、动态性、过程性等诸多特质的综合概念。与兄弟省的高等教育强省战略相比较，浙江高等教育强省建设既要致力于提升高等教育的比较优势，更要着眼于提高高等教育与全省经济社会发展的适切度、贡献率，着眼于大环境而适度超越、有效带动本省经济社会的发展。浙江高等教育之"强"，是指数量和质量相统一的高等教育综合实力国内领先，辖区内部分高校、部分学科等重点领域达到世界先进水平，高等教育在适应、推动、引领地方经济发展和社会进步方面发挥所应有、特有的作用与贡献。

学科和专业是浙江高等教育强省内涵建设的两个关键指标，也是高校办学的基本结构与水平特征，具体表现为：在学术水平方面，部分学科在国内学术同行中具有较大的影响力，拥有一批国内一流、国际领先的重点学科、重点研究领域和重大科技创新成果，拥有高质量的研究生培养体系，尤其是博士生教育；在服务能力方面，学科建设主动融入省域创新体系，自主创新、创业能力强，科研成果孵化应用效率高，产业发展对学科发展的依存度高，学科体系对省域经济社会发展的贡献大；在人才培养质量方面，专业设置与区域社会发展的适切度、满足度与贡献度高，人才培养促进人的全面发展，并能适应经济社会发展需要。

到2020年要形成规模适中、结构优化、质量一流、贡献卓越、特色鲜明的高等教育体系，建成具有浙江特色的高等教育强省，必须实现以下5个突破：

在发展规模上取得突破。在高等教育毛入学率、每万人高校数、每万人接受高等教育数、在校大学生人数、在学研究生人数等关键指标上取得新突破。

在结构布局上取得突破。在研究型、教学研究型大学与教学型大学的比例，研究生、本科生、留学生与高职高专在校学生的比例，学科、专业与经济社会发展需求的对接程度等关键指标上取得新突破。

在层次水平上取得突破。在高水平大学、行业特色高校、地方重点建设高校和国家示范性（骨干）高职院校的数量上，国家级学科、特色专业、科研平台教学基地，一级学科博士点以及国家级奖项等关键指标上取得新突破。

在质量效益上取得突破。在高校毕业生的就业率，高等教育对浙江经济社会发展的贡献率，高等教育服务和引领现代工业、现代服务业、现代农业的转型升级，提高"绿色浙江""海上浙江"与"文化大省"建设的能力等关键指标上取得新突破。

在经费投入上取得突破。在高等教育经费占全省GDP的比重，生均经费以及经费来源渠道的多元化等关键指标上取得新突破。

（二）创建一流大学，提升浙江高等教育的实力和影响力

根据政府主导、学校自愿、提升水平、促进发展的原则，加大高校的布局结构调整，整合资源，尽快启动"一流大学"建设，形成中国高等教育强国建设中的"浙江亮点"。

1. 全方位支持浙江大学、中国美术学院建设具有国际影响力和竞争力的世界一流大学，使浙江省高校在国家创新体系和核心竞争力方面能够做出卓越贡献，并树立浙江学派及其话语权。

2. 全方位支持浙江工业大学等若干所高校建成国内一流大学。通过资

源整合、结构调整、高强度投入等举措，利用5年多时间，使学校跻身全国100强和50强。

3. 重点支持10所左右的高等学校利用5年多时间跻身全国一流的行业及地方特色型大学。通过省部共建、省市共建、行业合作、校所（科研院所）合作等途径，形成高等学校与行业、区域互为依赖、互利共赢的战略关系，为行业持续发展和区域经济社会发展提供思想、科技与人才支撑。

4. 重点打造10所左右国内一流、世界水平的高职院校。通过产学合作平台建设、创新体制机制、加大投入等举措，为浙江省产业转型输送高技能人才，并在全国发挥引领和示范作用。国家示范、骨干高职院校总数力争达到25所（全国400所）。

5. 积极扶持建设5所左右民办高等学校。通过实施公办高校对口支援民办高等学校计划，共享优质教学资源和科研资源，设立民办高等教育专项发展资金，引入股份制，扩大再融资渠道等举措，加快民办高校改革和发展步伐，提升人才培养质量和办学水平，打造浙江民办高等教育特色与品牌。

（三）快速提高高等学校服务和引领产业发展的能力

根据存量优化的策略，按照关系相近性、贡献相似性的原则调整结构、整合资源，形成对接浙江产业发展的高等学校学科专业联盟，快速提高高等学校服务经济社会发展的能力。

1. 对接现代工业的发展，引导省属涉"工"高等学校和科研院所通过建立联盟、整合资源，充分利用与盘活现有的高等教育资源，集聚学科专业优势，增强自我发展的能力，支撑浙江从"制造大省"向"创造强省"跨越。

2. 对接现代农业的发展，引导省属涉"农"高等学校和科研院所形成联盟，构筑一体化涉"农"学科专业发展，形成农、林、水学科群发展的集聚效应，服务和引领浙江现代农业、"绿色浙江"与"山上浙江"的建设。

3. 对接"打造现代海洋产业体系"的要求，引导省域内涉"海"高等教育资源集聚，通过扶植、共建、引进、托管等多种形式，快速提升海洋类院校学科专业服务和引领海洋产业发展的能力，使浙江成为国内涉"海"研究和人才培养的新高地，支撑"海上浙江"的发展，打造浙江经济新增长点。

4. 对接现代服务业的发展，引导省属具有服务类优势的高校和科研院所形成联盟，构筑涉"服务"类学科专业发展一体化，形成经济、财经、金融学科群发展的集聚效应，服务和引领现代物流、会展、金融、旅游、电子商务等新兴服务产业的发展。

5. 对接文化创意产业，综合人文社会学科和艺术新媒体专业建设，发展文化对外交流和文化创意产业园区，发挥高校在浙江省文明素质提升、文化精品产出、文化研究领先、文化事业发展、文化人才培养中主力军作用，服务浙江文化建设和文创产业发展。

（四）大力提升浙江高等教育国际化水平

以推进高等教育国际化带促浙江省高等教育现代化，打造高等教育国际吸引力是提高浙江高等教育质量的重要举措。通过吸引境外知名学校、教育和科研机构、企业，以新建、嫁接等方式，创办中外合作学校，合作设立教育教学、实训、研究机构或项目，加快浙江高等学校的国际化、现代化步伐，整体提升浙江省高等教育的质量和水平。

1. 借鉴诺丁汉大学成功办学经验。到2015年，争取引进国外知名高校，再创办2—3所中外合作的高水平大学、5—8所二级学院，建成层次清晰，结构合理的浙江海外合作办学的大学群，逐步形成海外合作办学的浙江模式，确立浙江合作办学的国际声誉和国内地位。

2. 积极推进教育国际交流与合作。加强高校与国际高等教育机构的合作与交流，提高浙江高校的国际化水平。鼓励高等学校积极开展全球或区域性的双边、多边教育科研和学术交流。推进教师互派、学生互换、学分互认和学位互授联授。设立"以我为主、面向境外"的教育科研项目，吸引高水平人才来浙江开展教育科研工作。设立省级学生交换培养基金，积极支持全省在读大学生、研究生以交换生形式出国（境）学习。加强与港澳台地区的教育交流与合作。着力造就一大批通晓国际规则、能够参与国际事务和国际竞争的国际化人才。

3. 提高来浙留学的学生规模和比例。加强预科教育，完善政府留学生奖学金等政策；探索建立外国留学生服务平台，为海外学生来浙学习提供优质服务和保障。适应浙江对外开放要求，在外国人士集聚比较多的地区，规划建设国际学校。与非洲进行实质性的教育交流与合作，成为亚洲最重要的非洲人留学目的地之一。加强与欧洲、东南亚、西亚的教育合作与交流。

（五）加紧制定浙江省高校学科专业建设专项计划

学科专业是建设高等学校的基点，学科专业的建设必须思路清晰、抓手明确。

1. 在学科建设上坚持战略导向：继续实施重点学科建设战略，进一步做大做强"重中之重"学科。首先，在原有40个重中之重学科和21个人文社科重点研究基地的基础上逐步优选建成一级学科"重中之重"，支持力度增加一倍。争取经过5—10年的建设，进入国内同类学科的前10%，若干学科达到世界水平。其次，强化导向，按原有政策继续建设原有的"重中之重"学科，培育新的一批一级学科"重中之重"。进一步扩大重点学科建设面，针对国家学位授予权体系和国家特色重点学科评价的改革，在省属高等学校重点建设一批重点一级学科和交叉新兴学科，着力培育"新重中之重"学科，逐步形成浙江高等学校重点学科建设的层次和体系。

2. 在专业建设上重在优化结构：加大政府的宏观调控力度，形成与浙江产业结构相适应的专业布局。第一，对于学科支撑强、办学质量高、社会声誉好、特色鲜明的高等学校，在专业建设方面给予充分的专业设置和调控权，激活高校的办学活力。第二，加大调控，对于市场过剩，布点过多，基础薄弱，就业不好，报考率不高的专业要进行布局调整。第三，遴选一批产业转型升级、战略性新兴产业急需的紧缺专业，重点投入，重点建设，积极打造浙江省紧缺人才培养基地。第四，加大传统专业的改造力度，深化教育教学改革，增强复合型、应用型人才的培养。

（六）深入实施"高等学校人文社会科学繁荣计划"

1. 组织实施"优秀人文社科人才培养计划"：大力推进人文社会科学类专业人才培养模式改革，着力培养一批国际视野开阔、专业功底扎实、多学科知识交融、深谙世情国情、勇于创新的优秀复合型人才，为培育浙江省卓越教师、卓越律师、卓越会计师、卓越政工师、卓越税务师等卓越人才奠定基础。

2. 组织实施"重大人文社科项目攻关计划"：完善项目资助体系，采取项目招标方式，整合团队，重点支持对浙江省经济社会发展重大理论和现实问题的研究，推进综合研究、战略研究和跨学科研究。构建哲学社会科学研究成果转化体系，引导和支持高等学校为科学普及、文化传播、决策咨询、提高文化软实力等发挥更大作用，扩大影响力和知名度，为提升浙江省综合实力做出更大贡献。

（七）建立健全三大保障机制

系统构建宏观调控机制、评价机制和投入机制三大机制，发挥政府的协调保障作用，推进浙江高等教育强省的有序建设，实现各类高校的可持续发展。

1. 科学有序的宏观调控机制。建立和完善宏观调控机制，进一步确立高等学校的主体性，充分发挥高等学校在学校发展和学科专业建设中的能动性和积极性。

首先是以政府为主导制定大学章程。完善大学章程的制定程序，以地方人大立法的形式保障大学章程的法律效力；明确每所学校在浙江高等教育体系中位置和责任；大学依照章程合理定位，理性办学，在章程内自主决策，政府实行对大学章程的审核权，逐步形成政府宏观调控、高校自主管理、社会（行业）评估监督有机结合的治理机制。

其次进一步扩大高校办学自主权。尝试并逐步推广"大学校长初始提名权""副校长组阁权""高校自主招生权""高校总会计师制度与自主理财权"的改革，建立并不断完善省内高校的教师职业流动机制。

最后提高对高等教育政策资源的统筹能力。建立跨部门的高等学校管理联席机制，强化财政、人事、科技、教育等部门的统筹和协调。

2. 分层分类的评价机制。建立分层分类的评价标准，完善浙江省高等教育评价主体建设，发展浙江高等教育的社会评价能力，鼓励和培育第三方评价，建立多元化的评价体系。

（1）按照分层分类评价的要求，制定浙江省高等教育省级办学质量标准，提高浙江高校的人才培养质量。对不同类型高校的评价适用不同办学质量标准，各类高校必须严格依照质量标准办学，特别应当依照质量标准评估新建高校的办学质量。充分利用国家在宁波、温州的高等职业教育综合改革平台，有计划地下放高等职业教育的评价监督和统筹管理权限。

（2）制定《浙江省高等学校学科建设与发展规划》。构建基础学科、应用学科、交叉新兴学科互为促进、协调发展的学科体系。明确浙江省重点支持、重点发展、重点投入、重点扶植的学科，形成科学合理的学科布局。改变省级重点学科的评价机制，建立对服务国家战略需要和服务浙江经济社会发展重点需要的学科的两种不同评价标准。对省级重点学科的评价应侧重发展潜力，而不仅受限于现有基础。

（3）制定《浙江省高等学校本科（高职）专业建设与发展规划》。构建面向浙江省现代工业、现代农业、现代服务业、海洋经济和战略新兴产业的专业布局，明确专业建设目标，确立浙江省重点建设、重点扶植的专业，根据专业特点分类评价。建立根据社会经济发展和产业结构变化的动态专业评价机制。建立专业预警和淘汰机制。建立统一的专业人才供需信息平台，引导学校自主适应经济社会需求变化调整专业结构。

（4）引入第三方评价机制，培育中介机构，发展浙江高等教育的社会评价能力。按照浙江省中长期教育改革和发展纲要要求，建立健全高等教育评估机制，尽快成立相对独立的浙江省高等教育评估中心。鼓励高等学校的教育研究机构和企业化教育培训机构对高校的内部治理水平、专业、学科、课程、教材、师资等的水平和质量进行科学客观的调查、评估、排名和公布，建立毕业生就业和发展状况跟踪调查制度，加大社会满意度考核，强化社会监督机制。

3. 多元化的投入机制。创新高等教育投入机制，树立学科与专业并重、事实与价值并重的投入理念，加大投入总量，达到率先建成高等教育强省的实际要求，实现战略意志与有序竞争相结合。高校筹资渠道多元化，政府通过政策引导，或配套比例等形式鼓励高校向社会筹集办学经费。

（1）加大高等教育投入。保证浙江高等教育强省战略建设的基本要求，实现经费投入机制的清晰化，逐年增加高等教育财政投入，至2015年财政投入总量不少于150亿元，生均大学生经费不少于1万元，至2020年财政投入总量不少于200亿元，生均大学生经费不少于1.25万元。

（2）政府投入科学化。按照学科规划和专业规划投入，重视高校的层次类型上和发展阶段上特殊性，建立按层次类型投入的机制，在重点学科建设、重点专业建设、人才工程等方面引入有引导性的适度竞争，大幅提高投资结构中人员经费的比例。

（3）政府投入战略化。财政投入要尊重高校学科、专业发展的基础，要充分体现省委、省政府的战略意志。建立事实判断和价值判断相结合的经费投入机制，"重中之重"学科的建设投入更全面地覆盖浙江经济社会发展需求。

（4）投入形式多元化。在学科建设经费的投入上，进一步完善项目投入机制，尝试项目投入与法人相结合的机制，依托有较强学科优势的法人，进行持续的整体性投入，引导学科研究出重大成果；根据不同学科的容量来确定经费投入规模，发挥资金的最大效益。在专业建设经费的投入上，建立基于办学经费使用效率的投入机制，区别对待优势特色专业和一般专业，重点投入优势特色专业，引导学校合理定位，走特色发展之路。

第二节　浙江省高校学科专业结构与经济社会发展适切度分析报告（1998—2008）

高校的专业结构问题关系到各类学科的质量、规模、课程结构，同时又与社会经济结构、职业结构、技术结构相关联，因此，高校的专业结构在整个高等教育结构中处于主导地位，也是高等教育结构分析的聚集点。高校专业结构合理与否直接影响到高校社会经济效能的发挥，而合理的高校专业结构又将有助于保持高校与社会供需之间的良性动态平衡。合理的专业结构是高校、政府和市场的共同作用的目标。适时、合理地调整专业结构，保持与经济结构和人才结构的相对适应，既是可能也是十分必要的。适切度是指事物之间各自的内容要符合相互的要求和特征，并且发展目标要切合实际，是事物互相配合依存的适应和切合程度。本研究中关于本科院校学科专业结构与经济社会发展的适切度分析主要是探讨两者之间相互配合与适应的程度以及学科专业结构对经济发展促进和影响切入点的准确性、相互切合程度和依存适应程度。

一、学科专业结构与经济社会发展适切度分析的动因及理论透视

（一）研究的背景及意义

1. 高校专业结构与经济发展的相互依存性是适切度研究的基础。

高校学科专业结构与经济结构之间依存关系是适切度研究的理论基点。经济结构影响教育结构的发展与变迁，教育结构反过来引导经济结构的转型升级。这是因为，国民经济各个产业部门的劳动对象、内容和手段不同，对劳动力的规格、数量的要求也不尽相同。而且，国民经济各部门、各个产业之间的发展有着一定的比例关系，这就要求培养劳动力后备军的高等院校，要根据经济部门的发展需要设置各类专业。同时，高校还要根据经济

的发展，及时填补空白专业、调整专业结构，使培养出的人才数量和质量，符合国民经济发展的要求。这样，经济的发展水平和经济结构必须直接或间接地影响和制约着高校专业结构变化的方向和内容。需要指出的是，强调经济发展对高等教育专业结构变化的决定作用，决不意味着可以无视或轻视其他诸如政治、文化、人口等方面因素的作用，在某些情况下，政治、文化、人口等因素对高校专业结构的作用也是巨大的，只是经济发展和经济结构在诸多因素中起着最基础性、最重要的作用。

回顾浙江省高校的发展历史，高校的专业设置类型、专业内涵的嬗变与整合都深深地打上了经济结构变迁的烙印，而建立适应浙江省社会经济发展需要的高校专业结构体系一直是浙江省高校变革的重要目标。浙江高校专业结构的演变过程实质上就是一个努力实现与地方经济结构有效衔接、互相促进的不断优化的动态过程。

大学基本功能的拓展是研究适切度问题的现实基础与内在要求。教学、科研和社会服务是大学的三种最基本职能。从宏观的角度来看，大学的教学功能，即培养专门人才依然是大学的最根本和最重要的职能。人才培养是促进社会的发展与进步、服务地方经济的最根本、最直接和最行之有效的一种社会服务。美国的大学无论在培养人才质量、大学理念、发展规模等各个方面上均居世界领先地位。美国大学能实现如此快速的发展和取得如此巨大的成就，正是因为美国的大学的学科体系及其人才培养规格能把握时代发展的脉搏、能与时俱进的结果。面对社会经济发展的需要、大学自身服务功能的增强和人才培养规格的多元化需求，美国大学应对社会诸多要求的一种积极的反应，就是改变学科内容。因此美国高校的专业结构体系始终处于变化与发展之中。现代美国大学与社会、企业的联系更加紧密，也愈加重要了，现代高等教育系统为社会服务功能的产生和拓展，使得在美国这样一些市场经济国家，高等学校的专业结构的变化，直接受到市场力量的调节。美国20世纪70年代以来由于经济结构的变化引起了就业结构的变化，而就业结构的变化就反映到高等学校的专业结构的变化上。由于工程、医药、商业的服务业等领域劳动力需求量增加，一些与传统的文理专业有关的职业领域的劳动力需求却相应有所下降，因此这种劳动力市场信号就反映到高校的学科专业结构上来。根据美国高质量高等教育研究小组调查，大量学生放弃了某些传统的文理学科。1977年以来，主修人文科学的学生下降了17%，社会科学下降19%，生物科学下降21%。在20世纪70年代所有授予学士学位的毕业生中，社会科学、人文科学和自然科学的比例较高，但80年代这些学科所授予学士学位则有较大幅度下降，而那些就业前景好、教育投资回报高的学科领域的授予学士学位数却有了较快的增长。

所以，一方面，现代经济的发展越来越依靠科技进步和劳动者素质的提高，需要为高校的发展注入资金动力，使高校培养出适应经济发展和经济结构变化所需的专门人才；另一方面，高校也要为推动科技进步、促进经济结构优化，以及个人的发展提供服务。只有这样，高校的发展才能获得社会各方力量的支持，进而依靠社会所提供的巨大财力支撑其发展，为高校自身的发展奠定良好的物质基础。

2. 区域经济的发展呼唤与之相适应的高校学科专业结构。

浙江省是我国经济发达的沿海省份，随着不断进行产业结构调整和升级，已经形成了具有特色的浙江区域经济，2008年全省的国民生产总值达21486.92亿元，位居全国第四位。但是，浙江省经济发展的内部区域性不平衡矛盾依然存在，从经济总量规模、增长速度和效益状况看，各区域间不平衡依然十分突出，并呈现出扩大化的趋势。而浙江区域经济协调发展、区域经济结构的提升和城市化水平的提高，就迫切需要区域内的高校提供相应的人才、科研和社会服务支持。

区域经济的协调发展呼唤着区域内高校与之相适应的学科专业结构，高校的学科专业的质量和规模必须满足经济社会发展需要。从美国大学的区域经济服务历程，也可窥见一斑。20世纪初，威斯康星州正处于农业转型期，对专门技术和管理的需求十分迫切。当时的范海斯校长顺应这一需求，明确提出："州立大学的生命力存在于它和州的紧密关系中。州需要大学来服务，大学对于州应有特殊的责任。教育全州男女公民是州立大学的任务。"斯坦福大学的副校长特曼博士提出，要使斯坦福大学成为工业研究和开发的中心，以便使该校的毕业生提供在本地就业的机会，以使大学和工业联合起来为地区经济发展做出贡献。威斯康星大学和斯坦福大学的发展模式成为大学直接为区域经济服务的典范。

3. 高等教育大众化是高校专业结构与区域经济结构对接的直接动因。

国际上通常运用美国社会学家马丁·特罗提出的高等教育大众化理论，依据高等教育毛入学率，把高等教育分为3个阶段，15%以下为高等教育精英阶段，15%—50%为高等教育大众化阶段，50%以上为高等教育普及化阶段。高等教育毛入学率是指高校在校生总数与相应年龄段（18—22岁）人口的比例，它表明了一个国家或地区提供高等教育机会的综合水平。浙江省是我国的一个经济强省和教育大省，由于地方经济发展和受教育者接受高等教育的需要，浙江省高等教育大众化的进程要早于全国，自1998年就已开始启动，主要是通过省属高校的大幅度招生来满足地方经济发展、经济结构调整的需求以及广大群众受高等教育的强烈愿望。浙江省的普通高校本专科在校生数从1998年的22.06万人猛增到2008年的85.967万人，高等教育毛入学率由1998年的8.96%一跃攀升到2008年的40%，高等教育从精英化过渡到大众化阶段，并开始向普及化阶段迈进。应该说，浙江高等教育的大众化在一定程度上适应了区域社会政治经济和文化的发展需要，有力地推动了地方经济的发展。浙江高等教育由精英化阶段向大众化转变过程中，高等教育不仅在量上也在质的方面发生了很大的变化，人们对高校的评价开始强调它对地方经济发展的贡献因素。随着浙江省经济结构的显著变化和社会主义市场经济体制的初步确立，浙江省高校专业体系和结构日益受到市场机制的作用和挑战。高校的专业结构主要是通过市场机制和地方的经济结构发生了联系，市场也就成为高校专业结构是否和区域经济结构相衔接的有力杠杆和重要中介桥梁。

高等教育大众化后，高校的办学目标、层次、类型和结构趋于多元化，课程的设置注重以未来职业需求为导向，注重培养能够解决实际问题和动手操作能力的"应用型"人才。浙江省在高等教育大众化以前，在劳动力市场上，大学毕业生供不应求，一般均能找到比较满意的工作，这时学生专业的选择与经济因素的联系还不密切。但是，随着高等教育大众化进程的加快，当省内的高校毕业生的劳动力市场开始供过于求时，学生对专业的选择带有经济利益的倾向。近几年来，一些就业前景好、教育投资回报率高的专业成为人们追逐的对象，这些热门的短线专业既是经济结构调整的作用，又是人们注重专业选择的结果，而对热门专业的追逐也影响到专业的发展和建设。在这种情形之下，高校的专业结构既要受到经济发展的制约，又会受到受教育者对专业选择的影响。同时，高校毕业生规模的迅速扩大，使得本省高校毕业生就业难的问题开始凸现出来，毕业生开始出现结构性失业和选择性失业。选择性失业是由于毕业生的期望值与现实之间的落差所造成的，受精英人才就业传统的影响，学生就业的期望值很高，同时高层次职业职位又是有限的，难以满足大量增长的学生的需求。结构性失业则在很大程度上是由于区域高校专业结构失衡所造成的。浙江区域内的高校毕业生就业中出现的结构性失业问题，导致少数高校毕业生人才资源的闲置和浪费，成为一个带有全局性影响的经济和社会稳定问题。改变高校的学科、专业结构设置的重复性和雷同性，是解决高校毕业生就业结构性问题的关键性因素，故此，浙江高等教育的大众化引发了高校专业结构与区域经济结构对接问题的研究，解决高校专业结构与区域经济结构对接问题也就成为解决现实矛盾的切入点。

4. 知识经济对高校专业结构调整提出新的要求。

1996年，经济合作与发展组织在《以知识为基础的经济》的报告中，首次全面、系统地阐述了知识经济的定义，即"基于知识的经济"是建立在知识和信息的生产、分配和使用之上的经济。知识经济的出现给一个国家和地区的经济发展带来了重要而深远的影响。一方面，知识经济使技术创新成为国家和地区经济增长的核心动力，科技进步对经济增长的贡献作用越来越大；另一方面，知识经济使地区的产业结构发生了深刻的变化，服务业成为社会主导产业，社会对人力素质和技能的要求越来越高，劳动力结构发生变化，知识工人将成为劳动力的主体。"这一产业要求教育改革专业结构——创设新专业；改革课程结构——增加适应经济发展要求的新课程；改革教育内容——拓宽适应未来经济发展趋势的新知识、新方法和新思维。"所以，随着科学技术，特别是高新技术的发展，第三产业在国民经济中比重大幅度地攀升，相应地，协调传统学科和现代学科之间的关系、增加应用学科和自然学科的比重，以及设置新兴专业也成为高校专业结构改革应有的题中之义。在这种情况下，高校根据新兴产业，开设新的专业，调整科类专业结构。高校通过专业结构、课程结构和内容的改革，提高劳动力的素质、实现人才结构的优化，进而达到适应知识经济时代的要求、优化产业结构的目标。事实上，浙江省高校许多新专业的设置反映出知识经济新技术的客观要求，比如近几年普遍增设的网络工程、信息安全、物流管理、电子商务等专业。适应经济发展需要而设置的高校新专业反过来又成为地方经济结构优化和个人发展的重要支点，合理的专业结构是知识经济能否在本地区充分发展的基础和关键性环节。

就浙江省而言，虽然在总体上处于工业化中期，但在经济发展水平、核心技术、信息化程度和三产比重等方面跟发达国家及地区还有一定的差距，2008年浙江省三次产业增加值比例为5.10：53.89：41.01，而1997年高收入国家三次产业增加值比例为3：36：6l、中等收入国家是12：38：50，低收入国家是3l：27：42，可见，浙江省第二产业所占比重较大，第三产业的发展则比较滞后，其所占比重比低收入国家1997年的平均水平还低。2006年浙江省三次产业劳动力结构比重为22.63：45.78：31.59，与1990年发达国家平均5：31：64、中等收入国家平均32：27：41，以及低收入国家平均69：15：16的三次产业劳动力结构比重相比，浙江省劳动力结构水平相当于中等收入国家水平。但与中等收入国家相比，浙江省第三产业的劳动力比重太低。所以，依据经济学中的新增长理论，浙江省要实现以高新技术来改造传统工业，走信息化带动工业化、工业化促进信息化的新型发展道路，就必须呼应知识经济的时代发展要求，通过高校专业结构的优化和整合，加强人力资源开发和人才结构优化，发挥本省的后发优势，在不断推进产业结构的优化过程中，增强区域的核心竞争力，跟上知识经济时代的发展步伐，把浙江省真正打造成先进制造业基地。

因此，在经济社会发展和高等教育发展的新阶段，全面分析浙江省普通高校学科专业结构现状与经济社会发展的适切度，以便于我们从跨越式发展至内涵提升过程中，进一步优化学科专业结构，提升专业内涵与品质。

（二）理论分析和内涵界定

1. 相关概念。

（1）教育结构与高校学科专业结构

教育结构是构成教育体系的各个部分之间的比例关系及其结合方式。我们通常所说的教育结构，一般指学校教育结构，这主要包括各级学校之间的比例构成、各类学校之间的比例关系、各级教育内部各类教育之间的比例构成、系科专业设置结构、各级各类学校的布局结构。合理的教育结构，应该是与国民经济结构相适应的，能充分发挥教育的经济效益、有力促进国民经济发展的教育结构。

专业是指根据学科分类和社会职业分工需要分门别类进行高深而专门知识教与学活动的基本单位。20世纪80年代以后，国家共进行了3次大规模的学科专业调整工作。这三次修订专业目录和专业整顿的根本目的均在于解决专业归并和趋同化的问题，拓宽高校本科专业口径。而我国高校专业结构管理模式的这种转变，以及80年代以来所进行的学科专业调整和修订，其最终目标在于适应满足国家和地方社会经济发展的现实需求。第一次是从1982年开始，历时5年，确定专业种数为671个。第二次是自1989年开始，通过修订，专业种数为804个，形成了体系完整、统一规范的《普通高等学校本科专业目录》，并于1993年7月正式颁布实施。第三次是从1997年开始，于1998年7月顺利完成。1998年7月，国家教育部修订颁布了新的《普通高等学校本科专业目录》，专业种数由504个调整到249个。按照该目录，高校共设哲学、经济学、法学、教育学、文学、历史学、理学、工学、农学、医学、管理学等11个学科门类，下设71个二级学科，专业种数为249个。

专业结构是指各级各类学校各种具体的学科专业（种类、规模和质量内涵）所构成的比例关系和组成方式。本文专指本科高校各种学科专业（种类、规模和质量内涵）所构成的比例关系和组成方式。

（2）区域经济结构

经济结构是国民经济总系统中各子系统、各部分的排列、组合和结合方式。简单地说，经济结构就是指国民经济各部门之间的比例关系和结合方式。经济结构其构成具有多层面性，研究者可以根据所研究的问题，从不同的角度进行划分。故此，本文在研究高校专业结构与经济结构的对接问题中，主要是从产业结构即按照三大产业（第一产业、第二产业、第三产业）的划分来理解和把握经济结构。区域是指便于组织、计划、协调、控制经济活动而整体加以考虑的，并考虑行政区划分基础上的一定的空间范围，它具有组织区内经济活动和区外经济联系的能力，实际应用时常以行政区划界限。区域的"范围"大小因研究目的和任务而有不同，可以是跨国界的多国"国际"区域，可以是一个国家，也可以是一个省，可以是省内由历史和现实原因所形成的梯级经济区域，甚至是以某一中心城市为核心的一定范围。本研究所涉及的区域是一个多元的概念，区域的范围主要考虑的因素有：

第一，经济和行政区划的因素。经济区域和行政区域有着天然的联系，虽然有时经济区域和行政区域之间存在一定的差异，但是省份依然是行政区划和经济区划的基本单位，国家在进行各项统计工作和衡量各项经济指标时，主要以省作为区域划分、评价和衡量的基本内容。

第二，高校服务范围也是区域应考虑的因素。浙江省内不同类型的高校，其服务的区域和范围是不同的。如研究型大学主要是立足全省，面向国内和国际；省属高校则主要是面向浙江省，同时不同的省属高校因功能的不同和所在地区的差异，服务的范围也是有差异的。

第三，浙江省历史上形成的区域划分，也是区域范围中所要引起重视的因素。因不同区域内经济发展和经济结构类型呈现出明显的梯度差异，也在很大程度上影响着高校区域服务的内容和层次，影响到不同经济水平地区高校的专业设置。

基于以上考虑，"区域"指的是与高校有着密切经济活动和人才需求联系的空间概念，因此，本文中"区域"的范围主要包括三个层次：浙江省整个地区，浙江省的行政区域划分和高校所在城市。根据分析研究对象的不同，区域所指的范围会有所不同。比如，在研究省属高校整体对人才培养和经济发展贡献时，区域指的是浙江省这一整体范围；当分析不同经济发展地区高校的辐射功能时，区域指的是按行政划分的区域；当具体研究某一大学的专业结构时，还会综合考虑高校的所在城市。

（3）产业结构

产业结构是指国民经济各个产业部门之间的比例关系和相互联系。三次产业是根据社会生产活动的历史发展顺序对产业进行的划分。产品直接取自自然界中的部分称为第一产业；对初级产品进行再加工的部门称为第二产业；为生产和消费提供各种服务的部门称为第三产业。我国的三次产业划分为第一产业：农业（包括农业、林业、牧业、渔业）；第二产业：工业（包括采掘业、制造业、自来水、电力、蒸汽、热水、煤气）和建筑业；第三产业：除第一产业和第二产业以外的其他各业。由于第三产业行业多、范围广，它又分为两大部门（流通部门和服务部门）和四个层次。第一层次：流通部门，包括交通运输、邮电通讯、商业饮食、物资供销和仓储各业。第二层次：为生产和生活服务的部门，包括金融保险、房地产、公用事业、居民服务和旅游各业。第三层次：为提高科学文化水平和居民素质服务的部门，包括教育、广播、电视广播、科学研究、卫生、体育和社会福利各项事业。第四层次：为社会公共需要服务的部门，包括国家机关、政党机关、社会团体，以及军队和警察等部门。

国民经济结构的建立，从根本上说，是由于社会生产力发展水平决定的。从全球经济发展的历史过程来看，随着社会生产力的提高和经济结构的发展，第一、二产业的从业人数将逐渐减少，而第三产业的从业人数比重将逐步提升。

（4）适切度

适切度从字面来理解是适应或切合的程度，既然它有一个"度"的要求，也就是越贴近、越符合越好，但也永远不可能达到百分百的吻合。经济社会的发展决定着教育的发展，同时教育的发展有其独特的规律性，通过人才培养、科学研究与社会服务推动与引导着经济社会的发展。因而学科专业结构与经济社会的发展的关系是处于一个动态变化过程中，从不适应到适应再到不适应，同时也要承认，高等学校有其独特的发展规律，因而它的学科专业结构允许存在一定的特殊之处。

对于学科专业结构与经济社会发展的适切度，我们从以下角度进行分析：产业结构与学科专业结构、人才需求、招生就业角度、优质资源配置、科学技术发展与经济社会规划、省际之间比较等。

2. 关于合理专业结构的基本假设。

衡量高校专业结构是否合理的一个极为重要的标准就是看高校的专业结构能否与社会经济的发展相适应，能否与当地的经济结构实现有效的衔接。"判断一个国家的高等教育科类结构是否合理，主要看高等教育培养的各科类人才与社会的切合度如何"，当然，高校专业结构与地方经济结构的对接过程应是一种动态的平衡过程。"教育结构体系同社会发展的关系，就是不断地由不适应到适应，再由新的适应到新的不适应的过程，教育结构体系与社会发展绝对的适应是不可能的。"但是，通过科学的决策和研究，通过政府宏观调控、市场有效调节和高校合理机制的共同作用，适时、合理地调整高校专业结构，以保持与社会经济以及相应人才结构的相对适应，则是十分必要的。

因此，我们把"合理的高校专业结构"做出如下界定：合理的高校专业结构是能够实现与浙江省当地经济结构有效对接的专业结构。（1）从质的方面上说，主要是指能与经济结构相适应，能充分发挥教育的经济效益和实现区域人力资源合理配置，能积极有力地促进地方经济发展的专业结构。合理的高校专业结构应该能够合理地协调政府、学校和个人间的关系，教育主管部门对高校的专业结构有规范合理的宏观管理，高校的专业结构具有一定的柔性和灵活度，学生有一定的自由选择空间。用更通俗的语言来描述，合理的高校专业结构应能基本达到这样的一种状态，即：大多数的高校毕业生都能在社会中找到自己相对比较满意的工作，大多数的用人单位能够招收到相对合适的各级各类高校毕业生。（2）从量的方面上看，本文拟就高校招生、就业、优质学科专业等有关调查统计数据来进行分析，同时将江苏、湖北、安徽等省份的情况进行对比分析。

二、浙江省近10年来产业结构与高校学科专业结构的演变

（一）浙江省近10年来产业结构变化情况与现状综述

浙江是全国经济发达的省份之一，人口排名在各省区市第十一位，GDP总量连续数年在全国排名第四位。2008年，浙江省GDP实现21487亿元（约

为3146亿美元，以美元对人民币1：6.83的兑换汇率计算，下同），人均GDP达到42214元（6181美元），继续居全国各省区市第一位；全省城镇居民人均可支配收入22727元，农村居民人均纯收入9258元，城镇居民人均可支配收入连续8年、农村居民人均纯收入连续24年列全国各省区市第一位；城镇居民人均经营净收入和财产性收入均居全国第一位，分别是全国平均水平的2.8倍和3.1倍；社会发展水平综合评价指数排全国第一位。

改革开放以来，浙江省大力发展以市场为导向的民营经济和以农村工业化和小城镇发展为主线的区域经济，三次产业结构发生了巨大变化。三次产业的比例从1978年的38.06：43.26：18.68转变为2008年的5.9：54：40.1，第一产业下降了32.2个百分点，第二、三产业分别上升了10.7和21.5个百分点，其中第三产业翻了一番多，呈现出"二、三、一"产业结构状态。

表4.1 浙江省三次产业国内生产总值及其比例（1998—2008年）

年份	GDP总量（亿元）	三次产业GDP（亿元）			三次产业构成比例（％）		
		一产	二产	三产	一产	二产	三产
1998	5052.62	609.3	2766.95	1676.37	12.06	54.76	33.19
1999	5443.92	606.31	2974.74	1862.87	11.14	54.64	34.22
2000	6141.03	630.98	3273.93	2236.12	10.27	53.31	36.41
2001	6898.34	659.78	3572.88	2665.68	9.56	51.79	38.64
2002	8003.67	685.2	4090.48	3227.99	8.56	51.11	40.33
2003	9705.02	717.85	5096.38	3890.79	7.40	52.51	40.09
2004	11648.7	814.1	6250.38	4584.22	6.99	53.66	39.35
2005	13437.85	892.83	7166.15	5378.87	6.64	53.33	40.03
2006	15742.51	925.1	8509.57	6307.84	5.88	54.05	40.07
2007	18780.44	986.02	10148.45	7645.97	5.25	54.04	40.71
2008	21486.92	1095.43	11580.33	8811.16	5.10	53.89	41.01

从表4.1可以发现，1998年以来，浙江省三次产业的国民生产总值及其结构比例变化呈现出以下特征：

第一，各产业的GDP均处于增长中，但增长速度不一致，各产业增长速度变动均与GDP整体增长速度的变动一致。产业结构变动趋势明显，第一产业比例逐渐下降，第二产业保持动态平衡，第三产业逐步上升。1998到2008年间，第一产业下降了约6.96个百分点，第二产业下降了约0.87个百分点，第三产业上升了约7.82个百分点，浙江省产业基本形成"二、三、一"结构状态。

第二，第一产业的GDP保持着增长的趋势，年平均增长率为7.98%，但是增长速度非常不稳定，2003年到2005年增长速度较快。同时，第一产业在三次产业GDP总值中的比重逐步下降，下降了6.96个百分点。

第三，第二产业迅速增长。第二产业产值从1998年的2766.95亿元增长至2008年的11580.33亿元，增长了3.19倍，年平均增长率达到了31.85%。2002年起保持了较快速度的增长。10年来，第二产业在GDP中的比重一直处于50%以上，成为浙江省国民生产总值的最主要来源。

第四，第三产业快速上升。产值从1998年的1676.37亿元增长至2008年8811.16亿元，增长了4.26倍。第三产业的增长率一直较高，呈直线上升，2003年和2004年，第三产业的比重有所下降，从2005年开始，第三产业又有小幅上升。这表明第三产业的上升趋势将不会改变。

（二）浙江省近10年来高校学科专业结构的发展综述

浙江省近10年学科专业结构调整，历经1998年全国高等学校学科专业目录的重新修订及浙江省高等教育的跨越式发展，这一时期浙江省学科专业结构调整的主导思想是在量的扩张的基础上增强高等教育的适应性。

截至2008年，浙江省30所普通高校本科专业覆盖了哲学、法学、经济学、教育学、文学、历史学、理学、工学、农学、医学、管理学在内的11个学科门类，专业类别涉及本科专业目录71个类别中的62个（未包括目录外的职业技术教育类和系统科学理论类），尚未涉及的是马克思主义理论类（0302，2种专业）、天文学类（0705，1种专业）、地质学类（0706，2种专业）、地球物理学类（0708，1种专业）、力学类（0711，1种专业）、地矿类（0801，5种专业）、测绘类（0809，1种专业）、航空航天类（0815，

4种专业）、草业科学类（0902，1种专业），专业数涉及专业目录249种中的157种，目录外专业78种，专业布点数1131个，其中目录外专业163个。工科专业布点最多，占了总布点数的23.34%。（具体见表4.2）

表4.2 浙江省普通高校本科专业设置情况统计表（2008年）

学科门类 统计项目	哲学	经济学	法学	教育学	文学	历史学	理学	工学	农学	医学	管理学	合计
本科专业目录 专业类别	1	1	5	2	4	1	16	21	7	8	5	71
现有专业类别	1	1	4	2	4	1	12	18	6	8	5	62
国家目录中专 业数	3	4	12	9	66	5	30	70	16	16	18	249
现有目录内专 业数	1	4	8	8	30	2	23	41	11	14	15	157
现有目录外专 业数	0	5	5	9	6	0	7	28	1	4	13	78
现有工科引导 性专业数								4				4
现有专业布 点数	1	43	39	40	187	9	163	264	18	52	152	968

注：现有专业类别62种中，包括职业技术教育类、系统科学理论类两大类，专业布点数不包括157个目录外专业。

1. 浙江省高校的本科专业结构体系。

近10年来，浙江省实现了高等教育的跨越式发展，其中专业数的持续增长是典型特征。

如图4.1、图4.2所示，1998年到2008年专业布点数呈上升趋势，1998年为265个，到2008年已经增长为1131个，增长了3.27倍。同时，如图4.3、图4.4所示，我们也发现，专业数的增长并不大，目录内增加了42个，目录外增长了70个，专业布点数中文学、工学、理学与管理学等增长较快，占了增加额的80.25%，其中目录外专业布点增长迅速，由原先的12个增加为163个，成为专业新的增长点。全省高校平均专业布点数由1998年14.7个增加至

2008年的37.7个，平均每年增长2.3个。

哲学、历史学等学科门类长线专业及农学门类的专业数与布点数基本无增长。自2003年起，浙江省实施了省级重点专业建设工作，分两批遴选出了190个省级重点建设本科专业，并有71个本科专业获得国家特色专业称号。

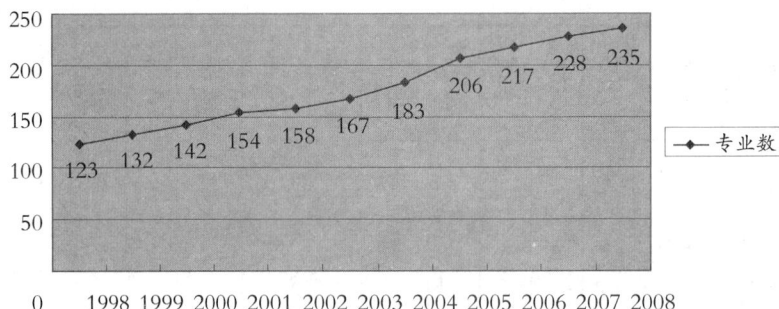

图4.1 浙江省普通高校本科专业数变化情况（1998—2008）

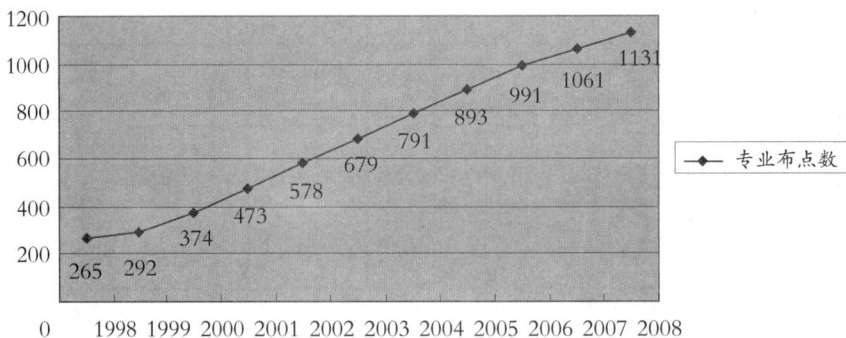

图4.2 浙江省普通高校本科专业布点数变化情况（1998—2008）

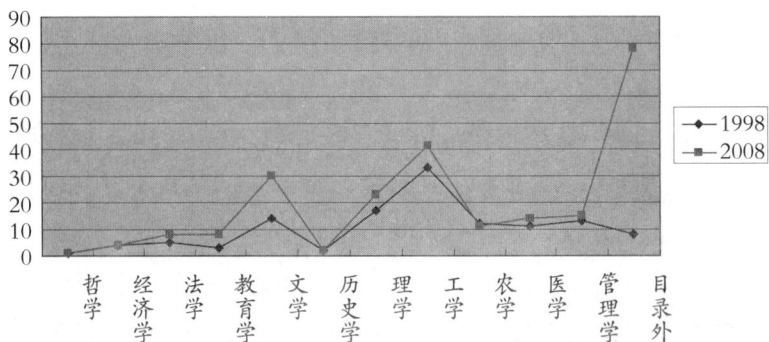

图4.3 浙江省普通高校本科专业数变化情况（按学科门类）

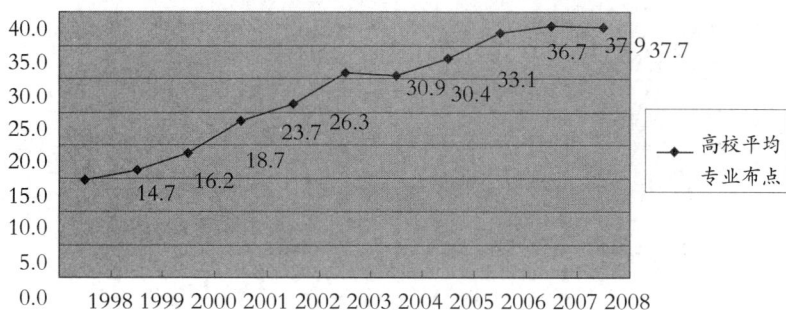

图4.4 浙江省普通高校平均专业布点数

2. 浙江省高等教育体系与本科专业结构体系总体布局。

至2008年，全省普通本科院校达到30所，其中，部属院校1所（浙江大学），中外合作办学1所（宁波诺丁汉大学），11个地市中仅衢州市没有本科院校，其中杭州市15所，宁波市5所，湖州市1所，丽水市1所，金华市1所，舟山市1所，台州市1所，嘉兴市1所，温州市2所，绍兴市2所。从招生人数看，自1998年以来，浙江省高校各学科门类的招生人数一直在稳步提升，从1998年的36668人迅速扩展到2008年的265696人，10年间的招生数将近翻了7.25倍，为地方经济社会的发展输送了大量的人才（见表4.3）。2008年，全省高校本科（包括一本、二本）招生人数为129863人，占浙江省招生总数的48.9%（见图4.5）。从专业种数看，省属高校的专业种数234种，其中目录外专业78种。可见，省属高校是浙江省本科类专业人才培养的主体，在为浙江培养直接服务地方经济发展所需人才起到了最为基础性的作用。

表4.3 1998—2008年浙江省属高校本科招生总数一览表（单位：人）

年份	1998	1999	2000	2001	2002	2003	2004	2005	2006	2007	2008
总数	36668	52657	87947	120195	152470	173519	195617	215362	237157	249749	265696
本科	21712	30510	41342	56472	69758	80906	91330	100359	113851	120120	129863

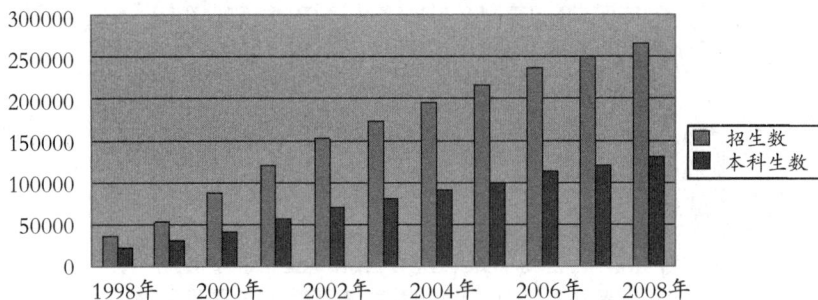

图4.5 浙江省普通高校招生数（本科招生数）

3. 浙江省高校本科专业结构的适应性调整。

1990年至今，浙江的产业结构由传统轻纺产业向现代轻工升级，重工业向重化工业调整。此外，外向型经济的发展，推动区域经济逐步从自我积累方式向开放型经济加快转变，产业链开始向省外和国外延伸，参与国际产业分工和协作，第二产业中技术和资金密集的高技术产业蓬勃兴起，工业创新能力不断提高，具有较强的比较优势和市场竞争力。这一时期产业结构演变的另一个特点是第三产业的新突破，提升商贸物流、金融保险、旅游会展、文化与房地产等优势服务业，积极发展电子商务、连锁经营、现代物流等新技术、新业态和新的服务方式，培育了信息、科教、中介、社区和公共服务等新兴服务业。现代服务业迅速崛起，并成为浙江区域经济发展中最具活力的产业，从而带动了全省第三产业比重从1998年的33.19%上升到2008年的41.01%，提高了7.82个百分点。产业结构的高级化和具有区域特色产业结构的形成，为浙江地区率先基本实现现代化奠定了坚实的基础。

在产业结构调整与升级的过程中，专业增设与招生规模也随之进行了调整。与浙江经济社会发展特点相适应的工学、文学、理学与管理学的专业增长速度较快，占了增加额的80.25%，专业布点数达到885个，占专业总数的78.25%，其中工学332个，文学195个，理学170个，管理学188个，高校平均分布分别为11.06、6.5、5.67、6.27个。哲学、农学的专业布点数明显较低，为1与1.9。2000年后，以私营经济、中小型企业为主体的多元经济的发展，再加上地区经济结构的调整，企业对工科人才的需求急剧加大，工科专业布点由2001年的134种增长至2008年的264种，招生人数从8514人增长至40114人。这种需求既有对传统专业人才的需求，更多地则是对一些新型的、复合的理工科专业如电子信息类、机械电器类人才的需求上。近10年，目录外专业得到了迅速发展，尤其是自2005年后的近几年时间。而在这些目录外专业所属的学科大类中，工学被拓展设置的数量最大，达到28种，其次是管理学（12种）。目前，全省高校设置了材料科学与工程、机械工程及自动化、电气工程与自动化、信息工程4个工科引导性专业，设置了车辆工程、汽车服务工程、机械电子工程、资源环境科学、海洋生物资源与环境、信息安全、系统科学与工程、建筑电气与智能化、水资源与海洋工程、环境科学与工程、生物系统工程、应用生物科学、眼视光学、康复治疗学、听力学、中西医临床结合、产品质量工程、国际商务、文化产业管理、会展经济与管理。

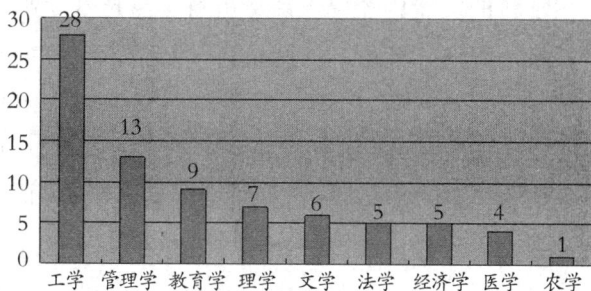

图4.6 学科大类中被设置的目录外专业数

4. 浙江省高校专业设置和招生人数出现集聚现象。

近10年，浙江省的专业布点数有了较大规模的增长（265—1131），但专业种数增长不大（123—235，包括目录外专业种数），平均专业布点数4.8个。表4.4显示，管理学、经济学、文学门类的专业平均布点数居前三位，浙江地区高校分别为11.58、8.78、8.71，省属院校分别为11.83、8.33、9.11。而专业平均布点数最少的学科门类基本是哲学和农学，全省高校分别为1和1.55，省属院校为0和1.44。这一方面说明浙江省高校为适应社会经济发展需要，大力发展管理学、经济学和文学等热门专业；另一方面也说明管理学、经济学和文学类专业的设置要比工学、医学、农学等专业的设置投入少、见效快、容易发展，但有些专业培养的人才已出现供过于求的状况。

表4.4 浙江省普通高校各学科专业平均布点数（2007年）

	哲学	经济学	法学	教育学	文学	历史学	理学	工学	农学	医学	管理学
浙江地区	1	8.78	5	4.41	8.71	6	7.9	6.92	1.55	4.89	11.58
省属院校	0	8.33	5.08	4.12	9.11	10	9.39	6.84	1.44	4.65	11.83

根据统计我们不难发现，浙江省高校的本科专业设置总体上表现出以下特点：（1）布点较多的专业大多集中在工学和管理学两个学科门类中，新兴学科和应用学科的发展比较快。计算机科学与技术专业、电子信息类相关专业的增长幅度很快，英语、计算机科学与技术专业布点数最多，布点数分别达到了47个和46个。（2）人文社会科学类专业，尤其是应用文科类专业发展迅速。目前，在专业布点最多的12个本科专业中，有8个属于人文社会科学类专业，4个属于自然科学类专业。（3）一些投入成本相对较低的与第三产业关系密切的热门短线专业的平均增长速度和密集程度要高于传统的工业类专业，这在一定程度上与浙江省第一产业从业人口近年来增幅减小的发展趋势相吻合，也反映了市场对高校专业结构的调节和配置作用。（4）省属高校中原有的长线专业如文学门类中的汉语言文学专业和理学中的数学与应用数专业依然是招生人数最多的专业之一。（5）近年来浙江省不同类型的高校结构有所优化，即各类高校之间的比例关系趋于合理，师范类、医学类等传统类型的高校招生人数占高校招生总人数的比例相对减少，而与地方经济结构较为密切的综合性大学、理工科大学其数量、所占比例均有所上升。

总体上，浙江高校已形成总数较多、科类齐全的专业结构体系，在很大程度上满足了区域经济发展对人才的需要，也为浙江高校的学科专业结构调整打下了基础。

三、基于多维视角的学科专业与经济社会发展适切度分析

（一）基于产业结构的分析

从一定意义上说，教育结构主要受产业结构的制约，教育层次结构的调整要视产业结构的高级化程度而定，教育科类（专业）结构的发展要与产业结构的变化相适应，教育区域结构的形成主要为地区产业结构的发展服务。产业结构升级的一个显著特征是各产业中产品的知识含量与技术含量的不断提高，产业间呈现出由劳动密集型向知识、技术密集型的转移。这种产业结构的变化会在产业内部引起劳动要素，即资本、原料、劳动力之间的结构变化。经营者将会改变投资模式，更加注重技术和知识的投入及其作用，逐步从粗放式的经济增长模式向集约型、知识型、创新型增长模式转变。劳动者的文化程度、技术水平和创新能力将成为产业结构的核心。产业结构内部的这种变化，对教育的层次、科类（专业）等结构提出了新的要求。

下面从浙江省近10年来三次产业结构的变化来分析专业结构调整的适切度问题。

近10年来，浙江省大力发展以私营经济、外向型经济为主的多元化经济模式，三次产业结构发生了巨大变化。一、二、三产总值分别从1998年的609.3亿元、2766.95亿元、1676.37亿元增长至2008年的1095.43亿元、11580.33亿元、8811.16亿元，比重分别从1998年12.06%、54.76%、33.19%变为2008年的5.1%、53.89%、41.01%。2008年国民生产总值是1998年的4.25倍，一产是1.80倍，二产是4.19倍，三产是5.26倍。

针对这种产业结构的变化，浙江省的本科专业适时进行了调整，这种调整体现在数量增长与结构优化。

1. 从数量与结构看适切度。

从总量上看，专业数量从1998年的123增至2008年的235，专业布点数从265个增至1131个，增长了3.27倍，各学科布点数从24.1个增至102.8个，院校专业布点数增至37.7个，全省本科招生量从21712人增至129863人，满足了经济社会发展对人才的需求量。

从结构上看：（1）学科布点数。工学、文学、理学与管理学的专业布

点数分列前四位，分别是264、187、163和152，占到了全部专业布点数的67.72%，哲学专业除浙江大学布点外，其他高校并未布点，农科类专业布点增长不明显，专业种数增长了2个，专业布点数增长了5个。这种布点数充分反映了二、三产业发展对相应学科专业人才的需求的增长。

（2）增设的专业。近几年来各高校纷纷增设当前人才市场需求量大的专业，如计算机科学与技术、电子信息工程、机械设计制造及其自动化、土木工程、通信工程、自动化、生物工程、工业设计、英语、汉语言文学、艺术设计、日语、广告学、信息与计算科学、生物技术、数学与应用数学、环境科学等。

（3）目录外专业增长迅速。为适应产业升级转型，设置了车辆工程等78个新兴的目录外专业。从以下图4.7可以看出，目录外专业无论在数量增长或专业布点数，1998—2008年的10年内均增长迅速，工学被拓展设置的数量最大，达到28种，其次是管理学，12种。目录外专业的大量增设，满足了浙江先进制造业与现代服务业发展的需求。

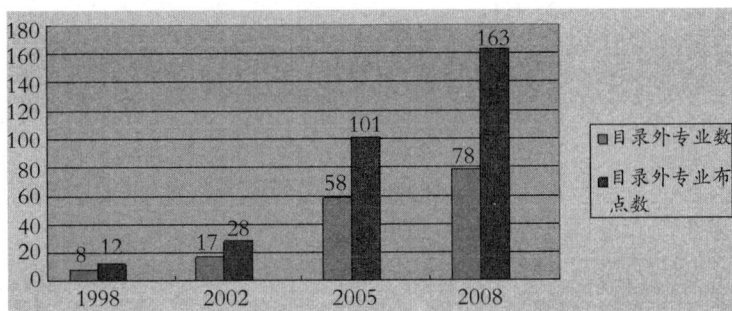

图4.7　1998—2008年浙江省目录外专业数及布点

2. 专业设置与第二产业适应性分析。

浙江省的第二产业GDP占到总量的53%以上，是个制造业大省，在浙江经济发展中起到举足轻重的作用，因此为之设置的专业和培养的人才是否合适也显得十分重要。浙江省高校在第二产业领域中设置的专业和培养的人才存在以下四个特征：

（1）化学工程和能源动力类专业的设置数远低于其相关产业的生产总产值在第二产业中所占的比例。

（2）材料机械类专业的设置数也低于其相关产业的生产总产值在第二产业中所占的比例。

（3）电气信息类专业的设置数虽高于其相关产业的生产总产值在第二产业中所占的比例，但浙江高校设置的电气信息类专业和招生量有将近一半是计算机类和信息类专业，此类毕业生以后从事的工作基本为第三产业，因此，其他电子、通信、自动化等专业实际占到的比例实在是太少。

（4）浙江有一定的矿藏资源，但地矿类与测绘类专业没有布点。

（二）从浙江优势产业看专业设置

从表4.5可知，近10年来，浙江省的经济发展迅猛，越来越多的行业跻身全国前列，尤其是制造业。2006年，浙江工业中占全国同行业产值10%以上的行业有17种，这些行业的发展对浙江省的专业设置产生的较大的影响。这种影响体现在：

一是理工科类专业布点显著增加；二是与这些行业相对应的经济、管理等专业的人才需求明显增加，带动了相关专业的发展。

表 4.5 1985—2006 年浙江工业占全国同行业产值 10% 以上的行业

年份	行业及占全国同行业产值比重（%）
1985年	交通运输设备制造业（13.3）、塑料制品业（11.2）
1990年	纺织业（11.4）、塑料制品业（11.2）、皮革毛皮羽绒及其制品业（10.0）
1995年	纺织业（18.8）、服装及其纤维制品制造业（16.7）、塑料制品业（14.7）、皮革毛皮羽绒及其制品业（14.4）、化学纤维制造业（11.4）、电气机械及器材制造业（10.7）、仪器仪表文化办公用机械制造业（10.6）
2006年	化学纤维制造业（38.7）；废弃资源和废旧材料回收加工业（33.4）；皮革、毛皮、羽毛（绒）及其制品业（23.5）；纺织业（22.7）；工艺品及其他制造业（19.0）；纺织服装、鞋、帽制造业（18.0）；塑料制品业（17.6）；文教体育用品制造业（16.4）；家具制造业（15.4）；通用设备制造业（14.6）；金属制品业（12.9）；电气机械及器材制造业（12.8）；造纸及纸制品业（11.7）；印刷业和记录媒介的复制（11.5）；仪器仪表及文化、办公用机械（11.4）；橡胶制品业（10.2）；木材加工及木竹藤棕草制品业（10.2）

（三）基于招生视角——学生及家长的专业选择与对未来发展的判断

根据2004年至2008年浙江省普通高校高考志愿的统计数据，我们对全省各高校和专业的第一志愿报考人数、录取人数、第一志愿录取比例、报考录取比例等5个指标进行统计分析，共获得239035个数据。通过指标数据的遴选和比较、排序，从而遴选出考生第一志愿前后十名学校和专业，用来反映近5年浙江省高校考生报考学校和专业的"冷热"程度与实际录取情况，反映考生对高校以及专业的需求情况，同时，也一定程度反映社会对高校专业的需求。

1. 考生第一志愿专业分布情况。

按照考生第一志愿填报数量统计，近几年考生报考人数最多的专业门类是管理、财会、英语、国际金融、建筑、医学、计算机、机械、电子、工程类；而管理类一直高居榜首，财会、英语、国际金融、建筑类等专业报考人数排位有波动；这些专业都是大类专业、适应面较宽、招生人数多的专业。从排名后十位的专业来看：摄影摄像技术、戏剧影视文学、听力学、针织服装、舞台影视技术、表演艺术、茶文化、听力学、家居艺术设计等专业报考人数较少，这些是具有局部适应面、招生人数相对较少的专业。

表4.6 考生第一志愿报考专业排序

年份		专业排序（报考人数）	
2008	前十位	1.管理类（49319）	2.财会类（33783）
		3.英语类（29503）	4.国际金融类（23256）
		5.建筑类（20849）	6.医学类（12460）
		7.计算机类（11182）	8.机械类（10036）
		9.金融学（10011）	10.工程类（9497）
	后十位	10.景区设计管理类（41）	9.游戏软件（40）
		8.微电子学（25）	7.人物形象设计（15）
		6.听力学（15）	5.针织服装（13）
		4.舞台影视技术（10）	3.摄影摄像技术（8）
		2.观光农业（6）	1.表演艺术（2）

年份		专业排序（报考人数）	
2007	前十位	1.管理类（120957）	2.国际金融类（84791）
		3.英语类（82744）	4.财会类（75448）
		5.建筑类（44316）	6.计算机类（26236）
		7.医学类（26121）	8.工程类（25653）
		9.电子类（25329）	10.机械类（22619）
	后十位	10.交通运输及控制技术（81）	9.艺术设计（78）
		8.种子生产与经营（78）	7.人物形象设计（48）
		6.有机化工生产技术（45）	5.针织服装（38）
		4.听力学（28）	3.政治学类（28）
		2.摄影摄像技术（21）	1.戏剧影视文学（3）
2006	前十位	1.管理类（53340）	2.英语类（26672）
		3.财会类（23664）	4.国际金融类（21128）
		5.建筑类（16927）	6.医学类（14345）
		7.计算机类（11087）	8.电子类（10465）
		9.工程类（10232）	10.护理学类（9867）
	后十位	10.听力学（38）	9.农业科技生产类（25）
		8.艺术设计（22）	7.交通运输及控制技术（18）
		6.针织服装（18）	5.政治学类（16）
		4.森林资源保护与游憩（13）	3.检测技术及应用（7）
		2.摄影摄像技术（5）	1.戏剧影视文学（4）
2005	前十位	1.管理类（（50644）	2.英语类（32577）
		3.国际金融类（20028）	4.财会类（18086）
		5.建筑类（15799）	6.医学类（15611）
		7.计算机类（13361）	8.护理学类（11503）
		9.电子类（10358）	10.工程类（10142）
	后十位	10.听力学（23）	9.微电子学（23）
		8.森林资源保护与游憩（21）	7.农业科技生产类（19）
		6.检测技术及应用（12）	5.资产评估（12）
		4.书法学（11）	3.植物保护（9）
		2.欧洲事务研究与欧洲关系（5）	1.锁具设计与工艺（1）

续　表

年份		专业排序（报考人数）	
2004	前十位	1.管理类（40601）	2.英语类（19943）
		3.建筑类（17080）	4.医学类（16430）
		5.国际金融类（13721）	6.财会类（12194）
		7.计算机类（11936）	8.工程类（10577）
		9.电子类（9118）	10.护理学类（9081）
	后十位	10.控制与通信（18）	9.听力学（18）
		8.茶文化茶叶加工类（13）	7.家居艺术设计（12）
		6.大气科学（10）	5.应用茶文化学（9）
		4.健康保险（8）	3.品质管理与过程控制技术（8）
		2.商业摄影（6）	1.预科班（1）

注一：表中按照全省考生第一志愿报考专业的人数多少排序，括弧中数据为该专业总报考人数。

注二：

1. 管理类包括：工商管理、公共事业管理、行政管理、工程管理、物流管理、经营管理、旅游管理、人力资源管理等。

2. 财会类包括：财务管理、财务会计、财务信息管理、财政学等。

3. 英语类包括：实用英语、商务英语、应用英语等。

4. 国际金融类包括：国际经济与贸易、国际商务、国际事物与国际关系、报关及国际货运等。

5. 建筑类包括：土木建筑、建筑设计、城市管理、房屋建筑等。

6. 医学类包括：药物制剂、临床医学、中药中医类等。

7. 计算机类包括：计算机多媒体技术、科学与技术、应用、网络技术、计算机管理等。

8. 机械类包括：机械工程与自动化、机械电子、机械制造等。

9. 工程类包括：生物工程、工程类、制药工程、印刷工程、光电工程等。

10. 电子类包括：电子工程、电子商务、电子科学与技术、电子信息科学、电子印刷技术等。

11. 纺织类包括：纺织工程、纺织品装饰艺术设计等。

12. 涉外类包括：涉外旅游、秘书、文秘等。

13. 表演艺术包括：汽车营销与模特艺术等。

14. 安全类包括：安全保卫、工程安全防范、技术安全防范、安全工程、安全技术管理等。

从志愿率与招生人数可以看出冷热门专业差距拉大。经济社会发展对人才需求的变化直接反映在专业招生规模的扩增。近几年浙江省的本科教育热门专业和冷门专业招生人数明显拉开距离。1999年到2005年期间，招生人数增幅最快的分别是信息与计算科学、人力资源管理、动画、工程管理、公共事业管理、建筑学、护理学、日语、光信息科学与技术、药学、应用心理学、播音与主持艺术、电子商务、雕塑、生物科学、行政管理。同期，招生人数减少最快的15个专业进行排名分别是：航海技术、地球化学、农业电气化与自动化、基础化学、农业建筑环境与能源工程、农业机械化及其自动化、运动训练、茶学、水文与水资源工程、档案学、农业水利工程、应用气象学、蚕学、图书馆学、地质学等。由此可见，传统产业人才需求下降，新兴产业人才需求迅速提升。

大学本科专业扩招是沿着两个方向发展，一个是随着人才市场需求的热点变化，迎合考生的志愿、社会热点、就业等问题发展。就业形势好的专业，往往会成为考生的热点专业，从而考生志愿就会大幅度增加，学校也会跟随考生的志愿调整专业设置。凡是专业面比较窄、考生报考人数下降的专业，也逐渐萎缩。说明浙江省高校学科专业的设置建设受市场就业热点影响并通过调整，适应市场需求。

表4.7 浙江省高校招生人数前15位专业名称与人数统计表

专业	年份的人数							平均数
	1999	2000	2001	2002	2003	2004	2005	
英语	1281	1985	3074	4229	4688	4972	5695	3703.429
计算机科学与技术	2277	2353	4195	4787	3497	2783	4255	3449.571
艺术设计	663	1251	2384	3317	2922	3419	4009	2566.429
国际经济与贸易	596	1272	2084	2745	3498	2765	4669	2518.429
法学	915	1154	1404	2592	3041	3174	3243	2217.571
工商管理	841	1406	1256	1751	1301	3743	3076	1910.571

	年份的人数							
电子信息工程	968	1020	1552	1831	2098	1917	2803	1741.286
中国语言文学类	1403	1065	1425	1521	137	2582	3421	1650.571
机械设计制造及其自动化	1306	908	615	1322	1655	2442	2283	1504.429
数学与应用数学	1176	1001	1022	1345	1359	2017	1496	1345.143
会计学	772	676	913	1425	1476	1339	2186	1255.286
信息管理与信息系统	462	815	1211	1471	1441	1491	1699	1227.143
经济学	588	347	636	439	1516	3495	1416	1205.286
土木工程	535	659	888	989	887	2049	2308	1187.857
临床医学与医学技术类	760	708	300	1539	1116	1771	1914	1158.286

资料来源：根据浙江省教育厅编《浙江省教育事业统计资料》1999—2005年整理。

表4.8 浙江省高校招生人数增长速度最快的前15位专业名称与人数统计表

专业	1999（人）	2000（人）	2001（人）	2002（人）	2003（人）	2004（人）	2005（人）	平均年增长速度
信息与计算科学	79	394	844	1140	1272	1337	1233	243.46%
人力资源管理	35	147	387	364	400	571	542	241.43%
动画	0	0	31	249	74	292	342	220.65%
工程管理	0	0	0	63	108	572	534	211.90%
公共事业管理	91	222	259	479	475	1173	1145	193.04%
建筑学	73	119	181	420	309	636	866	181.05%
护理学	117	308	408	478	669	1055	1284	166.24%
日语	104	163	158	233	458	930	1123	163.30%
光信息科学与技术	0	0	37	226	215	184	299	161.62%
药学	78	56	230	426	615	860	824	159.40%
应用心理学	33	31	0	204	96	208	331	150.51%

专业	1999（人）	2000（人）	2001（人）	2002（人）	2003（人）	2004（人）	2005（人）	平均年增长速度
播音与主持艺术	0	0	0	31	72	137	178	143.55%
电子商务	0	0	133	318	745	842	941	141.50%
雕塑	0	60	29	21	179	125	80	137.22%
生物科学	137	508	586	574	998	1522	1219	131.63%

资料来源：根据浙江省教育厅编《浙江省教育事业统计资料》1999—2005年整理。

（四）就业视角——基于近3年就业率分析

近3年浙江省28所本科院校共有应届毕业生239216人，就业人数220615人，毕业生人数平均每年增长11966人，未就业总数达到18601人，平均每年有6200人未就业，3年平均就业率保持在92.22%。

表4.9 近3年本科毕业生初次就业率统计

年份\项目	2006			2007			2008			合计		
	毕业生人数	就业人数	初次就业率	毕业生人数	就业人数	初次就业率	毕业生人数	就业人数	初次就业率	毕业生人数	就业人数	初次就业率
本科毕业生	68277	63206	92.57	79954	73250	91.62	90983	84159	92.49	239216	220615	92.22
增长率	23.95	23.30	-0.49	17.10	15.89	-0.95	13.80	14.89	0.87			

高校扩招以后，高等学校的办学自主权进一步扩大，但由于受市场需求的影响，高等院校学科专业设置偏重于市场需求大、学生报考人数多的学科和专业，使学科和专业结构发生了偏移（见表4.10）。

表4.10 1998、2005年浙江省普通高校各学科在校生数及比例状况

学科门类		哲学	经济学	法学	教育学	文学	历史学	理学	工学	农学	医学	管理学
1998年	在校生数（人）	158	19561	4838	3887	16924	1689	13053	42346	2594	8493	44160
	所占比例（%）	0.14	17.23	4.26	3.42	14.91	1.49	11.50	37.30	2.28	7.48	17.1
2005年	在校生数（人）	0	61915	22221	30400	109692	1032	35603	200845	5485	42783	125319
	占比（%）	0	8.30	3.55	4.86	17.54	0.17	5.69	32.12	0.88	6.84	20.04

注：管理学学科从2001年开始列入统计，1998年数据为2001年数字。

　　浙江高等教育长线专业和工科专业都有不同程度的下降，而管理学、文学和教育学均有不同程度的增长。根据浙江省"十一五"发展规划，产业结构调整的重点是："建设先进制造业基地，合力打造中高档纺织、品牌服装及皮革、电子信息及电气等10大产业集群，以及20个左右国内重要的制造基地，提升战略地位；加强自主创新，提升产业国际竞争力，优先发展具有重大带动作用的高技术产业。大力发展生物医药、高效低毒残留农药和医疗器械，积极开发新材料、新能源和先进环保技术，着力提升研发和工艺水平，在电子通信设备、输变电设备、环保专用设备等领域有新突破；加快发展现代服务业，把服务业作为新的经济增长点和结构调整的战略重点，建立'高增值、强辐射、广就业'的服务业体系，提高服务业对经济增长和全社会就业的贡献率。"但是，从目前学科专业布局的现状来看，似乎与之不尽切合。专业门类消长的原因，部分反映了市场对人才的需求，其中有些是必需的，但也不排除受到学生求学趋向和功利倾向的影响。浙江省实施打造制造业大省的发展战略，对工科专业的人才一直是供不应求，因此，应从战略高度进一步优化高校学科专业结构。

　　从表4.11我们可以发现部分专业设置重复，已影响到毕业生充分就业。2007年浙江省有50个本科专业的布点数比1998年增加10个以上（含），共布点1044个，净增900个，分别占专业布点总数和净增总数的65.17%和67.26%。2007年50个重复设置本科专业共有毕业生59321人，与2005年相比，净增20257人，分别占全省本科毕业生总数（79954人）和毕业生净增总数（24868人）的74.19%和81.46%。而表中专业数仅占全省本科专业数（224）的22.32%。这表明浙江省高校专业设置重复已相当严重，从而不同程度地影响到毕业生的就业。与2005年相比，除物流管理专业外，2007年浙江高校有六成以上的重复设置专业毕业生就业率均有不同程度的下降，应用心理学、对外汉语、药学、数学与应用数学4个专业的毕业生就业率分别下降了17.3、13.1、11.0和10.8个百分点，临床医学、行政管理、应用化学、美术学、动画、护理学、环境科学、生物科学、生物技术、英语10个专业的毕业生就业率也分别下降了9.08、8.51、6.17、5.94、5.81、5.73、5.19、4.74、4.34和4.25个百分点。

表4.11 1998、2007 年浙江高校相关专业布点变化及毕业生就业状况

排序	专业名称	布点个数			毕业生人数			就业率	
		1998	2007	增加数（人）	2005	2007	增减量（人）	2005	2007
1	英语	7	46	39	2786	4571	1785	94.62	90.37
2	计算机科学与技术	8	45	37	5298	4706	−592	92.39	92.52
3	电子信息工程	4	37	33	1836	2345	509	96.35	93.94
4	市场营销	5	36	31	436	771	335	93.58	93.13
5	信息与计算科学	1	32	31	983	1372	389	87.89	92.20
6	信息管理与信息系统	4	34	30	1597	1808	211	88.04	88.66
7	国际经济与贸易	6	36	30	2781	4863	2082	92.66	91.14
8	汉语言文学	6	35	29	1322	2162	840	89.64	88.90
9	艺术设计	4	31	27	1287	2580	1293	95.34	92.75
10	法学	5	32	27	1874	3137	1263	85.75	85.46
11	日语	3	27	24	149	444	295	89.26	97.52
12	广告学	2	24	22	568	866	298	96.13	92.96
13	工商管理	6	28	22	1585	2185	600	88.07	90.34
14	生物技术	1	22	21	290	795	505	91.38	87.04
15	财务管理	5	25	20	670	1233	563	94.93	94.97
16	机械设计制造及其自动化	7	26	19	643	1447	804	97.05	97.17
17	土木工程	3	22	19	853	1493	640	94.84	95.58
18	电子商务	0	19	19	56	811	755	96.43	93.09
19	公共事业管理	2	21	19	493	950	457	92.09	91.68

排序	专业名称	布点个数			毕业生人数			就业率	
		1998	2007	增加数（人）	2005	2007	增减量（人）	2005	2007
20	通信工程	3	20	17	1479	1439	−40	94.52	95.07
21	旅游管理	2	19	17	621	887	266	92.91	95.04
22	行政管理	1	18	17	142	380	238	99.30	90.79
23	数学与应用数学	6	22	16	821	1051	230	94.28	83.44
24	环境科学	1	17	16	164	465	301	95.73	90.54
25	生物工程	2	17	15	341	787	446	95.31	93.27
26	工程管理	0	15	15	58	107	49	98.28	96.26
27	会计学	6	21	15	1001	1908	907	94.21	90.83
28	物流管理	0	15	15	0	281	281	−	97.15
29	经济学	3	17	14	359	374	15	94.99	95.19
30	建筑学	2	16	14	168	436	278	98.21	98.39
31	护理学	1	15	14	285	709	424	98.25	92.52
32	动画	0	13	13	32	310	278	100	94.19
33	电子信息科学与技术	1	14	13	437	602	165	90.39	89.37
34	自动化	5	18	13	901	1050	149	96.45	96.10
35	应用化学	3	15	12	260	401	141	97.69	91.52
36	生物科学	6	18	12	685	882	197	92.84	88.10
37	工业设计	4	16	12	639	986	347	93.90	92.60
38	电气工程及其自动化	1	13	12	420	661	241	94.05	95.76
39	环境工程	2	14	12	280	458	178	92.50	94.76
40	药学	1	13	12	219	644	425	95.43	84.47
41	金融学	4	15	11	1140	1640	500	89.82	91.40

续 表

排序	专业名称	布点个数			毕业生人数			就业率	
		1998	2007	增加数（人）	2005	2007	增减量（人）	2005	2007
42	应用心理学	1	12	11	19	260	241	100	82.69
43	人力资源管理	0	11	11	257	398	141	94.55	95.98
44	社会工作	0	10	10	39	292	253	82.05	88.70
45	教育技术学	1	13	12	426	440	14	86.62	90.45
46	社会体育	0	10	10	281	407	126	75.09	90.91
47	对外汉语	0	10	10	22	145	123	100	86.90
48	美术学	4	14	10	476	544	68	97.48	91.54
49	化学工程与工艺工程	2	12	10	464	517	53	93.75	95.74
50	临床医学	3	13	10	1121	1321	200	88.94	79.86
	合计	144	1044	900	39064	59321	20257	92.45	91.33
	全省专业	264	1602	1338	55086	79954	24868	93.06	91.62
	所占比例（%）	54.55	65.17	67.26	70.91	74.19	81.46	—	—

注：表中所列专业均为专业布点增加量≥10个的专业。专业布点数包括民办独立学院。

（五）基于比较视角——与各高等教育强省

1. 各省经济社会发展与学科专业设置情况比较分析。

浙江的高等教育原先底子较薄，与其他一些省份相比存在着一定的差距，为此，我们选取了经济社会发展与高等教育发展较快的其他8个省份做比较，分析目前浙江省专业设置与调整过程中存在的问题与不足。

从GDP总量与人均GDP来看，浙江省位居这9个省份的第二，而专业总数却位居倒数第二，连江苏省一半都未到，二者存在着明显的不协调性。从在校生人数来看，浙江省位居第五，达到了540390人（2007年数据），平均每个专业在校生人数达到509人，高于425人的平均水平，2007年平均每个专业毕业生人数达到100人，由此可见专业教学压力明显增加。与浙江经济社会发展的水平相比，浙江省的专业布点数明显不足，一方面是由于原先的高校办学基础薄弱，专业布点较少，再加上本科院校数量又是9省中最少的，另一方面是浙江省的高职教育发展迅速，承担了职业技术人才培养的任务。

从GDP的构成来看，浙江省的一产、二产、三产的比例分别是5.1%、53.89%和41.01%，与江苏、上海极为相似。从理论上讲，与"二、三、一"相匹配的学科专业结构理、工、文、管应该占有较大的比例。江苏省本科院校该四类专业所占比例为81.58%，其中工学占35.06%，理学占13.63%，管理学占21.17%，文学占14.65%，总体符合江苏的产业结构。浙江省本科院校该四类专业所占比例为67.73%，其中工学占23.34%，理科占14.41%，管理学占14.41%，文学占16.53%，工科类专业比例偏低，与产业结构和先进制造业的发展不相符合。

2. 优势本科专业的省际比较分析。

根据中国大学评价课题组与武汉大学中国科学评价研究中心发布的2007—2009年中国大学排行榜的基本数据进行分析。

综合两家排名，浙江省本科院校优势本科专业逐年小幅增加，总数约为150个。其中，优势专业最多是的浙江大学。根据中国大学评价课题组2007—2009年三年评价排名中，浙江大学优势专业数量分别占浙江省优势专业总数的68.94%、63.19%和59.73%；特别是在工学、理学、医学、农学等自然科学方面，浙江大学分别占据了90.16%、82.81%和84.85%。在中国科学评价研究中心发布的2008年和2009年排名中，其优势专业数量也分别占49.69%和50%。

我们统计分析浙江省与江苏等高教强省普通本科院校排名A等及以上优势专业的数量及其在学科门类上的分布。相对于江苏、广东、湖北等高教强省，浙江省普通本科院校的优势专业数量相对偏少，如在武版和邱版排名中浙江优势专业总数分别为143个和156个，而江苏、广东、湖北等省相应的优势专业数为248个和358个、155个和287个、164个和281个。就学科门类分布的总体趋势而言，浙江省与江苏等高教强省相类似，优势专业主要集中在理学、工学、文学和管理学，以武版排名为例，江苏、辽宁、山东、广东、陕西、湖北、浙江、湖南、黑龙江和吉林各省上述四个学科门类的优势专业分别占优势专业总数的78.23%、76.71%、80.88%、65.81%、83.00%、72.56%、74.13%、80.36%、80.00%、79.03%。就具体的学科门类分布而言，浙江省普通本科院校优势专业在理学、工学上的分布比重相对低于其他高教强省，如以邱版排名为例，江苏、辽宁、山东、广东、陕西、湖北、浙江、湖南、黑龙江和吉林各省优势专业在理学上的比重分别为20.67%、8.49%、18.50%、14.98%、18.72%、15.66%、14.10%、17.68%、13.74%、20.41%，各省优势专业在工学上的比重依次为31.84%、38.68%、22.03%、20.21%、43.38%、28.47%、23.08%、32.32%、40.46%、29.93%；浙江省在管理学方面的优势专业比重略高于其他高教强省，如在邱版排名中，江苏、辽宁、山东、广东、陕西、湖北、浙江、湖南、黑龙江和吉林各省优势专业在管理学上的比重依次为13.13%、12.74%、14.54%、18.47%、12.79%、17.79%、20.51%、12.08%、12.98%、7.48%；浙江省在哲学、法学和历史学方面的优势专业数明显少于其他高教强省，尤其是哲学方面，这也是浙江省相对于其他高教强省表现出来的薄弱环节。

表4.12 与江苏等高教强省高校优势本科专业数及其学科门类分布比较分析

	理学		工学		农学		医学	
	武版	邱版	武版	邱版	武版	邱版	武版	邱版
江苏	36	74	67	114	11	15	15	18
辽宁	4	18	30	82	0	6	8	14
山东	15	42	21	50	4	10	3	13
广东	16	43	28	58	6	8	21	36
陕西	12	41	48	95	9	9	2	4
湖北	21	44	37	80	6	8	7	13
浙江	13	22	37	36	8	7	6	12
湖南	4	29	21	53	3	7	3	10
黑龙江	4	18	30	53	4	6	7	12
吉林	18	30	11	44	1	3	0	3

表4.13 与江苏等高教强省高校优势本科专业数及其学科门类分布比较分析（续）

	哲学		经济学		法学		教育学		文学		历史学		管理学	
	武版	邱版	武版	邱版	武版	邱版	武版	邱版	武版	邱版	武版	邱版	武版	邱版
江苏	1	1	6	13	7	14	12	15	59	46	2	1	32	47
辽宁	0	0	5	13	0	9	4	9	4	34	0	0	18	27
山东	0	1	1	10	0	6	3	14	13	45	2	3	6	33
广东	2	2	9	23	4	18	8	10	36	33	3	3	22	53
陕西	0	0	4	6	0	3	2	7	3	21	0	5	20	28
湖北	1	1	8	18	8	20	12	8	28	35	3	4	33	50
浙江	0	0	5	13	3	3	15	8	25	22	0	1	31	32
湖南	0	0	3	7	0	8	2	6	7	21	0	2	13	21
黑龙江	0	0	0	4	0	3	0	1	3	17	0	0	7	17
吉林	1	1	2	5	3	11	6	8	12	28	0	3	8	11

表4.14 与江苏等高教强省高校优势本科专业数及其学科门类分布比较分析（续）

	自然科学合计		社会科学合计		优势专业总计	
	武版	邱版	武版	邱版	武版	邱版
江苏	129	221	119	137	248	358
辽宁	42	120	31	92	73	212
山东	43	115	25	112	68	227
广东	71	145	84	142	155	287
陕西	71	149	29	70	100	219
湖北	71	145	93	136	164	281
浙江	64	77	79	79	143	156
湖南	31	99	25	65	56	164
黑龙江	45	89	10	42	55	131
吉林	30	80	32	67	62	147

通过上述比较和分析（表4.12，表4.13，表4.14），浙江省的优势专业在总量上相对偏少，与浙江省产业转型升级的要求还有差距。从学科分布上看，主要集中在理、工、文与管理学，总体符合浙江的产业结构。但社会科

学类要多于自然科学类。从院校分布来看，大部分集中在浙江大学，而地方性院校相对较多，不利于其他高校的发展。

四、浙江省高校专业结构与区域经济结构适切度的评价与对策建议

（一）综合评价与基本结论

1. 浙江省高校专业结构总体上适切经济社会发展需要。

近10年来，浙江省高校结合浙江经济社会发展的需要及高等教育大众化的要求，通过规模化的专业增设与局部的专业改造，业已形成覆盖经济各部门与各产业的较为齐全的学科专业结构，一方面满足了区域经济发展对人才的需求，另一方面通过专业的规模化发展实现了浙江高等教育的跨越式发展。

一是支持了浙江快速发展对各类人才的需求。民营、块状、外向、多元化特征为主的浙江经济发展特点必然要求高校提供多样化的人才支撑，这种支撑直接表现在专业的规模化发展。截至2008年底，全省本科专业布点数达到1131个，涉及11大学科门类，71个专业类别，249种专业。专业布点数比1998年的265个增长了3.27倍，高校平均专业布点数由1998年14.7个增加至2008年的37.7个，平均每年增长2.3个。招生数由1998年的21712人增至2008年的129863人。专业数的增长与招生人数的增加极大地满足了经济社会发展的人才需求。

二是初步形成了具有浙江特点的学科专业结构。从专业布局来讲，高校强调了"错位发展、差异竞争"的路径选择，围绕区域产业与文化特点合理布局学科专业，科学定位人才培养目标。从专业层次来讲，在全国率先启动了省级重点专业建设，形成了200个具有一定特色、学科优势的重点专业，获得了71个国家特色专业立项建设。从专业面向来讲，主要面向区域经济社会发展，突出"应用型"特征。

三是初步实现了专业发展与产业发展的良性互动。浙江省目前形成了"二、三、一"的产业结构特点，二、三产业产值达到了92.9%，与之相对应的工学、理学、文学、管理学等学科专业占到了专业种数的78.25%。适

应产业结构调整，增设了78种目录外专业，体现社会对新兴学科与应用学科的发展要求。同时，浙江高速发展的经济状况，中小企业量大的特点也为高校各专业的毕业生提供了广阔的就业市场，近三年来，本科专业平均就业率达到了92.22%。

四是体现了多方需求。高校、市场（政府）、家长（学生）各方意愿综合体现在学科专业设置与建设。在一级学科门类中，工学和管理学是分布最为广泛的两大学科门类，在二级学科门类中计算机科学与技术专业、电子信息类、英语、机械设计制造及其自动化等相关专业的布点最多、招生幅度增长最快。同时，一些文科类热门短线专业的纷纷扩招，既是省属高校自身利益驱动的结果，也是市场对高校专业结构的调节和配置作用的结果。

2. 浙江省高校学科专业与浙江经济社会发展的不适应性问题。

学科专业结构始终处于不断优化之中，浙江省高校学科专业结构与经济社会发展的关系处于一个动态变化过程中。从局部和浙江经济社会发展的趋势来看，目前浙江高校的学科专业结构还存在着诸多不适应方面，具体表现在：

一是从专业层次来看，目前浙江省的本科专业发展不平衡，层级不明显，发展梯队尚未形成跨越式的专业规模发展与相对薄弱的办学基础，使得浙江省的专业发展水平仍于"初级阶段"，区域与区域之间、校与校之间、专业与专业之间发展极不均衡。浙江大学一枝独秀，二、三梯队断层。根据中国大学评价课题组与武汉大学中国科学评价研究中心发布的2007—2009年中国大学排行榜的基本数据进行分析。综合两家排名，浙江省高校优势本科专业逐年小幅增加，总数约为150个，但数量分布极不均衡，浙江大学一枝独秀，凭其一家就占据了一半以上的优势专业。比如在武版排名中，2007、2008和2009年评价中，浙江大学优势专业数量占浙江省优势专业总数分别为68.94%、63.19%和59.73%，在2008年邱版排名中，其优势专业数量也占到了49.69%。也就是说，浙江大学而外，所有浙江高校优势专业总数加起来也不及浙江大学。就自然科学与人文社科大类而言，浙江大学优势专业比重之高集中在自然科学方面，如在2007—2009武版排名的自然科学方面的优势专业中，浙江大学分别占据了90.16%、82.81%和84.85%。从院校分布的情况来看，这与浙江省经济社会发展的总体要求是不相适应的。从学科分布来看，社会科学类优势专业稍多于自然科学类优势专业，其中主要集中在工学、管理学、文学、教育学和理学，医学、历史学、法学类的优势专业相对稀少，而哲学近三年都无优势本科专业，这可能是浙江省本科教育的薄弱之处。从区域分布来看，极不平衡，80%以上优势专业分布于在杭高校。就在杭的学校而言，分布在杭的优势专业又主要分布在浙江大学。特别是一些支撑区域经济发展特色的专业建设水平不高，尚未形成优势与特色，缺乏竞争力，不足以在较高的水平上支持经济社会的发展。

从数量与结构来看，浙江省的优势本科专业尚未形成与浙江经济实力与经济结构特点相一致的发展态势。

二是从专业结构来看，基础学科与应用学科协同发展不够，科类结构有待改善，高校专业设置趋同化明显，重复度过高，基础学科专业布点少，高校发展缺乏后劲。数学、物理、化学等基础学科专业布点少，主要分布在师范院校。基础学科专业毕业生是继续深造的很好苗子，对未来学科发展起到引导作用。政府对基础学科专业和应用性学科专业应该实现差别对待，给基础学科专业招生财政补贴大于应用性学科，以鼓励高校对基础学科专业的长期投入。同时，受市场影响，部分应用型专业如电子商务、物流管理等专业发展过快，出现"供过于求"的现象。

"二三一"的产业结构要求与之相适应的专业结构尚未完全形成，工科类专业比例与其他发达省份相比，明显偏低，特别是与主导产业相对应的专业设置明显偏少。高校之间"错位发展、差异竞争"的意识不强，专业设置的趋同性明显，平均专业布点数由1998年14.7个增至2008年37.7个。近10年，浙江省的专业布点数有了较大规模的增长（265—1131），但专业种数增长不大（123—235，包括目录外专业种数），平均专业布点数4.8个，管理学、经济学、文学门类的专业平均布点数居前三位，浙江地区高校分别为11.58个、8.78个、8.71个，省属院校分别为11.83个、8.33个、9.11个。浙江省所有高校的本科布点数在30个以上的专业有12种，英语、计算机科学与技术是浙江省高校专业布点数最多的两个专业，分别达到了47个和46个。从1999—2005年招生人数看，英语、计算科学与技术等专业平均招生数达到了

3000人以上，出现了人才过剩的趋势。

据2006年数据显示，浙江省第二产业中有17个行业的产值占全国同行业产值10%以上，这些行业所涉及的主要是化工、机械、轻工纺织、电气信息等类别专业。从前面的数据中我们已知浙江省高校在这四大类专业的布点数和招生量都与其在经济社会中的地位不相符，远远不能满足社会的需求。随着支柱产业的进一步发展，这个缺口将会越来越大。因此在浙江未来几年的经济发展过程中这四大类专业人才将大量需求，这种现象已经在近几年的毕业生就业工作中出现。

三是专业内涵建设不够，特色不明显。专业数增长过快，办学基础不扎实。由于办学规模迅速扩大，大多数学校年增加的新专业达到教育部规定的6个上限，一次性申报10多个新专业的高校也比比皆是。一个新专业建设需要一个过程，师资、设备、投入等都需要较长时间积累，一次性增设专业过多，质量很难得到保证，尤其是计算机、信息、外语、经贸类等热门专业的教学基本建设较薄弱，甚至一个新专业无一名具有高级职称专业课或专业基础课专任教师，反映了专业办学基础不够坚实。

特色专业、优势专业、重点专业不明显，综合实力不强。从专业数量看，目前浙江省高校学科专业已经较多，但是，具有浙江特色的高校学科专业布点十分有限。高校学科专业设置、建设存在千篇一律的现象，培养的模式、专业教学计划也是大同小异。强势专业、品牌专业、优势专业在浙江省地方高校中很难找到。但是，高校学科专业人才培养如何体现浙江经济产业特色、区域经济发展特色等方面，没有足够的显示。从另一个角度分析，浙江省高校学科专业在全国水平、定位、特色、模式与浙江经济、产业在全国的定位是不相称的。

重专业申报，轻专业建设。近年来浙江省高校申报专业增设的积极性较高，专业布点面逐渐扩大，但是在教育教学质量方面遇到一些新问题，一是教学条件的问题较为突出，特别是部分大学的办学条件较差，教师数量不足、素质亟待提高，实验设备难以满足实验教学的需要；二是学科及专业结构的矛盾日益突出；三是就业形势较为严峻；学科专业结构自我发展、自我调整的调节机制尚未形成。一方面高校在一定范围内拥有自主设置、调整学科专业的自主权，另一方面高校缺乏自我发展、自我调整的专业管理机制，增设、调整专业有较大的盲目性。高校持续扩招使得学校原有的专业师资、实验条件严重不足。学校为了追求短期的利益，专业设置跟风现象比较严重，没有考虑人才培养的滞后性和自身办学条件，完全被动地适应社会就业热点、考生志愿热点调整专业。这种现象的直接后果是高校专业内涵缺乏、教学质量缺乏特色、培养质量下降。

高校学科专业的调整难以引导，主动适应经济建设、社会发展可持续发展。以就业为导向的高校专业设置与调整模式，不是长线专业建设方式，是随着社会热点变化而变化，缺乏前瞻性，预见性不足。高校培养人才的周期较长，而一般企业产品市场热点只有1—3年周期。当市场热点企业和产业对人才需求产生强烈的需求信号时，高校要适应这种热点，从开始筹备专业到人才培养产出，至少需要5年时间。等到高校专业人才产出的时候，企业和产业热点可能会转移。所以，高校专业人才培养跟随社会人才需求热点只是一种被动的模式。如何主动地适应产业、经济、社会长期发展的机制还没有形成。

（二）对策与建议

根据对浙江专业结构与区域经济结构对接现状做出的分析和得出的相关结论，分别从宏观和微观上提出相关政策建议。

1. 政府从宏观层面通过学科专业结构调整，引导高校科学定位，实现特色办学、和谐发展的目标。

（1）分层进行战略规划，通过科学定位，特色办学，实现和谐发展

主管部门加强对专业建设的宏观指导，根据经济社会发展的需要，对全省专业结构的科类、层次、区域分布等做出指导性意见。通过浙江省"十二五"教育规划的制定，进一步明确浙江省学科专业结构调整与内涵提升的方向与任务。

指导高校进行战略规划。以分类指导思想积极引导高校科学定位，推进各高校学科专业建设与结构优化，形成办学特色。战略规划的编制要根据国家中长期发展战略需要、浙江经济社会发展需要、浙江高等教育强省发展

需要、兼顾学校现有基础和可持续发展的需要，理性选择发展定位，并规划各自学科专业建设与结构优化调整。高校在定位规划中，应立足本单位现有基础，突出社会适应性，突出学科专业历史传承、现有特色与优势，确定重点发展的学科专业。

（2）结合地方经济社会发展，启动示范性地方应用型本科高校建设

"十二五"期间，根据不同区域产业结构特点与文化特点，选择若干以服务区域经济社会发展、应用型人才培养为目标的地方性本科高校开展"示范性地方应用型本科高校"的试点建设工作，在国内率先建立应用型人才培养的品牌学校。试点高校选择应突出区域、产业与专业的结合度，针对不同区域、产业增强专业人才培养的适应性。

（3）加快紧缺人才培养，实施人才培养基地建设

根据产业结构转型升级的需要，优化专业结构，对应产业集群形成专业群，以专业群基础构筑人才培养基地，加快紧缺人才培养。针对至2012年浙江省重点建设的90个产业集群，选择一批具有学科基础、优势突出的适应产业集群的学科专业群，通过资源优化、结构改造、课程重组，实施省高校紧缺人才培养基地建设。

（4）强化合作，坚持"产学研"相结合的发展道路，提高专业建设水平与效益

加强地方政府、产业、高校的合作，政府要在政策、经费、机制上推动与保障"产学"合作。高校要加强应用研究、科技成果转化，通过"研"来推动"产学"合作，在服务地方经济发展中取得发展，在贡献地方经济社会发展中取得支持。

（5）重心下移，分类指导，进一步扩大高校办学自主权

建立政府宏观调控、高校自主设置、调整专业的管理机制。目前浙江省专业总量已基本符合经济社会发展的需求，下一阶段专业建设的重点是在适量增设专业的基础上，着力于专业结构的调整优化。政府应将专业建设的重心下移至高校，放宽专业合并、撤销及专业方向设置的权限。同时在政策指导、经费投入、考核评价中强化分类指导思想，鼓励不同高校形成学科专业特色和办学特色。

2. 创新机制，强化内涵，着力于学科专业结构优化与品质提升。

（1）增强适应性，开展以科类调整为核心的学科专业结构优化工作

在专业增设过程中依据"总量控制、存量激活"的原则，适度控制专业布点，依据"错位发展、差异竞争"的理念，积极推动高校进行专业结构改造。

根据浙江产业结构特点，积极增设工科类专业，特别是面向先进制造业发展需要的专业，"十二五"期间工科类专业比例达到35%左右，适度增设面向第三产业的经济学、管理学等类别专业，严格控制"四类"专业增设。

第一类为教育部控制布点的16种专业：财政学、金融学、法学、治安学、侦查学、运动训练、运动人体科学、民族传统体育、刑事科学技术、工商管理、会计学、旅游管理、社会学、社会工作、宗教学、飞行技术。

第二类为专业布点数达到30个的12种专业：英语、市场营销、国际经济与贸易、汉语言文学、艺术设计、法学、财务管理、工商管理、计算机科学与技术、电子信息工程、信息管理与信息系统、信息与计算科学。

第三类为近三年来第一志愿率与就业率排名靠后的专业：水利水电工程、卫生检验、麻醉学、医学影像学、眼视光学、口腔医学、公共管理、海洋科学、档案学、医学检验、人物形象设计、听力学、针织服装、摄影摄像技术。

第四类为近几年来招生人数增长最快的前15位专业：信息与计算科学、人力资源管理、动画、工程管理、公共事业管理、建筑学、护理学、日语、光信息科学与技术、药学、应用心理学、播音与主持艺术、电子商务、雕塑、生物科学。

（2）深化教育教学改革，加强专业内涵建设

深化学科专业体制，强化并建立课程适应性机制，通过教学内容与课程体系的改革来增强学科专业的适应性，切实提高专业人才培养的社会符合度。高校应突出教学的前沿性、应用性和专业性，同时必须加强学科专业的交叉渗透，促进文科与理工科的相互交融，鼓励开设新兴的、边缘的、交叉的专业课程，通过加强专业复合，拓宽专业口径，加强专业柔性，不断丰富

学科专业内涵，从而使学生形成比较合理的知识结构和能力结构。

（3）强化社会监督功能，建立专业认证与数据公布制度

借鉴国内外业已开展的专业认证工作的经验，积极推行政府与教学指导委员会相结合的专业认证制度，对高校的专业办学条件、基本标准、人才培养质量进行检查与监督，在此基础上建立专业评估机制，以社会和市场的力量推动高校积极优化专业布局，提高办学质量。"十二五"期间，将从布点较多的英语、计算机科学与技术等专业开始试点，专业定级依次为A、B、C、D四级。同时，在全省范围内对专业状态数据进行公布。数据包括师资、实践条件、招生就业情况、社会评价等。

（4）建立和健全专业信息发布制度，完善信息发布平台

建立多部门联合的信息发布制度，形成人才预测机制。政府部门要对专门人才市场需求的总体情况进行跟踪研究并及时发布相关信息。分析国家宏观经济政策、区域产业结构发展和调整的政策，把握其基本规律和走向，从而确立科学的人才培养规模和结构。

完善教学质量监测数据动态信息发布平台。掌握正确的发展导向，制定科学合理的数据检测标准，对高校年度教学质量与发展状态进行收集整理，并向社会公布，引导高校调整专业设置，进行人才培养制度合理变革。

建立高校毕业生就业反馈机制，及时掌握学生的就业流向。同时建立用人单位对人才需求信息的发布渠道。

（5）加强师资队伍建设，切实提高专业建设水平

建立专业负责人岗位制度。高校对各级专业负责人设置相应岗位，岗位级别与待遇标准参照学科负责人岗位，同时明确岗位职责。

加强专业主干课程教师队伍建设，以主干课程群构建教学团队。同时积极鼓励教师到国外进行进修学习、到企业进行挂职锻炼，提高教师的科研能力与实践能力。

第五章 构建高等教育质量保障体系：
课程建设与教学探索

第一节 我国高校课程建设现状分析与对策

我国高等学校教学质量与教学改革工程已正式启动，这是高等教育工作重心向内涵建设、提高质量转移的重要举措。高校要主动适应工作重心转移的新形势，积极探索提高教学质量的措施和办法。制定提高教学质量的举措，就必须对影响教学质量的因素和环节有足够的认识。高校课程建设不仅决定着大学生的知识结构和能力结构，更是整个人才培养过程中最基本、最关键、最重要的因素和环节，被称为教学的"一线工地"，对教学质量有着直接影响。

一、我国高校课程建设现状

（一）大学课程的内涵

20世纪80年代以来，我国众多学者从不同角度对大学课程的概念进行界定。谢冉博士对此进行了分类，主要有计划方案说、科目总和说、系统体系说、经验进程说、实践说与文化说等6种。在此基础上，从"本质功能"的方式对大学课程进行界定，指出大学课程是不同个体在大学域中发生的个体总体生成的动态过程。[①]大学课程的本质就是大学课程存在的根据，课程传达的是一所大学对教育本质的诠释。潘懋元教授、王伟廉教授曾指出，"根据教育是一种有目的的活动，并结合我国高等教育当前的研究状况，

[①] 谢冉.大学课程：回顾、反思与视角转换[J].现代大学教育,2014（1）:13-18.

'课程'这一概念采用这样的定义是比较恰当的：课程是指学校按照一定的教育目的所建构的各学科和各种教育、教学活动的系统"①，并在随后的论述中将这一系统分解为"目标的确立与表述""课程内容的选择与组织"和"课程实施与评价"。谢安邦教授认为课程有狭义和广义之分："狭义的课程是指被列入教学计划的各门学科，及其在教学计划中的地位和开设顺序的总和。广义的课程则是指学校有计划地为引导学生获得预期的学习结果而付出的综合性的一切努力。与前者相比，广义课程既包括教学计划内的，也包括教学计划外的；既指课堂内的，也指课堂外的；它不仅指各门学科，而且指一切使学生学有所获的努力。"②薛天祥教授对课程的理解从知识拓展到人："高等学校的课程，一方面是知识传播的媒体，另一方面更是知识生产、创新的'胚芽'，涉及人的、教育的发展的各个方面。"③在这些已有的讨论中，往往按照逻辑学原理的种属关系来分析，认为课程是大学课程的属，大学课程是课程的一个种。在逻辑关系上，课程是个上位概念，大学课程是从属于它的下位概念。问题就出在这里，因为课程研究主要是从基础教育实践展开的，基础教育与高等教育有着不同的实践范式，因此大学课程应走出一般课程研究的束缚，在高等教育的视野中寻求自身的意义建构。

（二）国内外高校课程设置现状

美国最优秀的大学能提供五六千门乃至上万门的课程。加州大学可以提供10000门课程。哈佛大学可以提供9000门课程，其中光亚洲史课程就有20多门。以工程教育著称于世界的麻省理工学院开设了600门人文社科课程供本科学生选修，其中单一个音乐学就提供了80门课程，其全校课程之丰富便可想而知了。④美国课程专家近年曾对100所四年制大学和学院的课程做过统计，发现这些大学每年有5%的旧课程消失，同时又增加9%的新课程，

---

①潘懋元,王伟廉.高等教育学[M].福州:福建教育出版社,1995:127.
②谢安邦.高等教育学（修订版）[M].北京:高等教育出版社,1999:235.
③薛天祥.高等教育学[M].南宁:广西师范大学出版社,2001:232.
④张楚廷.大学与课程[J].高等教育研究,2003（3）：73-77.

新增课程中应用类课程占很大比例。[①]

中国最优秀的大学能向学生提供3000—6000门课程，全国"985"高校平均课程3000余门。水例如：2012年，同济大学开设本科课程3368门、复旦大学3189门、中南大学2767门。全国高校开设课程总体情况，见表5.1。

表5.1 全国高校开设课程总体情况统计表

学校类型	开课门数（学校数）	实验课程		教授承担的课程	
		开课门数（学校数）	占总数比例（学校数）	开门数（学校数）	占总数比例（学校数）
"985"高校	3134门（27个）	809门（11个）	15.4%	907门（8个）	28.6%（14个）
非"985"高校	2673门（54个）	355门（16个）	17.2%	490门（21个）	18.3%（25个）
"211"高校	2832门（81个）	540门（27个）	16.52%	605门（29个）	20.89%（38个）

数据来源：教育部高等教育教学评估中心：全国"211工程"高校本科教学质量报告（2012年度）。

从表5.1中可以看出，高校之间课程门数总量差距不是很大。高校开课门数、实验课程门数以及教授承担的课程门数3个指标，都和学校类型呈现正相关性，类型越高，课程门数越多。但教授承担的课程，"985"高校明显高于非"985"高校，将近2倍的差距。

大学课程数量的多少，从一定程度上反映了大学的办学理念与教学水平，增加大学课程门数是高等教育发展的趋势。然而对当前我国高校课程建设进行深入分析，发现我国在课程建设过程中仍存在许多的问题。

二、我国高校课程建设存在的主要问题与成因分析

（一）我国高校课程建设存在的问题

1. 专业建设重学科，轻课程体系。

20世纪50年代以后，按专业培养人才成为我国本科人才培养的特点。虽然近10年专业调整改革，已经改变了专业分类过细、专业面过窄的状况，

[①]阳仁宇,廖正颉,杨永忠.高校课程改革与发展趋势[J].高等理科教育,2003（2）：29-33.

但以专业为主培养人才，仍然是我国高校的主要人才培养模式。

大学是通过传递与探求人类文化科学知识来培养专门人才的，而人类几千年所积累起来的文化科学知识主要是以学科的形式保存并发展的，所以各国大学都以学科发展水平和状态衡量一所大学的发展水平。我国高校的重点资助项目，如"985""211"的立项都以学科建设为主要标准，高等院校的更名、硕博点评审也以学科发展为主要衡量标准。但是，专业是根据学科分类和社会职业分工需要分门别类进行高深专门知识的教与学活动的基本单位①。高等院校的专业发展一方面受学科发展的影响，特别是一些研究型大学发挥学科优势，将在新兴学科、交叉学科中产生新专业，另一方面也受社会职业变化发展的影响，特别是以专业为主要依托以培养本科生为主的普通高等院校，培养的学生要直接面向社会各行各业就业，其专业设置与变革受社会职业变化的影响较大。

近几年，由于我国在高等院校的建设方面比较多地强调了学科建设，就使得用许多高校在专业建设中，只注重专业的学科性成果（比如有多少科研项目、多少学术论文等），而忽略专业建设的另外一个环节——真正将专业取得的学术成就转化为学生知识和能力的载体——课程及课程体系的建设。

课程是向学生传授知识的主要载体，课程体系从狭义上讲是根据专业培养目标所设置的各门课程之间的相互分工与合作构成的，是专业培养目标的具体体现。如果高校在专业建设中忽视或只注重某一学科所涉及一门或几门课程建设，课程难以形成合理的体系，专业培养目标就很难真正实现。所以，只注重学科建设，而忽视课程及课程体系建设，专业教学内容将会变得很贫瘠，学生就难以学到新知识、新技术，培养质量就难以保证。

2. 专业课程体系缺乏合理性，架构不够严密、科学。

人才培养目标的实现主要是通过课程教学进行的。课程建设水平的高低及课程体系的合理、科学性是实现人才培养目标的基本保证。长期以来，高等院校本科基础课程是以学科或科目的形式设置，科目少，内容也很少，而且一门课程一旦确定，其内容和教材会十几年或几十年不变，高校课程内

①薛天祥.高等教育学[M].南宁:广西师范大学出版社,2001:27.

容的选择和组合仍然以学科或科目为主，仍然偏重于理论的、基础的知识，突出表现为过于注重知识内在的逻辑联系，而忽视社会生产和生活中的问题，特别是与人类生存、发展相关联的各种基本问题。许多高校对本科专业培养方案中各类课程开设的目的，什么样的课程组合以及进一步的知识组合能够实现培养目标等问题，在认识上很模糊，在理论研究和实践探讨方面也很欠缺。现在大多数学校的教师开设课程更多地依据传统经验或者模仿别的院校，随意性比较大，开设的课程目的性不明确、主题性不突出。各类课程能够承担什么任务、完成什么目标，怎样架构课程体系才能保证人才目标的实现等问题，缺乏系统规划与论证。无意识、无系统组合就使得课程内容庞杂、学时膨胀，课程之间在内容上、课程价值追求上缺乏分工和协作，课程整体架构就比较粗糙，课程体系缺乏整体合力，课程在高等院校人才培养中的价值就很难实现。这就难怪现在会有许多学生抱怨自己课程学习目的性不明确，课程关联度不高，课程内容重复交叉现象较为严重。这是导致当前高校学生对设置课程缺乏认可度的重要原因。

3. 课程建设水平不高，缺乏特色，创新性不强。

现在高校办学特色不鲜明，在专业设置和课程建设方面表现尤为突出。据有关部门对全国887所高校调查，554所高校设有英语专业，407所高校设有法学专业。浙江省28所本科高校共有1061个本科专业点，文经管类专业占65%，理工农医类专业占35%，排在前5位的专业是英语（25所）、计算机科学和技术（23所）、汉语言文学（22所）、市场营销（21所）、国际经济与贸易（20所），除了计算机专业外都集中在人文经管方面，不是说这些专业不重要，而是专业设置趋同现象严重，一些热门专业、办学成本相对低的专业设置很集中。相同专业在不同高校应有不同的特色，但这些布点较多的专业往往在课程设置上大同小异。据浙江省高校大学外语教学指导委员会提供的材料显示，英语专业开设的专业方向大都集中在热门行业，比如金融、旅游、法律等，且多用中文开设，而非英语或双语授课，各校的选修课设置大多以各自的师资为依托，因人设课现象较为突出，文理知识渗透不够，提高学生综合素质方面的课程过少，复合型高级英语人才的培养目标难以实现。这一现象在高校都求大求全，争相创办综合性大学的发展环境中，专业设置的雷同带来课程设置趋同现象越来越严重，课程建设缺乏特色。

4. **开设课程总量不足，学生可选余地小。**

现在大多数高校都自称实行了学分制，学生都可自行选学各类课程。但实行学分制最基本的条件是要有足够的教师开设足够的可选择课程，学生可自主选择课程、学习进度、教师。但现在我们的高校还远未达到这一基本要求，基本条件也不具备。现在我们的高校课程总数，学科专业覆盖面广的高校能达到3000门，一般本科高校都在2000门左右，有些新建本科高校只有1500门左右，甚至还不到。随着学分制在我国高校的推行，20世纪90年代开始，我国高校本科课程体系中开始出现了公共选修课程（学生自由选修），类别涉及管理学系列、语言基础系列、艺术体育系列、人文社会科学系列、自然科学系列等以通识教育为主的课程。尽管各高校尽力开设这类课程，但由于目前我国一般本科院校在校本科生平均已达到12000余人，在每位本科生所要完成的180个左右的学分中，有8—10个学分是属于自由选修课程。而一般学校每学期推出的公选课门数基本都在100—120门之间，多一些的在150—180门之间，在课程总数上仍然难以满足学生的需求。学生们普遍反映，除了可选课程的数量不足以外，自己想修读的有新意的、教学效果好、深受学生喜爱的优秀课程供给量更是不足。

（二）我国高校课程建设存在问题的成因

1. **课程建设理念落伍。**

由于长期不重视课程建设，高校的课程建设观念相对落后，就课程论课程，忽视课程在整个人才培养计划中的作用。一方面，高校课程建设只是关注一门课程本身的问题，课程是孤立的，零散的；没有与学校的人才培养目标紧密结合起来，更意识不到课程是教育思想的反映和人才培养观念的具体体现。另一方面，课程内容的设计只注重知识的内在逻辑，认为课程就是传授知识，较少考虑如何结合大学生的认知规律，将建构的思想融入课程建设中去，从而设计出能够启发学生创造性和想象力的课程。

2. **课程建设重形式，忽视内涵。**

课程建设是一个不断积累的过程，是主讲教师们长期教学研究与实践的结果。一些高校拿出的教学计划、课程大纲整本整本，格式统一，装订也很精美。但稍细看内容，你会发现课程建设过程中存在着不同程度的追风赶潮、粗制滥造等问题，甚至还有高校间相互照搬的现象。其表现为：课件内容与书本内容完全雷同，照本宣科；对课程、教材、教法的研究不够深入，只在课件制作上下功夫；采用多种方法和多种媒体进行教学，不考虑课程和学生的需要，很多时候为了使用多媒体而使用多媒体，形式很花哨，忽视内容的精练与精彩，其结果是，课程建设成为"花瓶"，只是好看但无实际意义。

3. 师资总量不足，师生比过高。

纵观世界各国的高等教育，师生比都是评价、衡量一所高校教育质量的重要尺寸。以重视本科教育著称的世界顶尖大学普林斯顿大学的师生比一直是1：5，其中中文班，一个班8个学生封顶[①]。之所以普林斯顿大学在美国高校排名连续8年名列榜首，头把交椅坐得最稳，师生比高，教授都亲自为本科生授课，教学质量有保证是很重要的原因。现我们大多数高校都超过1：18，有的高达1：20以上，教师投入教学精力也少，缺乏积极性，教师作用没有完全得到发挥。

据1997年教育部统计，高校生师比为11：1，小于世界的平均水平14：1。高校连续几年扩招以后，现在的生师比已提高到19：1，大班上课现象较为突出。同时，教师结构性短缺问题也较为严重，公共基础课如外语、计算机等专业的教师普遍短缺，一些新设置专业的科班出身的授课教师更为缺乏。教师是课程建设和实施的主体，生师比过大，教师就少有时间和精力精心设计、建设课程，课程质量就必然会下降。

4. 高校教师的教育素养和专业实践素养欠缺。

计划经济时代我国大学课程从课程设置、课程内容都是由教育主管部门事先规定，从课程目标确立、课程内容的选择和组织、课程方案的评价等整个课程的生成系统是不为教师所知或不需要教师所知道的一个"黑箱"，教师只需要按照预设的课程进行教学即可。随着大学办学自主权的逐渐扩大，大学教师在课程领域自主权逐渐扩大，因此教师逐渐由课程消费者和被

---

①薛涌.精英的阶梯:美国教育考查[M].北京:新星出版社,2006:36.

动的课程实施者，转变为课程的决策者与编制者，也就是说教师不但要自己编制课程，而且也要对自己的课程负责。因为课程的"每一个实践者都是课程创造者和开发者，而不仅仅是实施者。如果课程真正成为协作活动的转变的过程，那么'创造者'和'开发者'便比'实施者'更适合于讨论后现代教师的作用"①。

但是，我国高校教师的聘任长期以教师专业知识学习与研究为主要标准，大多数教师缺乏教育、教学方面的知识和技能。尽管这几年高校教师资格证书的颁发要经过考试，但是较为全面的教育培训，在高校教师中仍然缺失。同时，我国高校教师来源主要是高等院校毕业生，很少也很难有从行业、职业第一线聘请教师。大多数教师又不可能在社会一些行业兼职，所以，我国高校教师基本上都缺少教育素养和专业实践素养，特别是工程、管理、法律、金融、营销等类的教师，专业实践素养缺乏，影响课程建设水平。这也难怪在许多高校学评教中，成绩不理想的往往是一些年轻的硕士、博士，缺乏教学经验、实践经验。

三、我国高校课程建设的对策建议

（一）确立以课程为中心的专业建设理念

以往，我国高校在专业建设中，都提倡以学科建设为中心。这对于研究性大学或一般大学的某些专业的课程来说，是合适的并有效的。但是对于大多数本科院校来说，尤其是像我国的教学研究性大学或教学性大学及高等职业学院来说，确立以课程为中心的专业建设理念才是科学合理的。因为这几类院校以培养本专科生为主，要面向生产、管理、服务一线输送各类高级专门人才，他们更需要与社会生产和生活紧密联系的知识、技能，学科的学术性特点难以满足这类学生的需求。而以问题或主体形式出现的课程建设，知识与问题紧密结合在一起，不仅能够教会学生理论联系实际，更能开阔学生的视野，培养他们关注生活和现世的情怀。因此，要提升本科教育质量，必须在专业建设中，以课程建设为核心，围绕专业培养目标，建构合理的课

---

① 多尔 W E.后现代课程观[M].王红宇,译.教育科学出版社,2000:23.

程体系，选择合适的课程内容，体现每一门课程在人才培养中的价值。在这一点上我们应更多借鉴国外高校的人才培养模式，强化课程在人才培养的中心地位。纵观美国等西方发达国家的高校，非常强调灵活的课程组合，面向社会培养某一专业方向的人才，而非固定的专业培养模式。宁波诺丁汉大学是英国诺丁汉大学在中国创办的中外合作创办的大学，其专业设置及内涵也非常值得我们学习借鉴，已招生的国际商务、东亚事务与东亚关系、国际文化交流及下年度将增设的环境科学与商务、电气与电子工程等专业在我们看来有点新鲜感，其实质区别在于国外的专业名称更多考虑的是课程组合，适应市场变化、满足学生需求。

（二）坚持产学研结合，提高课程建设水平

在高等教育中，提到产学研结合，人们总是将其与教师的技术创新和研究生培养联系在一起，而在本科课程建设中，少有人考虑产学研结合。事实上，在我国的本科生教育中，更需要从产学研结合的角度考虑本科课程建设。

由于我国高校以专业为依托培养人才的特点，使得我国各类高等院校尽管已经在专业结构调整上投入了相当大的精力，但是专业变更的历史传承性，仍使我国高校的专业建设难以适应快速变更的社会发展需求。北京人才市场报记者孟庆伟从2000年开始，每年对2000名大学生和1000家企业进行跟踪调查，从中分析出毕业生就业难的七大成因，其中最主要的原因是高校专业设置与快速变化的市场需求错位。调查中发现，产业结构调整后带来的是职业、职位、岗位的重大变化，沈阳地区1990—2004年6月淘汰了30个职业，又新生了60个职业，企业对各类专业技术人才和管理人才的需求变化速度是高校专业培养人才的2—4倍，形成了人才供需市场配置的时间差[①]。

课程的变更相对于专业变更来说，更快捷方便一些。不过，要解决专业变更缓慢所带来的不适应性，就需要在课程建设上打破学科的制约，在课程命名和内容选择上，倾向于现实问题的反映与解决。任课教师要能够将产

---

①新华网.毕业生就业难的七大问题[EB/OL].[2017-03-31].http:www.mie168.com.

学研结合在一起，及时更新课程内容，以课程建设为依托，建构学生的知识结构与能力结构，使他们的学习更贴近现实。

（三）挖掘潜力，增加课程总量，提供更多学生自主选择的机会

为了满足学生选修课程的需要，目前，我国很多高等院校鼓励教师参与公共选修课程建设，尽可能地开设新课程。大多数高校为了搭建公共选修课平台，向西方国家的大学学习，想尽快赶上或接近发达国家，尤其是美国著名高校课程开设的数量，鼓励所有教师尽可能地开课。当然一名教师开设过多的课程也并不合适，质量很难保证。虽然课程在"量"要达到一定的比例，相对更为容易，而要保证课程的"质"却很困难，是一个逐步积累的过程。高校在多开课、增加学生选择机会的同时，更要重视课程建设质量，把好开新课的质量关，多开设高质量、时代气息强的课程来满足学生学习的需要。

（四）以精品课程建设为抓手，提高课程教学资源网络化水平

课程建设，特别是精品课程建设是教育部启动的"高等学校教学质量与教学改革工程"中的一项重要内容，是运用现代信息网络技术手段进行教学与管理的课程体系，是以实现优质教学资源共享，提高高等学校教学质量和人才培养质量为目标。课程教学资源的网络化是为了调动大学生的学习积极性和自主性建构的，各级各类高校将学校开设的课程的教学大纲、教学主要内容、知识点（含难点重点）、案例库、习题库、教学课件、模拟实验、参考文献及资料、前沿问题，甚至授课录像等资源挂在网上，不但有利于自己学校不同年级学生的学习，还有利于不同高校的学生学习。特别是一些名校的网络化教学资源，可以成为全国各高校学生学习的资源。但是，由于各种原因，我国各高校课程教学资源的网络化建设速度缓慢，水平较低，跨学校进入课程平台难度较大，难以实现课程教学资源共享的目标。高校应该充分利用精品课程建设这一平台，创新教学理念，更新教学方法，促进学生改进学习方式，提高学习效率和质量。

第二节 我国高校教学改革的实践与探索

高校教学改革的基础是课堂教学改革，这已经成为学术界的共识。中国古代教育家孔子就曾提出"不愤不启，不悱不发"（《论语·述而》），要求教师善于正确把握启发诱导的时机。一些高校的课堂教学实践证明，在兼顾全面性（这是我国高等教育从基础教育承接来的积习，难以在短时间内彻底革除）的基础上，借鉴美国高校的成功经验，对学生创造性、探索性的学习成果等，在评分标准上分布更多的权重，肯定在鼓励学生发挥创造性思维方面多有裨益。

但事实证明，高校课堂教学现状的根本改观，起决定作用的措施绝不在于上面这些局部改革（或者称改造、改良）。探讨高校课堂教学改革的关键问题、探寻突破高等教育积习围城的出路，是本章要解决的主要问题。

一、我国高校教学改革的必要性与可行性

（一）我国高校教学改革的必要性

课堂教学改革是教学改革的前沿，其核心在于通过知识的传授完成学生思维能力培养，而这种思维能力主要表现为自主创新能力的培养，这是大学生素质教育的基本层面。课堂教学改革，首先是培养学生的创新意识和创新能力，开发学生创新的活力以适应知识经济时代对创造型人才的需求。创新教育是一个系统工程，它涉及高等教育的各个方面，其中在课堂教学过程中重视对学生思维能力的培养是实现创新教育的重要环节。

在课堂教学中不仅要传授知识，更重要的是培养学生的思维能力。这是因为在当今知识爆炸性发展、知识总量急剧增长、知识更新速度显著加快的情况下，课堂教学仅仅传授知识，而不重视培养学生自己获取新知识的能力，培育他们的创新性思维，就会使得他们在毕业后很难在变化与竞争的社会中立足和发展。学校教育只是一个人终身教育的一个阶段，在这个阶段学

生不必要也不可能把以后工作中所需要的知识全部学到手。因此，培养学生的思维能力、教会学生获取知识的手段和方法，才会使学生在未来的社会中不断完成自我的知识更新，未来社会的需求。这就是老子所谓"授之以鱼，不如授之以渔"思想的真谛。

当然，在课堂教学中重视学生的思维能力并不意味着淡化知识传授，因为不继承前人的知识人类社会就不可能进步。培养学生的思维能力是在知识传授的基础上进行的，是课堂教学过程中的两个方面，是寓知识传授于创新思维培养的方法。任何科学知识的理论体系中，都蕴含着丰富的辩证法思想和逻辑思维的规则与方法，科学知识形成的过程即是科学发现和发明的过程，也是知识创新的过程。这其中包含着丰富的探讨问题、解决问题的创新思维和方法。因此，教师在课堂教学中不仅仅要让学生获得知识，更应该引导学生在学习过程中不断发现问题、提出问题，自己尝试着去寻求解决问题的途径和方法，把学生积累知识的过程变成培养能力的过程。

（二）我国高校教学改革的可行性

既然培养学生思维能力是课堂教学的主要目的，那么，如何培养学生思维能力就成为课堂教学中亟须解决的首要问题，因而也成为需要花大力气解决的问题。传统课堂教学采用的是"注入式"的教学方法，"满堂灌"是最常见的表现方式。这种教学方法注重的只是对原有知识和技能的传递，不太关心学生思维能力的培养。这样势必形成教学活动的怪圈现象：衡量教师优劣的标准，主要是看他传授了多少知识；而衡量学生学习质量的优劣，则主要看他掌握了多少教师传授给他的知识。这样培养出来的学生大都循规蹈矩、没有见解、不善于发现问题、不勤于思考等等。如此提高学生思维能力的目的都难以达到，更无从谈及创造型人才的形成了。正因为如此，提倡启发式、反对注入式已成为高等学校课堂教学中总的指导思想。正像《中共中央、国务院关于深化教育改革全面推进素质教育的决定》中指出的那样：要转变教育观念，改革人才培养模式，积极实行启发式、讨论式教学，激发学生独立思考能力和创新意识，切实提高教学质量——这里的逻辑关系，是从近年来高校教学改革实践中总结出来的。

启发式教学的目的，就是要启发学生去思考问题、解决问题，提高学生的思维能力。随着思维能力的提高，分析问题、解决问题的能力也就愈强，从而有助于适应社会发展需求的创造型人才的形成。因此，这就要求教师在教学中在讲授理论知识的同时，教给学生正确的思想方法，提高学生的思维能力，这样的教学才是启发式教学。这里决不仅仅是一个教学形式改革的问题。不同的教师有不同的学力积累，不同的课程也不可能有完全相同的教学形式。学生思维能力的提高取决于整个教学过程的安排、指导思想的确立、教学内容的选择、讲授方法与形式的配合等等。这些环节的实现，都应从提高学生思维能力出发来考虑。比如，在培养学生思维能力的课堂教学中，以下几个方面是应当充分重视的：

明确教学目的。教师在课堂教学中要调动学生的思维活动，首先要做到教学目的明确。因为，思维不可能脱离目的而活动，要使学生学而有思，教师在课堂教学中就不能泛泛罗列讲授内容，而是要吃透这门学科、某一章、某一节的目的性，并及时向学生提出，从而引发学生的思考。教学目的明确就是要先提出问题，后解决问题。这就要求教师所提问题应紧扣教学要求，通过不同层次问题的解决过程，不断完善教学内容。每一个学科都有其本身的系统性和逻辑性，课程内容安排要反映这个本质特征，特别是要前呼后应突出问题的本质联系，使学生在潜移默化的影响中得到思维能力的训练。在课程内容安排方面还要重点突出，所谓"大匠教人以规矩"就是这个意思。教师教学要能使学生举一反三，就是在课堂教学中要讲透那些基本的、原理原则性的、典型的和难以理解的内容，贯彻少而精的原则，也就是课堂讲授不能超过"一"；而对于那些引申、扩张和易于理解的内容，则可以通过学生自学去掌握。也就是那"三"留给学生自己去"反"。这样，既提供了提高和锻炼学生思维能力的机会，又有利于学生阅读参考相关书籍，开拓思路，获取更多的知识。

采用恰当教学方法。教学方法应用得恰当与否，直接影响教学效果，但是总体来说还是要使学生在课堂上处于积极思维状态，不仅促使学生牢固掌握所学知识，而且让学生在课堂教学过程中学会思考问题的方法，养成勤于思考的习惯。这就要求教师能够调动课堂教学中教与学两个方面的积极性，使师生处于同一探索新知识的环境中，彼此相互交流、互相促进，形成一种师生共同积极思维、教学交融的课堂气氛。

在课堂教学过程中，教师是课堂教学的直接实施者，教师自身素质的状况与学生素质的提高有直接的关系。因此，教师要在课堂教学中承担起培养学生思维能力的任务，就必须提高自身素质。比如创新意识的具备，就是最重要的一点。卢梭说过："在担当培养个人的任务以前，自己就必须先要造就一个人，使自己成为被人们推崇的模范。"高等学校更新教育目标、实施创新教育、将创造性融入教育活动各个领域的全过程中，要求教育者首先应具有创新意识，学会创造性思维，把实施创新教育视为自己的神圣职责。这样才能承担起培养创造型人才的任务。

另外，在课堂教学过程中培养学生思维能力，还要求教师具有广博的知识。广博的知识是教师自身素质的重要组成部分。韩愈所谓"师者，传道、授业、解惑也"。就是要求教师必须达到"学高为师"的境界，要传道、授业、解惑，没有扎实的学术功底是万万不行的。现代科学技术飞速发展，使得社会生活各个方面都发生了很大的变化，这又必然反映到教学过程中来。如果教师不注重学习、不注重积累、不注重知识更新，就不可能在教学中讲出真经。因此，教师应以广博的知识做后盾，并且要不断地充实自己，同时在充实的基础上不断突破自己，以创新求发展。

在课堂教学过程中培养学生思维能力，对教师能力的要求也是很高的。教师在课堂上除了讲授知识点之外，还要教给学生获取新知识的方法和技能，充分发挥学生的主动性并启迪学生自己发现问题和解决问题，培养和发展学生的创造性等等。在这个基础上，培养学生思维能力的任务就显得更复杂、更繁重、更需要教师对知识的挖掘和开发。这无疑对教师的能力提出了更高的要求。这些能力，包括良好的语言表达能力、发达的认知能力即观察力和想象力、较强的组织能力、创造能力和信息处理能力、决策能力等等。同时还要求教师具备良好的心理素质，这样才能具备人格魅力等，教师只有在这些方面达到较高水平时，才能言传身教地影响学生，促使他们的心理结构整体功能和谐发展，形成一个高层次的心理活动完善体系。

通过以上论述，我们可以看出，课堂教学过程中学生思维能力的培养，说到底是一个深入高校课堂的大学生素质教育问题，因此，与课堂教学改革相关的一个重要方面，就是增加课堂教学过程中的素质教育含量问题。

所谓素质教育，在大学阶段主要显现为培养学生的创新精神和实践能力，激发学生的独立思考和创新意识，发展学生的主体精神。它所关心的是整体人的个性发挥，而不是作为产品人的千篇一律。高校原有的应试教育模式已受到了严峻的挑战。中国的现代化需要创造性人才，更需要切实有效地推广素质教育。素质教育体现在高校课堂教学中，必须具备如下几个特点：

高水平的思维。思维的本质是逻辑推理。所谓逻辑推理，用通俗的语言来说，就是一环扣一环地往前推理，只要前提正确，结果肯定是对的。这就出现了一个问题，就是当我们给学生上课的时候，是对概念、原理拿来就用，还是对概念、原理出现的原因、前提讲清楚，让学生自己去思考问题、解决问题。我们无疑应该选择后者。这就给老师提出了更高的要求，也就是说，不管是从事自然科学、社会科学的教学，还是从事思维科学的教学，都应该了解辩证法，掌握辩证法，会用辩证法。辩证法在分析问题、解决问题中，是非常实用的。也就是说我们可以把任何一个研究对象看成一个系统，即一个对立统一体。正因为对立，才有运动发展，正因为统一，才能具有相对稳定性，两者是不可分割的。例如近年出现的精神生产资料、精神生产、精神产品、精神经济等一系列新概念，就是运用辩证法的核心思想即对立统一的思想来完成的。其实在这里思路非常简单：有物质必有精神，有物质生产资料必有精神生产资料，有物质生产必有精神生产，有物质产品必有精神产品，有物质经济必有精神经济。所以，辩证法是进行素质教育的一个基本方法。

知识的广度和深度。要真正实现素质教育，无疑对教学提出更高的要求，单一方向的教师在教学中所遇到的困难越来越大。诸如学科交叉融合、理论与实践相结合、课堂教学中教学内容的权变意识等等，都是不可忽视的界域。比如教学内容的权变意识，是建立在这样的客观事实基础上的：外界是不断发展变化的，变才是唯一的不变的，凡是写在书本上的东西，都是在一定具体条件下产生的，都是历史的现实反映。而现在条件和以往不同，就不能套用原有模式。我们应该教给学生一个分析问题的方法，在某种情况下，这种方法还可能满足不了瞬变的外部条件，我们还得讲事物发展的趋势，即规律性的东西，培养学生有一种以变应变的思想。

通识教育。通识教育就是要强调复合性，其核心是科技知识与人文知识不可偏废相辅相成，它们构成知识经济的两翼。从近期课堂教学效果看，学生有可能反映没有学到具体的东西；但从长远看，他们学到了应该学的精华部分，是会终身受益的。采用这种培养方式，要求教师在众多知识中有高度概括和抽象能力，而且还应具有多元的演绎能力。从这一点来讲，当一个教师难，当一个合格的教师更难，当一个真正的素质教育者更是难上加难。从中我们不难理解，教学改革关键在于教师队伍的建设。

双向交流。也就是平常所谓的教学互动。在课堂上，对教师最基本的要求是以最短的时间，输出最多的信息。这就要求教师要有渊博的知识和高度的概括能力，同时也应在最短的时间里，以一种有效的方式，把学生内在的信息调动起来，充分开掘他们的潜力。达到这一点，教师应该允许学生在课堂提问题，这对老师既是一个挑战，也是一个难得的提高机会，而这种提高和自己传统学习的提高是不一样的，因为它汇集了来自学生的散在多层次的智慧。因此，好的教师上课时，不但允许学生提问题，还会留有一定的时间让学生讨论与课程相关的问题，给学生一个自由发挥的空间，这样才能真正实现教学相长。

理论联系实际。这里不是思想方法层面上的，而是强调课堂教学内容的社会实践含量扩充问题。因为单纯的理论教学是不能保证教学效果的，必须采用多种教学手段尽量和现实联系。狭隘的专业、急功近利的应用、脱离实践的"满堂灌"，是培养不出具有创新思维和创新能力的创造性人才的。在课堂上强调理论指导下的实践意义，鼓励学生在投身实践中点燃灵感火花、激发创新思维，是会事半功倍的。

以上特点是课堂教学改革的基础要求，这些要求的实现，必须从以下4个方面切入：教师、学生、教学内容和教学环境。这4个因素在课堂教学过程中，影响着学习过程、教学过程。我们强调在课堂教学改革的场域中，教师要由知识的传授者、灌输者转变为学生主动学习的组织者、指导者、帮助者和促进者。为此，教师应注重教学设计和教学设计实施两个阶段工作。在教学设计阶段，教师必须对参与教学过程的三个因素有前瞻性认知，即：

（1）学习过程特点的设想。考虑学生这一影响教学过程的主要变量，将会对教学目标的实现产生什么样的干预，学生的个体差异等。（2）对教学内容的了解。教学内容不应是知识点的罗列，应当包括认知的形成、价值和态度的培养、能力的开发和训练等。（3）教学方法的选择。

处于课堂教学环境中的学生，则主要显现为具有多方面发展需求和可能的个体，他们具有主观能动性，是能够主动参与教育活动的不可替代主体。为此，我们的教学必须实行个性教育。由于每个人的遗传特征、所处环境、所受教育以及自身努力程度的不同，处于同一发展阶段的不同主体既有共性的相似，又有个性的差异，从而体现出发展过程的五彩缤纷。然而，现代教育实行的是班集体教学，"齐步走"是一种常见的现象，对于学生差异和个性特征重视不够。因此，素质教育不仅强调促进学生在德、智、体诸方面较全面的发展，而且促进学生相对于他自己而言是最好的发展。这就意味着好的学生发展更好，一般的学生也可以各尽其能，让所有的学生都感到学习的成功而不是失败。教育改革如同经济改革一样，其观念上的一个重要转变就是在达到基本共性目标要求的前提下，要求全面发展，但不强求平均发展；要求全体提高，但不强求同步提高。差异和特色不仅体现万事万物所呈现的不同，而且体现万事万物的生机，教育也不例外。

课堂教学重视个性教育，是指承认个性，正视个性差异，重视因材施教，即针对不同的个性特点施以有区别的教育，特别是注意帮助学生发展优良的个性品质，抑制和克服那些不良的个性品质。同样一种教学方法，对一类学生而言可能受欢迎，对另一类学生可能不恰当。个性教育，就是重视因材施教，鼓励学习者各显神通，特别是要发展他们的创造性。所谓创造性培养，一个重要方面是要给个性发展以宽松的空间。个性品质虽然有好坏之分，但个性常常又是其成长、成熟、发展的重要标示，没有个性谈不上创造性。

教学内容和教学环境。教科书只是根据教学目标来组织的，呈现了一定教学内容和认知信息，是供教师和学生展开教学活动的材料，并不完全等同于教学内容；另一方面，呈现教学内容的形式也不拘泥于文字，它的存在方式有文本和超文本两种；同样教学内容还不等同于知识点，它应当包括能力和方法等因素。教学环境：包括课堂教学气氛的营造和教学媒体的改革，随着现代科技的发展，教学媒体已成为课堂教学中一个不可忽视的因素。如音像电化教学、教具演示直观教学、多媒体教学、互联网远程教学等。

二、我国高校教学改革的具体实践

（一）我国高校英语教学改革的实践与探索

大众化背景下教育行政部门和高校应该正确把握大学英语教学改革的新趋势，在分层次培养学生、改革教学模式、完善评价体系、进行英语专业教学评估、培养复合性英语专业人才、以课程建设和教改项目为载体加强英语教学与科研等方面采取有效措施，以全面提高大学生英语综合应用能力，培养适应时代发展要求、具有国际竞争力的高质量人才。

为了适应经济社会快速发展和高等教育大众化新形势对大学英语教学提出的新要求，教育部于2003年起组织专家研究制定了新的《大学英语课程教学要求》，并于2004年初颁布实施。新《教学要求》规定，大学英语课程的教学目标是"培养学生的英语综合应用能力，特别是听说能力，使他们在今后工作和社会交往中能用英语有效地进行口头和书面的信息交流，同时增强其自主学习能力，提高综合文化素养，以适应我国社会发展和国际交流的需要"。大学英语教学改革作为教育部"高等教育教学质量与教学改革工程"中重要的一部分，一直以来受到教育界乃至整个社会的关注，改革的成败将直接影响高等教育教学改革的整体进程。大学英语教学改革作为高等教育教学改革的重要组成部分，其重要性不言而喻，作为教育行政部门和高校，要在总结我国英语教学方面积累的成功经验的基础上，冷静分析在高等教育大众化背景下，英语教学存在的问题，正确把握大学英语教改的新趋势，确保大学英语教学质量[①]。

1. **深入贯彻新的《大学英语课程教学要求》，确定分类指导、因材施教的原则，全面提高学生的英语应用能力。**

新的教学要求将教学的重点由原来的以阅读理解为主转变到以听说为

---

① 吴启迪.在大学英语教学改革试点工作视频会议上的三个方面讲话[EB/OL].[2017-03-01].http://www.moe.edu.cn.

主，全面提高学生的英语应用能力上来。原来的《大纲》与四、六级考试在促进我国大学英语教学方面发挥了积极的作用，但由于将大学英语教学高度"规范"在统一的《大纲》与考试之下，一定程度上束缚了高校英语教学的改革，这显然与高等教育大众化时代要求不相适应。此外，原《大纲》特别强调了阅读能力的培养，却忽视了其他能力的培养，由于过分注重词汇教学，很多学生学了很多的单词和语法，却不会用，听不懂说不出，出现"哑巴英语"现象。新的教学要求强调培养学生英语的综合应用与交流能力，而不是仅仅停留在阅读能力的提高上。

同时，新的教学要求提出对学生"分类指导、因材施教"的培养原则，按照一般要求、较高要求、更高要求对于不同基础的学生提出不同的学习目标要求，分层次、分阶段进行立体化、个性化的教学。我国各地经济、文化差异较大，大学生入学英语基础相差较大，不同高校以及同一高校不同专业也有差别。近几年来的招生规模扩大导致高校生源素质有所下降，英语基础水平参差不齐，这些都给大学英语教学带来了许多障碍[1]。同时，不同专业对学生的英语应用能力要求也不尽相同。因此，高校要针对不同生源、不同专业要求制定与之相适应的培养目标，采取个性化、针对性强的措施，切实提高学生英语应用能力，满足学生个性化成长的发展要求。

以大学生英语竞赛为载体，着力提高学生的英语听、说、读、写能力。从培养学生学习兴趣入手，为学生营造主动学习、积极思考、富于想象力的学习氛围，通过开展英语学科竞赛、英语演讲比赛、英文歌曲大赛等形式多样的活动，激发学生学习英语的热情，训练学生的听、说、读、写能力，拓展学生实践能力的培养空间。

2. 充分利用现代教育技术，改革现有的传统教学模式，实现教学理念的转变，切实提高英语教学水平。

在我国大学生人数迅速增长和可利用教育资源相对有限的情况下，应当充分利用多媒体、网络技术，发挥计算机在英语教学中的作用，这是英语教学改革的重要内容。以往"满堂灌"、黑板加粉笔、笔记加作业的传统教

---

[1]乔爱玲.托娅大学英语改革对研究生英语的影响[J].中国教育报,2004（11）.

学模式已不能适应教学新要求，也不利于调动和发挥学生学习自主性。高校要在对教师的考核机制上做文章，着力引导教师将原有的老师讲、学生听的模式改变为以多媒体（网络）、教学软件、课堂综合运用的个性化、主动式学习模式上来。

教学模式的改革是大学英语教学改革的重点之一。教学模式的改变不仅仅是教学活动或教学手段的转变，也是教学理念的转变，是实现从以教师为中心、单纯传授知识和技能的教学模式，向以学生为中心，既传授一般的语言知识与技能，更加注重培养语言运用能力和自主教学模式的转变。教学模式改革应体现英语教学的实用性、文化性和趣味性相融合的原则；在技术上应是可操作和易操作；应能充分调动和发挥教师和学生两个方面的积极性，向以课堂教学与在校园网上运行的英语教学相结合的教学模式为方向发展。

当前重点是精心选择基于计算机软件的英语学习系统，给不同起点的学生提供不同的层次和不同的学习级别，使每一个学生都能够比较准确地找到自己的定位，从而达到个性学习的目的。

3. 完善大学英语考试评价机制，适应学生个性化成长需求。

大学英语教学的最终目的是获得以英语为工具参与国际交流、获取本专业所需要的各种信息的能力。考试是教学评估的主要手段之一，其目的是提供一种科学的测试工具。应正确处理教学和考试的关系，教学是第一性的，语言测试为语言教学服务。语言教学的目的是培养学生实际运用语言的能力，语言测试的任务则是正确评价语言能力。语言测试本身不可能有效地提高学生的语言运用能力。

大学英语四、六级考试对促进我国的大学英语教学，提升大学生英语水平曾起到了积极作用。但是，考试的这种社会权重容易产生教学为了考试的做法。为推进教学改革，配合新教学模式的推进，大学英语四、六级考试也面临着改革。这不但因为测试项目本身要保持其测量信度和测量精度，防止某些题型的老化，而且语言测试要跟上语言学和语言教学新思想的发展，要采用各种方法，从原来的以评价语法、阅读、理解为主转变到以评价学生的听说能力及英语综合应用能力上来，从原来的注重评价教学结果逐步转向教学全程整体监控和评价上来，以便不断提高测量的信度和效度，进一步调动各方面的积极性，减少考试的负面影响，使大学英语考试更好地为提高教学质量服务，为提高学生实际使用英语的能力这一根本目的服务。

高校要充分发挥计算机等信息技术手段在英语教学中的作用，强调学习和测试一体化，争取做到每次课后都可以对所学内容提供测试参考[①]。这样做既可以检查学习效果，又可以使学生产生成就感，提高学习兴趣。另外，应该提供和软件学习系统配套的教辅材料，包括练习、阅读和会话材料等，使学生离开计算机后也可以进行复习，方便老师及时检查。

大学英语四、六级考试也应尽快从目前的人工考试方式逐步向计算机考试方式过渡，积极创造条件为学生提供更多的上机练习和自我练习的机会。

4. 以大学英语教学评估工作为抓手，深化高等学校英语专业教学改革，提高人才培养质量。

教学评估是大学英语课程教学的一个重要环节。全面、客观、科学、准确的评估体系对于实现课程目标至关重要，它既是教师获取教学反馈信息、改进教学管理、保证教学质量的重要依据，又是学生调整学习策略、改进学习方法、提高学习效率的有效手段。

为加强对高校教学工作的宏观管理，教育部从2006年开始对拥有英语专业本科及学士学位授予权且至2005年底已有英语专业两届以上本科毕业生的学校进行评估。现在浙江省设有英语本科专业，英语专业建设的任务繁重，质量保证要求高。学校应抓住评估这个契机，促进英语专业建设水平的提高，全面深化大学外语教学改革，以评促建，根据教学目标和要求，实施对教学全过程和结果的有效监控，对学生的语言能力进行客观的、准确的评价，不断深化高等学校外语专业教学改革，提高人才培养质量。

5. 增强复合性人才的培养力度，适应经济社会对英语专业人才的新要求。

尽管在国际交往中，英语已成为一种世界上相对通用的国际语言。但

---

①匿名.计算机辅助语言教学和教师的角色[EB/OL].[2017-03-31].http://zhushenhai.anyp.cn.

英语对于大多数人来讲毕竟是作为一门工具在使用。现在用人市场反映的问题不是精通英语的人才少，而是既有专业知识又精通外语的复合型人才缺乏，特别是我国加入WTO后，外语水平高但又熟悉国际贸易规则及国际法律体系的人才紧缺。我们应该在英语专业教学中普遍建立"英语+其他专业"的复合人才培养理念，使大学英语教学与经济、法学、教育、文学、理学、农学、医学、管理等各个学科门类进行有效融合，使学生成为有不同专业背景的高级专门人才。高校要努力构建英语人才的"立交桥"，增加英语专业优秀学生向其他专业转学的机会，同时也鼓励其他专业的学生通过跨学科学习，同时获得英语专业的学位，真正提高大学生外语水平及应用能力。要鼓励英语专业学生通过其他资格认证考试，获得如律师、注册会计师、注册资产评估师等专业资格证书，造就一批综合素质好、专业水平精、工作能力强的专业人才。

6. 以课程建设、教改项目为载体，推进英语教学与科研水平的提高。

高校大学英语教学改革是涉及面广、影响力大的一项工作，也是高等学校教学改革的重要组成部分。但改革往往缺少具体的抓手和针对性强的措施。通过我们这几年的探索与实践，以项目、课程建设作为抓手引导教师进行教改研究与实践是提高教师水平、激发教学积极性的有效手段。从2003年教育部开展精品课程建设工作以来，浙江省先后有4门外语类课程获得国家级、省级精品课程称号，共有39名教师参与。从2004年启动的"浙江省新世纪教学改革与提高质量工程"中"新世纪教改项目"有8个项目、48人参加了英语教改的研究，其中浙江大学何莲珍主持的共有7所学校参与的"大学英语教学改革实践"项目为重点项目。省教育行政部门也将以项目为抓手，全面了解浙江省高校外语教学基本情况，研究、制定相对应的提高高校外语教学质量的措施。高校应鼓励英语教师投身新世纪教学改革项目和精品课程研究与建设，并给予政策和经费的支持和保障，切实改革教学内容、改进教学方法、改善教学手段，建立适应新世纪人才培养要求的大学英语教学体系。

在社会信息化和经济全球化的大环境下，英语已日益成为一种国际性语言，是进行国际交流和沟通的工具，培养大批精通外语的专业人才是我们新世纪之初高等教育的重要任务。一方面我们必须认清高等教育规模仍将继续扩大及教育资源进一步紧张对大学外语教学产生的影响，另一方面我们还是要着力推进大学英语教学改革，积极探索新方法、新思路，使大学英语教学再上新台阶。

（二）我国高校教学实验室建设的实践与探索

基础课教学实验室在高校高素质人才培养中发挥着重要作用，浙江省积极采取措施，加大投入，加快建设，使高校实验室工作水平上了一个新台阶。

《中华人民共和国高等教育法》第五条规定，高等教育的任务是培养具有创新精神和实践能力的高级专门人才。全国第三次教育工作会议明确提出了高等教育要以提高全民族素质和创新能力为重点，强化教育体制和结构改革，全面推行素质教育。高校实验室工作是高校人才培养的基础性工作，高等学校对学生开展实验教学和操作技能的训练，在现代教育体系中有着至关重要的作用[1]。涉及面大、受益范围广的基础课教学实验室在培养高素质专门人才中的作用越来越受到高校的普遍重视。浙江省第十一次党代会提出了建设"教育强省"的宏伟目标。我们应该抓住高等教育大发展这一机遇，加大投入，加快建设，努力把高校基础实验室建设成为创新人才培养的重要基地。

1. 浙江省高等教育发展形势和高校实验室的基本情况。

近年来，为改变浙江省长期以来高等学校数量少、规模小、基础薄弱、结构不合理的局面，在省委、省政府的正确领导下，采取多种积极措施，高等教育取得了突破性进展。2001年全省高校招生数增加到14万人，在校生达30万人，高考录取率达70%，高等教育毛入学率达15%，开始进入高等教育大众化发展阶段。高等教育的发展，最大限度地满足了广大人民群众接受更高、更好教育的愿望，全面适应社会经济发展的需要。

浙江省高等教育在一手抓规模扩大的同时，强化了质量意识，加大投入，加强教学基本建设，深化教学改革，确保高等教育实现量不断增加的

---

[1] 周绍森.世纪之交论高教[M].南昌:江西高校出版社,2000: 200-209.

同时，促进质量的不断提高，以高质量巩固扩招成果，并促进高教事业新的发展。

与整个高等教育形势相适应，浙江省高校实验室工作也取得较大成绩。截至2001年底，浙江省高校共有各类实验室大约1007个，共拥有教学科研仪器设备总值173亿元，生均7555元，其生均数超过全国生均数1000多元，达到国家规定办学标准。实验教学改革不断深化，开设设计性、综合性、故障性实验的比例不断增加。实验室管理体制改革也取得了许多实质性进展。高等学校实验室在人才培养中发挥着不可替代的作用。但离高素质人才培养的要求相对差距仍然较大，主要表现在重视程度不平衡、投入力度不大、实验队伍政策不落实、已有实验仪器设备使用效率不高等。

2. 浙江省加强高校基础实验室建设的对策建议。

为改变高校长期以来重理论教学、轻实践的状况，加强高校基础实验室建设，保证人才培养质量，浙江省在高校基础实验室建设规划、增加投入、推进实验教学改革等方面进行了大胆、有益探索，采取了许多积极措施，成效显著。

（1）开展高校基础实验室评估

从1997年开始，浙江省根据教育部的统一部署，开展了普通高校基础课教学实验室评估工作。截至2001年底，全省共有119个基础实验室通过了省级合格评估，共增加投入9000多万元。管理体制也得到了进一步理顺，通过合格评估的119个实验室是由原先的500多个"小"而"全"的隶属于教研室的实验室合并、调整而成的。评估工作大大促进了浙江省高校基础实验室建设和实验教学改革，规范化程度进一步得到了提高，现在浙江省高校基础实验室初步实行了校、系两级管理，仪器设备得到了更新，实验室队伍结构更加优化。高校基础实验室评估工作所取得的成绩为浙江省高校近几年连续大规模扩招奠定了较为扎实的基础。从2001年开始，浙江省将根据高等职业教育的特点，启动高等职业技术学院的基础课教学实验室评估试点工作，以推进高职院校的实验室建设工作，使学生实践能力的培养和锻炼真正落到实处。

（2）制定规划，加快建设

为了进一步加强全省普通高校实验室建设与管理，推进高教事业的发展，浙江省于2000年5月制定了《浙江省普通高校学校基础课教学实验室建设规划（2000—2004）》（以下简称《规划》）。《规划》在分析了浙江省高校基础实验室现状的基础上，提出的基础课教学实验室建设指导思想：以《中共中央国务院关于深化教育改革全面推进素质教育的决定》为指导，认真贯彻《高等教育法》，按照《高等学校实验室工作规程》，紧紧围绕具有创新精神和实践能力的高级专门人才培养目标，立足新世纪，高标准、高起点、高效益建设基础课教学实验室。《规划》提出的建设目标是：到2004年，全省普通高校生均教学科研仪器设备总值为8000元，其中地方属高校生均6000元，生均实验用房3平方米以上，基础课教学实验室专职人员高职比例20%以上，中青年实验室技术人员具有大学本科以上学历。要有20%以上的实验室项目运用CAI、CAD等计算机辅助教学手段，设计性、综合性、应用性实验要占开设实验的20%以上。"十五"期间，重点建设200个基础课教学实验室达到教育部规定标准。建设浙江省普通高校基础实验教学示范中心30个等。根据省的"十五"规划，高校都制定了自身的建设规划，以保证其顺利实施。

（3）多渠道筹措资金，加大投入力度，提高基础课教学实验室仪器设备总量和层次

鼓励学校通过银行贷款，筹措资金，加快基础课教学实验室改造和建设步伐。提出政府和学校主管部门要加大投入力度，为实验室改造和发展提供保障。1999—2003年间，投入2亿元经费用于省属普通高校基础课教学实验室建设，其中省政府投入1亿元，每年安排不少于2000万元，学校自筹1亿元。1999年至2001年三年已投入资金1.1亿元。浙江工业大学投入230多万元，重点建设物理实验教学中心，开设出20个左右具有国内外一流水平的基础实验。宁波大学投入240多万元，重点建设物理、电工电子实验室，20套具有较高水准的电工电子实验教学操作台，深受学生欢迎。绍兴文理学院决定通过银行贷款连续3年每年投入1500万元，用于实验室建设。杭州电子工业学院连续3年每年增加教学投入3000万元，其中学科建设、专业建设和实验室建设每年各1000万元，其中的绝大多数都用于实验室建设上。

（4）制定并组织实施《浙江省普通高校基础课教学实验室仪器设备基本配置标准》

根据基础课教学实验室评估暴露出的问题，参照教育部世行贷款资助基础实验室建设项目标准，浙江省组织专家制定了物理、化学、电工电子、生物、机械、土木等6大类涉及面大、受益范围广的基础课教学实验室仪器设备配置标准和实验教学基本要求。现在全省各类高等学校均按照此标准，进行规范化建设，全面提高实验室建设水平。

（5）启动省级基础课实验教学示范中心建设工作，争创国家级示范中心

实验室评估、制定规划及标准、增加投入等是加强高校实验室建设的基础工程。开展基础课实验教学示范中心建设工作，必将使高校实验教学条件再上一个新台阶。高校基础课实验教学示范中心建设将根据新世纪对高等学校高素质、创新人才培养的要求，进一步促使高校重视实验室工作，改善实验条件，改革人才培养模式，规范高校高层次基础课实验室建设，对其他基础实验室建设和发展起到示范、辐射作用。示范中心建设必须要以高起点、高标准、高效益为原则，要树立现代意识、开放意识、创新意识。首批启动的是物理、电工电子、机械、土木（力学）、现代教育技术等示范中心的建设。省级示范中心在原校级示范中心的基础上进行遴选，每一示范中心省投入不低于200万元，学校按1∶2以上比例配套。2001年首批9个示范中心项目已在建设中。

（6）开展大学生科技竞赛促进高校实验室建设

全国大学生电工电子竞赛、数学建模竞赛、"挑战杯"等科技竞赛的蓬勃开展，大大促进了浙江省高校实验室建设水平[①]。浙江省从1995年组织参加全国大学生数学建模、电子设计竞赛以来，参赛规模迅速扩大，全省有10多所高校组队参加。近几年，学校均加大了对电子类、计算机类实验室

---

① 全国大学生电子设计竞赛组委会.第四届全国大学生电子设计竞赛获奖作品选编[M].北京:北京理工大学出版社,1999:175-176.

的投入，每一个实验室的投入都在50万元以上，大大改善了硬件条件。浙江工业大学把"电子工程教学中心"列入学校重点建设规划，投入300万元建成了高水平、开放型的电子工程实践基地。浙江大学、浙江师范大学等高校经过多方论证，创建数学建模模拟实习中心，改变了过去长期以来理科、文科及经贸类专业实验难、实习难的状况，使理论知识与社会实践得到有机结合。据了解。浙江省高校在大学生科技竞赛的成绩一直名列全国前茅。

（7）充分发挥学会、研究会等群众性学术团体的作用，加强学术交流、信息沟通、政策咨询等，提高高校实验室工作水平

近几年，省高教学会实验室工作研究会在实验室评估、表彰先进、实验教学改革、人员培训、物资采购等方面开展了富有成效的工作，许多研究会人员不计酬、不顾名利，以极大的热情投入高校实验室建设工作，深受浙江省高校实验室同行的尊敬，为提高浙江省高校实验室工作水平，保证人才培养质量做出了积极贡献。

第六章 构建高等教育质量保障体系：
教师队伍建设及能力提升

第一节 高校青年教师专业发展

青年教师是高校师资队伍的重要力量，其专业发展水平直接影响着高校教育教学和科学研究的质量。与中小学教师相比，高校青年教师专业发展具有双重性、自主性、差异性和持续性等特征。我国高校青年教师专业发展存在意识不强、教学能力不足、动力欠缺等问题，本节针对问题进行了制度层面的分析，并提出了解决问题的策略构想。

教师专业发展的研究最早始于20世纪60年代末的美国，肇始于一些具有影响力的专业会议和研究报告的提案评议。21世纪以来开始在我国得到广泛关注。对于教师专业发展的概念在学术界尚无定论，不同的研究者有不同的看法。例如，美国学者埃里克·霍伊尔（Eric Hoyle）认为："教师专业发展是指在教学职业生涯的每个阶段，教师掌握良好专业实践所必备的知识与技能。"[1]叶澜等学者认为：教师专业发展是教师专业成长的过程，也是教师内在专业结构不断演进和丰富的过程。[2]一般而言，教师专业发展与我们通常所讲的教师职业有很大区别，主要是指教师在职业生涯中不断更新和完善自身专业结构，最终掌握教师专业情感、专业知识、专业能力三大部分的动态过程，使教师职业真正成为一个专业，教师成为专业人员。

---

[1] Hoyle,E.Professionalization and deprofessionalization in education. In Eric Hoyle &JacquettaMegarry （Eds.）, World yearbook of education 1980: Professional development of teachers. London: Kogan Page, 1980. p. 42.

[2] 叶澜,等.教师角色与教师发展新探[M].北京：教育科学出版社.2001：226.

一、高校青年教师专业发展特征

（一）高校青年教师专业发展特征

高校青年教师的专业发展关乎学生培养、科学研究以及高校未来，对学校发展具有十分重要意义。当前我国教师专业发展的研究多集中于中小学教师，关于高校教师专业发展的研究相对偏少。显然高校教师与中小学教师的职责使命大同小异，但高校教师作为知识传播、发明、应用的多重角色，其成长方式、专业要求、职业取向都与中小学教师有所不同，也就意味着高校青年教师的专业发展有其独特性。归纳起来有以下几点：

1. 教学、科研的双重性

与中小学教师不同，教学和科研是高校教师的两大天职，是高校教师承担的最基本、最核心的两大社会角色。不可否认，高校青年教师具有博士学历，受过专门的学术训练，拥有一定的学术研究能力或研究潜质，但相当部分的青年教师在接受高层次学历教育时并未有过教师职业所必须掌握的教育学、心理学相关知识的学习，使教师职业素养处于被忽视的状态，影响了高校青年教师教学能力的提升，使得教师在"教学关"面前有些力不从心。不能根据教学规律把高深知识传递给学生，不能围绕教学开展科学研究，影响了青年教师教学的有效性和创新性，不利于青年教师的职业成长和学术成长。①青年教师在专业发展的过程中，应将教学与科研紧密结合起来，两者均不可偏废。青年教师只有明确教学与科研的关系，才能不满足于单纯性的教学，把问题意识、科学研究方法及其探索精神带到教学中去，才能在教学中深入浅出地将知识有效地传播和交流。从实践中发现问题、提出问题，进行科学研究。将科学研究成果应用于教学，二者相辅相成，实现全面发展。

2. 内在的自主性、外在的差异性

"教师专业发展"侧重于教师自身内在的发展，强调的是教师个体，教师不仅是专业发展的对象，更是自身专业发展的主人。青年教师专业发展是自觉反思的过程，反思作为内因，在青年教师专业发展过程中起着至关重要的作用，是实践知识转化为实践智慧的桥梁，高校青年教师拥有自主反思

---

①黄兆信,等.地方高校创业教育转型发展之维[J].教育研究,2015（2）:59-67.

能力，才是实现从"他驱"到"自觉"过渡的有效途径。具备了这种自主意识，将专业发展内化成自身前进的动力，才能保证高校青年教师专业发展不会流于形式，达到预期效果。

高校专业类型繁多，不同学科专业间千差万别，比如文学专业和体育专业，一静一动，一文一武，我们不能要求体育教师在专业发展道路上如文学教师一般。此外，教师个体也同样存在差异，即使是处于相同的学校环境，受过相同的教育培训，不同的教师还是会呈现出不同的发展轨迹，体现出个体的差异性。教师的个性决定了他们对于同样环境不同的认知、反应和态度，决定了他们不同的发展道路。应尊重差异，使不同层次、不同类型的青年教师可以根据自身学科专业特点、个体发展需要，完善专业结构，实现自身发展。

3. 发展过程的持续性、动态性

在教师专业发展体系中，处于不同阶段教师的专业发展构成要素是不同的，因此教师专业发展必然是一个具有持续性的动态发展的过程。前一个阶段是后一个阶段发展的基础，后一个阶段是前一个阶段的延续和升华。各个阶段之间相互联系，相互依赖、相互促进，不断完善。当然，从量变到质变的过程并非一帆风顺，它可能会经历一个挫折期。教师的专业发展并非总是处于直线上升的状态，而常常会处于曲线发展的状态中，例如，费斯勒教师生涯循环模型的职业挫折期就是教师在工作上遭遇挫折，工作满意度下降，出现"职业倦怠"。[1]但最终追求自我实现和专业发展的教师一定能够战胜挫折、克服危机。在从事教学、科研的过程中，通过借助外部有利于其专业发展的保障措施（如教育制度等）积累教学知识、提升科研能力、拓展实践经验，从不成熟逐渐发展成为专家型教师的过程。

二、高校青年教师专业发展存在的问题及成因

（一）高校青年教师专业发展存在的问题

据相关统计数据显示，截至2014年，全国有各级各类普通学校专任教

---

[1] 厉祎.地方高校青年教师专业发展的研究[D].荆州:长江大学, 2012.

师1507.67万人，其中高校教师45岁（不含）以下占71.65%。[①]显然高校青年教师已经成为高校师资队伍的主要力量。近年来，青年教师专业发展在各大高校也得到了很大程度的重视，但从现实状况来看，存在以下这些问题：

1. 专业发展意识淡薄

与早期的教师个体专业化不同，高校教师专业发展不再是被动地接受外界所订立的专业标准，执行之并满足之，以此获得社会认同的过程。而是在尊重教师个人的成长规律的前提下，提倡教师主动专业化，强调教师自身积极的主体作用。教师不再是专业发展的对象而是专业发展的"主人"。刚入职的青年教师往往忙于备课教学、论文发表、考核评价、职称晋升等，紧盯职称评审的硬条件，忽视甚至完全放弃专业发展的其他要求，对自己职业生涯没有良好的规划，大部分青年教师对教师专业发展的认识还停留在教师职前培训，有的甚至对教师专业发展毫无概念。

2. 教育教学能力不足

高等教育大众化导致部分高校师资严重缺乏，多数青年教师刚毕业就进入高校、走上讲台，他们虽然具备高素质高学历，但社会实践锻炼较少，社会经验不足，又缺乏教育学、心理学、课程与教学等相关知识，导致教学过程中出现一些问题，如：高校青年教师授课的方式多是对自己学生时期教师教学行为的模仿，只关注自己要讲的内容，或是刻意的套用某种授课形式，很少考虑学生的实际需求；忽视课堂反馈，缺乏反思；授课内容的编排缺乏灵活性，很少考虑课堂情境的变化和学生需求，大多实施填鸭式教学，课堂上基本不与学生沟通，缺乏或不会运用教学策略等等。这就造成了学生对青年教师的教学效果评价普遍不高，教学能力不足已经成为他们发展的瓶颈。

3. 专业发展动力欠缺

随着高等教育办学规模的迅速扩展，使绝大多数高校的师资总量不足，生师比过高。高校青年教师承担了学校主要的教学任务，工作量过重，影响其学术研究，对于其的长期专业发展不利。从事科学研究是提高教学水

[①] http://www.chinairn.com/news/20151207/134827835.shtml.

平，实现教师自身专业发展的重要途径。①青年教师在完成繁重的教学任务的同时，一方面有再深造的需求，另一方面又要有科研工作量的考核任务，压力过重，不利于青年教师的可持续发展。高校青年教师入职后，又面临多重压力与挑战，如：购房、结婚、抚养子女和赡养老人等。教师基本工资、津贴和各种奖励大都与职称和科研挂钩，青年教师往往承担较多的授课任务，收入水平却普遍较低，面临较大的经济压力和生活压力，使青年教师的心态开始变得焦虑，无法安心教学和科研，专业发展动力不足。

（二）高校青年教师专业发展存在问题的制度成因

产生上述高校青年教师专业发展存在问题的原因是多方面的。尤其是学校管理、制度等方面对青年教师专业发展产生了一定制约作用。

1. "一刀切"的管理制度

许多高校没有专门针对青年教师的考评机制，存在严重的制度缺陷。青年教师由于资历浅、名望低，加上承担的授课任务繁重等因素，导致在评优、评职、科研项目申请等方面，根本无法与资历深及名望大的教授、专家抗衡。此外，高校对于不同专业的青年教师的入职教育、课堂要求还有考核办法等方面的要求完全相同，对于不同层次、不同类型的教师基本采用同一标准，难以体现学科专业特点，不符合青年教师个体发展需要。在当前一些学校"唯科研马首是瞻"的机制下，一些青年教师为了评职称，把大部分精力都投到科研上，对于上课往往应付了之，丧失了严谨的治学态度。考核机制的不健全，打击了青年教师的积极性和进取心。对青年教师未来发展方向与内容的选择缺乏较有针对性的指导，这种千人一面的管理制度不利于青年教师的健康成长。

2. 传统培养制度被弱化

在高等教育精英化阶段，往往采取助教制，青年教师从高校毕业到登上讲台上课往往需要三年时间，第一年当助教听课，第二年帮助导师批改作业，

---

①黄兆信，罗志敏. 多元理论视角下高校创业教育的发展策略研究[J].教育研究，2016（11）：58-64.

第三年才能上课，有一个较为完备的学习培养过程。此外还有教研室一起讨论，集体备课，研究教学方法，老教师或者优秀教师会对初任教师进行"传帮带"。现如今，这种传统优势在高等教育大众化、教师资源稀缺的背景下逐渐弱化，甚至取消。高校教师渐渐变成了"个体户"，原有的教师专业发展过程被打乱，青年教师在教学方面原本必不可少的学习培养过程被省略。

3. 缺乏足够的政策保障

青年教师的压力主要来自两个方面：一是繁重的教学科研任务，二是处于高校经济分配金字塔最底端的经济报酬。这两方面问题是高校青年教师在专业发展道路上的后顾之忧。青年教师处于相对弱势的位置，需要政策上的相对倾斜和支持。例如购房政策、子女教育政策等。而现状是对青年教师政策上的支持越来越少，支撑保障的缺乏，繁重的教学科研任务使青年教师没有充足的时间和精力进行教师专业发展，巨大的经济压力也束缚了青年教师手脚，让他们没有充足的动力去完善知识结构和提高教学能力。

三、高校青年教师专业发展策略

高校青年教师专业发展不是教师个人之事，也不仅仅是学校某个部门的职责，需要政府、社会、高校以及青年教师自身的协调配合、协同推进。为青年教师创造多元、优良的成长环境，实现互利共赢。

1. 健全相关顶层制度

要积极探索高校师资队伍建设评价的长效机制，逐步建立高校教师专业发展规范，尤其是青年教师的专业发展规范。要根据国家制定的高校教师职业道德规范及岗位聘任制度改革要求，制定高校教师专业发展规范，进一步明确讲师直至教授不同层级教师的发展要求及评价标准，引导教师特别是广大青年教师积极投身于教育教学改革和科研创新实践。其中，薪酬管理、职称晋升以及考核评价是与高校青年教师专业发展最为息息相关的三个制度层面。建立健全岗位聘任制和聘后考核制，是保障高校青年教师薪酬内部公平性的前提和基础。[1]与此同时，还要保障教师薪资的外部公平性，制定出有

---

①王保英.高校青年教师专业发展的制度障碍与路径选择[D].济南:山东师范大学.2014.

足够竞争力的薪酬水平，以此调动起高校青年教师的工作积极性、稳定青年教师队伍。保证内部、外部公平的基础上，将教师工资与工作绩效相挂钩，构建一个摆脱任教资历和行政级别、兼顾教育与科研、数量与质量并重的高校青年教师薪酬发放制度。职称评定与工资密切相关，青年教师对此十分重视，国家必须要建立健全高校青年教师职称晋升相关法律法规与政策，为维护高校青年教师的合法权益提供有效保障，以推动高校职称晋升工作的顺利健康发展。职称晋升标准有意向教学倾斜，激发青年教师工作的动力。根据2016年8月教育部印发的《关于深化高校教师考核评价制度改革的指导意见》，坚持师德为先、教学为要、科研为基、发展为本的基本要求，加强师德考核力度，实行师德"一票否决制"。[①]高校青年教师的评价考核主体应多元化，包括专家、学校领导、同行、青年教师自身以及学生等，但应以学生评价为主，实行教学、科研兼顾的评价考核标准。

2. 实施系统培养培训

目前我国高校青年教师培训主要有以下几种方式：岗前培训、在职攻读学位、青年教师导师制等。对青年教师进行系统培训，不仅是加快青年教师专业发展的重要渠道，还是提升高校师资水平，进而提高教育质量的关键一步。所谓的系统培训指的是教学、科研、管理、团队合作等方面的协同培训。[②]岗前培训帮助青年教师理解高校教师职责，有利于青年教师职业道德的建设，职业理想的树立，使青年教师在明确岗位职责和自身未来发展的基础上，对高校教师职业产生认同感和归属感，进而增强广大教师教书育人的责任感和使命感。培训过程中针对青年教师不同的发展阶段，设置合适的发展目标和适宜的"最近发展区"，运用合理的方法和手段，促进高校青年教师专业的不断发展。对于新进教师、专业骨干教师，有待提高教师采取具有针对性的发展策略，促进各类人才多层次、多途径发展。关注教师的个性特点，根据教师需求制定培训目标，培训内容要紧跟专业最新动态，培训方式上应更加灵活多变。培训制度的实施为青年教师提供了完善知识结构、提升

---

①中华人民共和国教育部.关于深化高校教师考核评价制度改革的指导意见[Z].2016-08-25.

②黄兆信,王志强.论高校创业教育与专业教育的融合[J].教育研究,2013（12）:59-67.

教学能力的平台，有助于青年教师更好地适应教育教学工作，加速青年教师专业发展。

3. 严格助教助讲制度

高校助教制度，经长期教育实践证明，是科学有效的优秀教师培养机制的重要举措，也是确保教学质量的重要保障。要按照《高等学校教师职务试行条例》的资格要求，建立并严格执行助教制度，确保硕士或博士毕业生任职期间的助教经历考核，切实提高青年教师的教学能力。当前，由于一些高校师资短缺，助教制度被逐渐弱化或取消。青年教师的成长犹如种庄稼一般，不可操之过急、拔苗助长。新进青年教师实行导师制，按照"一带一""多带一"的模式，为青年教师提供与经验丰富的骨干教师交流学习的机会，切实提高青年教师的教学能力。让他们"有法可依、有法可循"，这种薪火相传、循序渐进、"传帮带"的助教经历更有利于青年教师的成长。以浙江省为例，高校青年教师培训偏重教育教学理论培训、轻教学实践训练与反思，特别是缺乏助讲、教学技能、实践锻炼等培训环节。为有效帮助高校青年教师尽快胜任教学岗位需要，切实保障和提高高等教育教学质量，浙江省在全省高等学校全面实施青年教师助讲培养制度，把助讲制度作为教师参加职称评聘和相关职务晋升的必要条件，取得较好成效。加强助教经历，建立并严格执行助教制度，确保硕士或博士毕业生任职期间的助教经历考核，切实提高青年教师的教学能力。[1]

4. 加强教师教学发展中心建设

目前我国高校促进青年教师专业发展的方式较为单一，多为以讲座为主的集体培训，内容偏重理论，实用性不强，无法体现专业特色，较为枯燥，其效果可想而知。要加强教师教学发展中心建设，开展基于教师需求、促进教师专业成长的各类活动，主动开发新颖的青年教师专业发展主题特色活动，增强活动的趣味性，让青年教师主动参与其中。在活动设计中还应考虑专业特色和实践性。例如定期举办新进青年教师教法技能比赛，帮助教师发现自身教学不足，以赛促进、以赛促改，不断提升教学技能和教学水平，

---

[1]浙江省教育厅.关于报送高校青年教师队伍建设有关材料的函[Z].2012-03-23.

或者是相关领域教师共同参与科研课题，再或者是教师间课堂观摩、评课活动。多样的形式，丰富的内容，具有针对性、灵活性、互动性、实时性的特色主题活动更好地推动青年教师的专业发展。[①]

5. 搭建网络资源共享平台

互联网时代的到来，人们获取信息渠道多元，内容丰富，速度快捷。这对高校教师专业发展是一个很好的机遇，搭建专业发展资源平台，充分利用最新的教育技术来实现教育资源的共享和互动性的学习，丰富学习资源，增强学习效果，提升专业水平。在这一方面国外有很多经验值得我们借鉴，例如芬兰建立国家高校教师发展网络联盟，芬兰大学教师发展联合会开发了全国高校教师发展网络资源共享平台。随着微博、微信在我国的快速普及，微博、微信公众平台对青年人来说并不陌生，应充分合理利用这些资源，搭建具有时代特色的网络资源共享平台，促进教师专业发展。

---

① 吕春座.高校青年教师专业发展问题研究[D].厦门:厦门大学，2008.

第二节 高校高层次人才队伍建设

近年来，浙江省按照中央、省委的要求，坚持以人为本、树立科学的发展观和人才观，把人才问题始终作为高校改革和发展的大事来抓，切实增强高素质师资队伍建设的紧迫感、使命感，大力推进科教人才强省战略，加快推进浙江省高水平大学建设，为建设"物质富裕、精神富有"的社会主义现代化浙江提供强大的智力支持和人才保障。

随着高等教育的快速发展，特别是"十一五"以来，高等教育的工作重心逐步从外延扩张转向内涵发展，浙江省高校在高素质人才队伍建设方面也取得了可喜的成绩：一是教师队伍规模不断扩大，整体素质结构逐步优化；二是教师管理制度不断完善，师资队伍建设更加规范；三是高层次人才引进与培养体系逐步完善，特别是随着学科水平的快速提升，集聚了一批高层次人才。目前，全省普通本科高校（不含独立学院）有专任教师近3.2万人，教授总数5889人（浙江大学1344人），副高以上专任教师比例占52%，硕士以上比例83%，其中博士以上比例39%。拥有两院院士33名，省属高校院士4名（不含双聘院士），国家"万人计划"入选者31名，国家"海外高层次人才引进计划"155名，省"千人计划"213名，国家级"新世纪百千万人才工程"116名，长江学者特聘教授104名，国家杰出青年基金获得者116名，国家级教学名师15名，教育部"新世纪优秀人才支持计划"249名，省特级专家64名，浙江省"新世纪151人才工程"重点资助对象146名。

一、浙江省高校高层次人才队伍建设主要成效及经验

1. 组织工作机制不断健全

明确高校在人才引进与培养中的主体地位，将各高校党委主要领导作为人才队伍建设特别是高层次人才队伍建设的第一责任人，学校党委每年至少一次专题研究高层次人才队伍建设工作。同时，把"教学名师，创新团

队，高层次人才和拔尖人才队伍建设"作为高校领导班子年度及任期考核的重要指标，通过考核，进一步增强高校推进人才队伍特别是高层次人才队伍建设的合力。绝大部分高校设立了人才工作领导小组、人才引进办公室，办公室通常设在学校组织部，有的与人事处合署办公，较好地配合了国家、省组织的诸如"千人计划"等高层次人才申报及后续管理工作，确保高层次人才队伍建设工作有序推进。目前，省属高校中除个别新建本科院校外，省"千人计划"引进都实现了"零"的突破。

2. 投入力度不断增强

积极争取省财政支持，明确省重中之重一级学科、重中之重学科平台建设经费用于高层次人才队伍建设不低于30%，省高校人文社科重点研究基地建设经费用于高层次人才引进和人才梯队培养经费不低于总建设经费的25%，"十二五"期间折合经费将达到3亿元以上。不断加大高校"钱江学者"特聘教授引进力度，计划"十二五"期间引进100名，每年津贴25万元，协议期限至少5年，每人将获得125万元的津贴补助（不含科研启动经费）。各高校也不断加大高层次队伍建设力度，出台了一系列针对性、有效性都很强的措施。如：宁波大学对领军人才的引进实行一人一政策。引进学科带头人，在提供20万元—50万元科研启动经费的基础上，提供"宁大花园"140平方米的住房一套。对引进的学术骨干提供60万元的安家费，聘期考核后再奖励20万元。杭州电子科技大学最近召开了人才工作会议，出台了系列加强人才队伍建设的举措，明确5年内引进和培养20名左右国内有影响力的领军人才，建设20个左右面向重大任务或科学问题的创新团队，培养和引进100名左右省内具有知名度的拔尖人才，支持300名左右支撑学校未来发展的青年创新人才，制定了引进人才的特殊待遇实施办法，每年投入将达5000万元以上的专项经费：引进诸如院士第一层次人才，年薪达500万元，引进"国千"、长江学者等二层次人才，年薪将达150万元等。

3. 发挥优势，新集聚了一批高层次人才

各高校坚持人才强校理念，依托重中之重学科、重点学科和创新团队等，加强海外高层次人才引进工作，使高校成为海外高层次人才集聚的重要阵地。截至目前，全省高校入选长江学者特聘教授、讲座教授104人，国家杰出青年科学基金获得者116人，国家"千人计划"155人，省"千人计划" 213人。其中2014年，浙江省高校共有31人新入选国家"千人计划"。全省高校"钱江学者"特聘教授总数达到161人。90%以上的高层次人才集中在重点、优势学科上，对提升浙江省高校学科建设水平和核心竞争力发挥了重要作用。

4. 创新载体，努力建设高层次人才发挥作用的平台

浙江省首次举办高校科研成果面向企业转化推介会，建立高校科研成果面向企业转化信息平台，积极推进高校产学研合作和科技成果转化，为产业资本和技术资本的融合发展搭建平台。继续实施高校创新团队支持计划，积极组织教育部创新团队、第二批重点创新团队申报推荐，教育部"新世纪优秀人才支持计划"入选人数达331人。深入抓好重点学科、重点专业、重点实验室等载体建设，在原有重点学科建设基础上，组织遴选并启动建设"十二五"期间第一批8个省重中之重一级学科和318个省重点学科；积极组织申报一级学科博士点、硕士点授予权。目前省属高校共有一级学科博士学位授权点77个、一级学科硕士学位授权点250个；新申请了一批重点实验室、工程研究中心，目前全省高校共有国家重点实验室14个、工程（技术）研究中心11个。

二、浙江省高校高层次人才队伍建设存在的主要问题及成因分析

当前，从人才和师资队伍建设面上说，面临四大问题：一是师资总量明显不足；二是结构有待优化；三是评价、激励方法和管理模式依然单一；四是领军人才缺乏，高层次人才的培养引进的力度不够。分析问题产生的原因，客观方面是高校的资源依然不足，尤其是优质资源严重不足，经费、生活与实验用房紧张，学科与科研平台缺乏，有的高校地处偏远等等；主观方面的问题，学校、学院、学科负责人的重视程度，资源配置的政策与重点等方面的差异。具体问题及原因如下：

1. 引进高端人才的平台不足

首先，从学校层次看。原浙江大学等4所院校合并后，浙江省只有浙江大学一所高校为"211""985"院校。长期以来，浙江大学在浙江高教

领域一枝独秀，其余院校虽然也有长足的进步，仍没有呈现"一极多强"的局面。而当前高校人才尤其是高端人才呈现出由地方高校向部属高校、"211"和"985"高校流动和集聚的态势，不利于地方高校人才队伍建设。

其次，从学科水平看。学科是人才发挥作用的重要阵地，目前浙江省的重点学科、顶尖学科数量较少。一是从2006年到2011年，省属高校重点学科和重中之重学科总体排名上升幅度不大，仍处于较低水平。2006年重点学科平均排名在58.43%，2011年平均排名在55.62%，仅提升了2.81%，且仍徘徊在55%之后。二是处于全国领先顶尖水平的学科仍然匮乏。根据第三方评价结果显示，2014年，浙江省重点建设的53个一级学科（重中之重一级、重中之重和人文社科基地）中，40个一级学科国内同类学科排名前移，其中排名10%以前学科6个，排名20%以前学科18个，排名30%以前学科34个，"十二五"期间建设情况较好。但跟上海、江苏等高等教育强省市相比重点学科建设情况也不容乐观，尤其是排名进入全国前30%的学科数量还是稍显不足。优势学科不足，已成为高端人才难以汇聚高校的一个瓶颈。三是高层次平台较少，浙江省高校一级学科博士点83个，其中省属高校只有25个，一级学科硕士点256个，其中省属高校只有184个；国家重点学科一级学科14个，国家重点学科二级学科23个，其中省属高校2个。现在国家重点学科也不再评了。国家重点实验室14个，其中省属高校为0。

高水平大学或学科严重缺乏是浙江省高校高层次人才队伍建设最主要的瓶颈，与经济大省地位及经济社会发展水平极不相称。

2. 引进人才与高校自身发展战略和学科建设定位的切合度不高

近年来，高校办学规模快速扩张，各高校为占据竞争优势，纷纷推行人才强校战略，加上政府对高校引才GDP式的考核，致使在高端人才引进方面出现一些盲目引进、追求数量的现象。有的高校好不容易"抢"到了高端人才，在使用中却发现与自身发展战略和学科建设根本不符，导致"人不能尽其才、学校不能受其用"的两难境地，造成人才资源和学校资源的严重浪费。

3. 高层次人才的引进与管理难以同步

高校为了广开才路，不断创新高端人才的引进方式。部分高校在不能全职引进高端人才的情况下，改以"柔性"方式引进高端人才，本是一种"不求所有，但求所用"的思路，但实际问题不少，如高端人才多处兼职，"名义上引进，实际难到位"。高校对"柔性"引进人员缺乏科学的考核与管理，存在"重视引进、淡薄考核"的现象，难以发挥高端人才对学科的引领作用、师资队伍建设的"传帮带"作用。

4. 高校人才竞争中存在一定的无序化状态

当前我国高等教育资源分布不均衡和人才的无序竞争状况，导致高校人才呈现相对单向流动态势，即高校人才由中西部、东北部地区向东部发达地区高校流动，由非中心城市高校向中心城市高校流动。在此背景下，一部分高校教师受经济利益驱使，乐此不疲地从一个高校跳到另一个高校，成为"高薪跳蚤"。部分高校为吸引高学历、高职称优秀教师推出的不要人事档案、不要户口、不要人才流动手续的"三不要"政策也对此起到了推波助澜作用，扰乱了高校人才的正常流动秩序，助长盲目攀比薪酬、待遇的不良风气，影响了高校教师队伍稳定。

5. 高校实行岗位设置管理后，相关的人事制度、绩效工资改革、科研经费使用管理的一些规定不利于形成人尽其才、各尽所能、脱颖而出人才成长、作用发挥的良好机制

一是岗位结构比例偏紧。高校正高、副高岗位数量偏紧，不利于高校高层次人才的引进，不利于青年教师的专业成长，需要用一段时间消化。此外高校管理队伍成长通道较少，不利于管理人员的稳定和成长。二是绩效工资与高层次人才引进之间的矛盾。对高校工资实行总量控制过死，人均绩效工资水平（9万元）过低，绩效幅度过小，实行岗位审批、进人审批、定编、定岗、定比例等都制约高校的发展。三是科研经费的使用管理限制过多，尤其是横向科研经费，也不利于高层次人才科技创新实践。

6. 高校高层次人才科研成果转化政策落实存在困难，人才在高校、企业间流动存在制度障碍

2014年省财政厅下发文件将科研成果处置权全下放给事业单位，并以备案制简化科研成果处置程序。但在实际操作过程中，高层次人才科技成果在自主开发、转让、许可实施、作价出资、收益分配、非经营性资产转经营性资产等方面的具体内容和流程不够细化和明确，操作中有顾虑，难度较大。在高层次人才校企流动问题上，由于目前事业单位和企业在人事管理、薪酬待遇、业绩考核等方面存在差异，双方合作的基础和目标不能很好地契合在一起，导致校企间人员流动存在困难，校企合作无法深入。

三、高层次人才队伍建设策略思考

（一）合力创造更为优越的人才工作环境和条件

在市场经济条件下，从市场资源配置的角度来看，人才的流动是必然的。世界范围内出现的高端人才涌向美国，正说明了美国优越的人才待遇、开明的用人环境和良好的人才服务体系。引才工作是一项系统性工作，需要高校、地方政府（教育、行政主管部门）通力合作，共同营造一个良好的人才工作环境和条件，如高校需要为高端人才提供住房、实验室、办公室，安排家属工作和子女入学，解决户口，为外籍人士办理居留证、绿卡等，政府则需要为不同地域、不同类型、不同层次的高校提供必要的财政投入、政策支持，如划拨住房用地、出台优惠落户办法、加大财政投入、下放职称评审权等配套措施。浙江省经济实力已稳居全国前列，已具备了较好的物质基础。高校和地方政府应形成合力，提高为高端人才服务系统化、整体化水平。同时，要规范高校人才引进和流动秩序，为高校创造稳定人才队伍的大环境。

另外，随着对高层次人才队伍建设工作认识的不断提高，力度不断加大，项目不断增多，工作任务不断加重，教育行政部门限于编制、职数，也影响工作的更好开展，建议在省级教育行政部门明确增加人才管理的组织建制，增加人员编制等。

（二）建立合理、科学的人才评价机制

毋庸置疑，所有高校都需要高端人才，但不同类型的高校所需要的高端人才必定有着不同的评价标准，要重视共性、更要关注个性，尊重教育规律、人才成长规律。有关主管部门不能以考核GDP的方式考核高校引才工作。不同学科特点、处于不同发展阶段的高校对高层次人才队伍建设的要求

与目标、重点是不一致的。目前有关部门设立的各类人才项目中工科、应用性强的学科性质普遍多于人文社科类。有关主管部门应根据高校类别及发展特征制定多元化的评价标准，避免"一刀切"，为高校全方位引进合适高端人才提供机制保障。

对待人才要具有长远眼光和宽广的气度。在引进的人才中，难免会有一些实际水平不如预期的高，有的人才作用发挥得不尽如人意，引才不能过于功利，是有成本、代价和风险的。注重顶层设计，引才具有针对性和实效性，一定要从机制上克服"武大郎开店"的问题。在人才流动方面，也要尊重人才的选择，否则留住人留不住心，不能很好发挥人才作用。人才成长需要良好的环境。"淡泊明志、宁静致远"这句古语来描述人才成长的规律可谓恰如其分，人才需要一个安静和宽松的成长环境，专心致志，排除干扰，不断积累，才能出成果。

（三）紧贴高校发展规划和学科建设需求

浙江省"十二五"时期重中之重一级学科、重点学科（全省本科院校都已布点）已经启动，新一轮的人文社科重点建设基地也将启动（并将加大投入力度），这些是加快内涵发展、提升办学水平的重要举措，这些举措为高层次人才引进创造了条件（经费、平台）。在新的建设周期，重中之重学科经费用于人才队伍建设的比例将大幅度提高。因此，高校一定要抓住新一轮的学科建设机遇，优化人才队伍建设规划，明确高层次人才引进的目标。要科学谋划，突出重点，结合高校自身的学科优势和特色，确定引才的重点领域和优先次序，重点引进急需紧缺的高层次人才，依托重中之重、重点学科、重点实验室、"2011协同创新中心"等各类平台集聚一批国内外科技前沿的学术精英，领军人才和学术团队，增强引才的针对性和实效性。

引进高层次人才绝对不能搞形象工程，要讲究实效，强调梯队与团队结构。

（四）建立高校高端人才引进论证、审核、监管和跟踪考核机制

为了使引进高端人才与高校自身发展战略和学科建设定位能够紧密切

合，高校自身应建立高端人才（专家团队）引进论证、审核、监管和跟踪考核机制，从引进源头、人才使用、中期评价、终期考核等各个环节来确保引才、用才工作的有机统一，使引进高端人才真正符合高校自身发展战略和学科建设发展方向。

教育主管部门在重中之重一级学科、重点学科、人文社科重点建设基地、"2011协同创新中心"建设的成果评价中，将增加高端人才队伍建设的分量，同时，在建设进程状态数据发布中，将定期通报各学校、学科高层次人才引进情况，确保高端人才能落地重点建设领域，达到"学科建设—队伍建设"的相互促进。

（五）坚持高端人才引进与培养并重

引进和培养并重是相对的，在一个时期，对一些特殊人才有必要采取一些政策条件的倾斜，否则，我们的工作很难有突破性进展，目标也会难以实现。当前高校高端人才引进由最初的盲目引进、追求数量逐渐向理性引进、讲求质量发展。人才引进必须做到人尽其才，"只引不用"不如不引。另一方面，高校依据学校发展规划，重点培养有潜力的年轻人，舍得投入，培养政策到位，做到"引得进人、用得好人、留得住人"，尽可能避免出现"引来女婿，气走儿子"的情况。

建议：在加强引进高层次人才工作的同时，增设针对本土、本校人才的支持项目，实现引进人才与本校人才的公平竞争，从更大范围激发各类人才的工作积极性。

（六）制定科研成果转化细则，探讨校企合作机制，引导高层次人才向企业集聚

应在现有促进科技成果转化政策的基础上，尽快制定科技成果转化实施细则。鼓励高校科技人员到企业一线担任企业技术顾问、企业科技特派员或柔性服务企业，促进高校人才向企业流动集聚。主管部门和学校要制定并落实鼓励高校科技人员深入企业、服务企业的各项支持政策，在职称评聘、

项目、成果申报、人才计划等各方面的鼓励支持，激励派出的科技人才潜心为企业发展服务。

（七）整合人才项目资源

如今党委组织部门、人事部门、科技部门、教育部门、卫生、文化等各行各业都有形式多样、种类众多的人才项目，而其中大头都集中在高校，多头管理、政策不一、数量不平、水平不齐、层次错乱，特别是一些项目，只给名，缺乏支持、培养、考核措施，造成资源的浪费，加重高校及教师的负担，作用不明显，徒有虚名，导向也不正确。

第三节　高校教师专业技术职务评聘制度改革

　　高校教师专业技术职务自主评聘是深入贯彻了十八届三中全会提出的转变职能、简政放权精神的体现，对推动高校及其教师的发展具有重要的意义。本节以2014年以来浙江省在所颁布的文件《关于深化高校教师专业技术职务评聘制度改革的意见》后所开展的高校教师专业技术职务自主评聘改革为例，对当前高校教师职称评审中存在的典型问题进行了分析，对浙江省职称评审制度改革的指导思想、制度设计和所取得的成效进行了介绍，并提出了在推进高校职称制度改革中所必须正确处理的四对关系，以期为其他省份高校教师职称制度改革提供参考和借鉴。

　　职称是专业技术人才学术技术水平和专业能力的主要标志，职称制度是专业技术人才评价和管理的基本制度。2017年1月，中共中央办公厅、国务院办公厅印发了《关于深化职称制度改革的意见》，由此拉开了新一轮全国职称制度改革的序幕。高校新职改是深化高校人事改革的重要内容，其对于落实高校用人自主权，激发教师活力具有广泛而深远的意义。在《关于深化职称制度改革的意见》颁布之前，以往的学者也围绕职称制度进行了大量的研究。其一是关于职称评审中存在的问题，例如，韩明认为高校职称评审中存在着"劣币驱逐良币"现象，赵志鲲指出高校教师职称评聘制度中竞争机制尚未真正形成、职务聘任未走出评审的怪圈等。其二是关于对职称评审问题存在原因的剖析，例如，韩明、郑丽华[1]等认为评审标准不合理、职务聘任缺乏动态管理等导致职称评审存在不合理的现象。其三，多数研究的重心是关于如何进行职称改革，例如，刘金松[2]提出要促进职称评审标准的科学化、

---

[1]郑丽华.高校职称评聘工作改革的深化研究[J].人力资源管理, 2016（9）:119-121.
[2]刘金松.高校教师职称评审权下放:逻辑、变革与瓶颈[J]. 中国高教研究, 2017（7）:81-86.

强化评审过程监督制度的建设等4个方面的对策；吴斌[①]通过借鉴职称评聘历史经验，提出选择合适的职称评聘模式，明确政府在评聘中的责任，做好职称评聘的制度设计，重视评聘制度在高校中的导向作用等措施。以往研究在取得进展的同时，还存在不足之处，尤其是对高校教师技术职务自主评聘的研究偏少。为弥补以往研究存在的不足，以及为其他省市和高校职改推进提供参考与借鉴，本研究将选择浙江省作为研究对象，其早在2014年就下发了《关于深化高校教师专业技术职务评聘制度改革的意见》，作为最早全面下放高校教师职称评审权的省份之一，剖析其高校教师专业技术职务自主评聘改革的探索与实践，提炼其改革的启示将具有重要意义。

一、当前高校职称制度存在的典型问题

高校职称制度自设立以来，在加强教师队伍培养、建设和管理等方面发挥了重要作用，但当前高校职称制度也存在一些突出的问题和矛盾，尤其是在评价标准、机制以及聘后管理上，这些问题一定程度上误导了高校传道授业的教育风气，教师专业发展备受限制。

（一）评价标准不够科学

1. 重科研业绩，轻教学效果。

当前职称评审主要以科研业绩作为评聘的硬标准，将教师发表论文以及申报课题的数量、等级等作为能否晋升的"入门证"，而教师中心工作的教学权重弱化。受其导向，很多高校教师将提升科研业绩作为工作的重中之重，将大量的时间和主要精力投入科研项目的申报、论文的撰写中，教学创新、教学质量提升等工作用力不足。同样也存在某高校中二级学院在评职称时，总分由三部分构成：科研成果占70%，工作表现占15%，学院活动贡献与参与占15%。[②]无论是学校、学院还是教师个人，都过多地关注科研，很多教师尤其是有职称评审需求的年轻教师在教学方面往往是应付完成教学工

[①]吴斌.高校职称评聘改革的思考[J].浙江工业大学学报（社会科学版），2012（4）:383–386.

[②]光明网.解决高校重科研轻教学难题 要让教师有劲头有甜头[EB/OL].http://www.zmdtvw.cn/showinfo-19-85214-0.html.

作，保证不出现教学事故，大学教育质量出现严重下滑。[1]

2. **重专业素质，轻师德修养。**

当前，在高校教师职称评聘过程中，过分强调教师的科研成果、科研项目等业务素质，缺乏对师德修养这一指标明确、详细的考核，存在重业务轻政治、重智育轻德育、重学历轻素质的倾向。由此，有些高校教师在科研工作中弄虚作假、抄袭剽窃他人研究成果，违规使用科研经费以及滥用学术资源，这严重危害了高校的学术环境，对大学生的健康成长产生了消极影响[2]。

3. **重眼前效益，轻长远发展。**

当前尽管高校职称评聘的自主权下移，由学校自主评聘，但实际操作中受权高校为了省事、少事，仍然依据政府统一标准对教师进行评价，形成事实上的还是"一把尺子量高校教师"。这种形变内统的做法，一方面违背了设障教师职改的初衷，形成新的"大一统"；另一方面，还导致教师过于关注当前职称评价指标，难以顾及自身专业化长期发展的规划，使个人的专业优势、科研优势丧失，使科研成为功利行为。

（二）评价机制不够完善

1. **评审程序的规范执行有待提升。**

高校职称评审一般按公布岗位信息、教师申报、学校推荐、省级主管部门组织学科组评审、评审表决、公示并发文、学校聘任等程序进行。但在评审过程中，由于教师申报数量较多、评审时间紧、任务重等因素的影响，难免有些时候严格按照规定的评审程序执行不到位，影响评审规范程度。

2. **评聘公开的透明度亟待加强。**

有些高校教师职称评审的实施方案、评聘程序、岗位任职资格等的公开度较低，参与评审的教师往往对整个评审工作的进程了解不够，且评聘过程大多采用评委无记名投票方式，评委会超过三分之二赞成即为通过，但由于是无记名投票，不通过的原因不得而知，这样既不利于民主监督，也不利

①薛静静."重科研轻教学"背景下科教关系转变探讨[J].高教论坛,2018（5）：26-27.
②尹蔚民.全面深化职称制度改革充分发挥人才评价指挥棒作用[J].求是,2017（10）:8-10.

于以后教师教学科研水平的提升[①]。同时，在评审过程中，有的高校对于评前材料公示、评后结果公示的时间、范围等把握不定，甚至有些有意减少公示时间，缩小公示范围，不利于群众对教师职称评审过程的监督。

（三）聘后管理不够规范

1. 聘后管理制度不健全。

对于职称评审通过人员，在聘任其到相应岗位后，应对其工作职责履行情况进行监督检查，开展聘期考核，促进人岗匹配。但在实际操作中，很多高校聘后管理制度不健全，对教师的考核、监督工作并没有落到实处[②]。目前高校普遍尚未建立健全聘期目标责任制，尚未构建全面、规范、完善的教师考核评价指标体系，对教师聘任后的管理不严格，缺乏相应的激励机制，致使相关教师缺乏锐意进取的内在驱动力，工作得过且过，严重阻碍了高校教师业务水平的提升和教学质量的提高。[③]

2. 低聘、解聘形同虚设。

当前高校教师职称制度基本都延续了"一次评定，终身享用"的传统，各地高校教师职称晋级并受聘于相应岗位后，一般只明确规定具体的聘期，普遍未明确与岗位相关的职责、任务、聘期目标等，由于聘后管理不够健全，导致有些教师拥有较高职称后，对于科研和教学不思进取。职称评审"能上不能下，一聘定终生"情况仍然存在，对于岗位职责履行不到位的教师低聘和解聘形同虚设，使职称评聘的动力机制和激励作用减弱，特别是影响了青年教师的工作积极性。

二、浙江省高校教师专业技术职务自主评聘改革的实施、经验与成效

为解决高校教师专业技术职务自主评聘中存在的"评价标准不够科

①赵庆昕.高校教师专业技术职务评聘现状与问题剖析[J].长白学刊, 2011（6）:144-145.
②刘金松.高校教师职称评审权下放:逻辑、变革与瓶颈[J].中国高教研究, 2017（7）:81-86.
③蒙有华.我国高校教师职称晋级制度的历史审视与改革建议[J].教师教育学报, 2018（2）:63-72.

学、评价机制不够完善、聘后管理不够规范"三个关键问题，2014年以来，浙江省根据深化高校教师专业技术职务评聘制度改革的意见，政府全面下放高校教师专业技术职务评聘权，高校自主聘任为标志的高校教师职称制度改革在浙江全面展开。3年多来，浙江高校职改成绩斐然，进一步落实了办学自主权和用人自主权，极大地激发了教学科研人员走专业化的热情，基本创建了高校职改人事管理的制度和体系，形成了富有创新而又切实可行的浙江高校职改"样本"，产生了一系列相关改革经验，并已取得一定可观成效。

（一）三阶段改革的具体实施

本次改革分为事前制度设计、事中自主评聘、事后监督检查3个阶段。在事前制度设计阶段，由相关政府部门确定改革的总体思路、基本原则、实施范围与对象，高校结合浙江省出台改革政策自主规划并报主管部门备案；在事中自主评聘阶段，由高校依据相关政策自定标准、自主评聘、自主发证；在事后监督检查阶段，由评聘主管部门组织对各高校自主评聘工作进行复核抽查、受理举报、通报结果、学校整改等监督管理工作。下面具体阐述：

1. 事前政府核定岗位比例，进行宏观管理

政府主管部门事先核定了各高校正高、副高、中级和初级专业技术岗位结构比例，要求高校在岗位结构比例内开展评聘工作，评聘工作要求坚持同行评价、分类评价、综合评价相结合，公正、公开、竞争、择优的原则。各高校专业技术岗位结构比例如下：

表6.1 浙江省高校正高级、副高级、中级和初级专业技术岗位比例标准

高校类别 \ 职称级别	正高级	副高级	中级	初级
具有博士学位授予权高校	15	30	48	7
具有硕士学位授予权高校	12	30	50	8
其他本科院校	10	28	52	10
示范高等职业院校	8	27	50	15
其他高等职业院校	6	26	50	18

高校根据该结构比例和学校未来发展规划编制今后3年的教师专业技术职务评聘计划，经学校学术委员会论证，并报省教育厅、省人力社保厅审核备案后开展评聘。对于省重点建设高校中的重点建设学科在具体实施过程中可不受所在高校核定结构比例的限制，单列核定专业技术高级岗位比例。主管部门通过核定岗位结构比例的宏观管理手段，能有效解决下放评审权利"一放就乱"的问题。

2. 事中高校自主开展评聘，实行分类评聘

为解决"评价标准不够科学和评价机制不够完善"的问题，在高校教师专业技术职务评聘改革的实践中，浙江省高校可根据自身发展需要，结合学科专业特点自定评聘标准，一般分为教学为主型、科研为主型、教学科研并重型、社会服务与推广型等多种不同类型的评聘标准，标准更科学、针对性更强。高校可组建学科评议组、评聘委员会等相关评聘机构，依据标准和规定的程序在核定的岗位结构比例内自主评聘。高校依据评聘结果自主颁发任期专业技术职务聘书。自主分类评聘机制的建立能够更加体现不同高校的办学特色，按照教师自主确定专业发展方向，有重点地考核各个类型教师在教学、科研、服务等方面的能力，引导教师安其位、尽所能。在一些高校长期存在的"重科研、轻教学"顽症得到有效遏制。

3. 事后政府强化监督检查，履行监管职责

为解决"聘后管理不够规范"的问题，浙江省高校教师专业技术职务评聘工作结束后，省教育厅和省人力社保厅则会组织开展高校专业技术职务评聘复核工作。如果在复核中发现高校评聘工作程序不规范、标准把握不严，省教育厅和省人力社保厅则会对该高校给予黄牌警告，并要求其立即整改，若经整改仍无明显改善，则暂停高校自主评聘工作。在自主评聘改革过程中，高校应严格把控院系推荐、学科评议、学校评聘等工作环节，严格执行"三公开、两公示"的要求，规范评聘程序。

（二）4所高校突破性实证经验

浙江省职称制度改革坚持分类导向、育人导向、质量导向、应用导向、发展导向、品德导向的指导思想，以政府全面下放高校教师专业技术职务评审权，宏观管理监督高校教师专业技术职务评聘工作为基本内容。改革

旨在全面落实高校办学和用人自主权，引导高校分类评价、管理教师专业技术职务，积极构建竞争择优、能上能下的用人机制，使评价标准更具科学化、评价机制相对完善化、聘后管理更加科学化。通过打破聘任终身制，进一步调动和激发广大教师的积极性和创造性，努力建设一支师德高尚、业务精湛、结构合理、充满活力的高素质专业化的教师队伍，这一改革过程中形成了一系列具有重要突破性的改革经验。

1. 校本评价，突出日常考核，培养应用型教师

宁波大红鹰学院在本次高校专业技术职务评聘制度改革中，将原有的"星级教学优师"和"应用型教师资格认定"等考核评价制度与专业技术职务评聘制度有机结合，规定申报社会服务与推广型职务的必须首先认定为中级以上应用型教师，并且"星级"教师和"应用型教师"在同等条件下优先聘任专业技术职务。这一改革措施实现了对教师业绩的校本化的评价，对鼓励教师争做"星级"教师和"应用型教师"起到了明显的激励和导向作用。

2. 育人导向，强化课堂质量，促进教学发展

宁波卫生职业技术学院在专业技术职务评聘改革中，强化对课堂教学质量的评价，由学校教学督导委员会组织专家以随机听课或组织公开课的方式对申报人员进行评价，对课堂教学质量进行A、B、C三级的评分。这一举措扭转了教师重教学数量、轻教学质量的局面，激发了教师提高教学质量的热情。

3. 打破常规，推动"能上能下"，激发人才活力

浙江师范大学在2014年高校专业技术职务聘任制度的改革中，采取特殊破格评聘机制，对于杰出青年学者可不受学历、年龄限制，越级申报相应的专业技术职务。当年，浙师大有12名优秀教师破格越级晋升，实实在在地享受到了评审不受年龄、工龄限制而只关注科研教学水平的各种改革优惠。与此同时，有6名教授因业绩不佳，而接受了低聘处理。浙江师范大学"动真格"的改革实践，让勤奋踏实、业绩优秀的教师得到了肯定和激励，也让"怠教""懒研"的教师保持觉醒。

4. 分类管理，实施差异评价，服务学校发展

杭州电子科技大学在本次高校专业技术职务聘任制度的改革中，将教师专业技术职务分为科研主导型、教学主导型、教学研究并重型、社会服务推广型四大类，申报不同的职务类型采取差异化的评审标准，一改以往唯论文、科研为主导的职务评审模式。这一改革实践，使得没有发表论文、没有科研成果的教师也拿到了"教学为主型"教授的聘书。这一评聘标准不仅肯定了教学型人才对高校和社会的贡献，也将激励更多教师将精力投入教学实践中。

（三）稳步推进改革见成效

通过上述三阶段的改革过程，以及从浙江高校的相关改革经验中不难看出，浙江省高校在教师专业技术职务评聘走向上评价标准更具科学化、评价机制相对完善化、聘后管理也更加科学化，即坚持校本评价以及育人导向，采用"动真格"的改革实践，实施差异评价等。由高校自定标准、自主评聘、自发证书，下放了高校教师专业技术职务评审权，强化了事中和事后监管，具有十分深远的现实意义。

浙江省高校于2014年首次开展专业技术职务的自主评聘工作，据统计全省当年共有83所高校参与高校教师专业技术职务的评聘工作，共有2504人申报晋升高级专业技术职务，其中1496人获得了晋升，通过率为59.74%，与以往基本持平，具体情况如表6.2所示。自2014年以来，整个改革正在以平稳、有序的态势向前推进，社会各方对改革工作给予了积极肯定的评价，改革成果也得到了社会各界人士的认可，整个改革工作与国家全面深化改革的精神相契合。

表 6.2 浙江省高校首次自主评聘试点基本情况

	通过人数/ 申报总人数	总通过率	正高通过 人数/申报 正高人数	正高通过率	副高通过 人数/申报 副高人数	副高 通过率
本科	1045/1753	59.61%	313/542	57.75%	732/1211	60.45%
高职	451/751	60.05%	102/183	55.74%	349/568	61.44%
总计	1496/2504	59.74%	415/725	57.24%	1081/1779	60.76%

注：本表引自《浙江省高校教师专业技术职务自主评聘试点工作总结》

浙江高校教师专业技术职务自主评聘制度的改革获得了各大高校的热烈拥护。高校拥有教师专业技术职务评聘的自主权，激发了高校的内生动力和办学活力，促使高校立足于自身办学特点，在建设"双一流"的背景下获得更长远的发展。评聘制度的改革获得了社会的广泛好评，人民网、新华社等众多主流媒体争相报道，不少兄弟省份也开始参考和借鉴浙江高校教师职称制度的改革与实践。

此外，浙江高校教师专业技术职务评聘制度的改革获得了有关部门的充分肯定，由于改革与政府进一步简政放权的改革大背景相吻合，得到了高校及教师的高度赞赏，被浙江省认定为教育系统群众路线教育实践活动的重要标志性成果。总的来说，改革深入贯彻了十八届三中全会提出的转变职能、简政放权精神，推动了政府治理能力的提升；强化了竞争和择优，有利于调动和激发广大教师的积极性和创造性，促进优秀人才脱颖而出；高校自主评聘使评聘结果也更符合学校实际和学术规律，有助于高校发展规划的实施和办学目标的实现。

三、浙江省高校教师专业技术职务自主评聘改革的启示

自国家《关于深化职称制度改革的意见》和教育部《关于深化高等教育领域简政放权放管结合优化服务改革的若干意见》发布以来，一场如火如荼的职称制度改革正在全国高校展开。浙江省高校教师职称制度改革对其他省市和高校推进本地区和本校职称制度改革，具有如下启示，需要我们平衡处理好这4个方面的关系。

（一）评聘标准中的共性要求和个性特点的关系

高校教师承担着教书育人、科学研究开发、发表学术论文、社会服务等方面共同的责任。但是，由于高校教师的人口统计特征、文化素养、人生经历、学科专业、个性特征等方面存在较大的差异。高校在制定评聘标准时，一方面必须考虑到教师的共性特征，制定有利于教师开展共性工作的标准；另一方面必须正视教师之间的个性差异，为不同学科、不同成长阶段的教师制定差异化的评定标准，保护好教师教学的个性风格，使高校所有教师

都能发挥所长，为教育、科研贡献力量。当然不同类型的高校，办学定位不同，人才培养的取向不同，对教师素质要求有差异，职称评聘的导向亦应不一，应该具有各自特色符合学校发展实际的评聘标准。

（二）评聘过程中的学术权力和行政权力的关系

在职称评聘过程中，高校的学术权力与行政权力是相互独立又紧密联系的。"评"的行政权力要前置，"聘"的行政权力是"压舱"，而学术评估交由专家，即学术的事交给专家做。具体而言，一方面，职称评聘由学科专家组成职称评议小组，对高校教师的教学与科研业绩进行评审，考察其学术水平和教学能力是否达到了晋升要求，这是学术权力的体现。另一方面，教师职务聘任是新一轮的岗位聘用，这必然又与行政权力密不可分。因此，妥善把握学术权力和行政权力的关系就显得格外重要。在职称评聘的过程中，首先，应由高校的学科专家组成学术评议小组，对教师的教学与科研等能力进行考评，充分运用学术能力。同时，由学术评议小组和行政部门一起根据岗位的数量、结构比例，在学术评审的基础上，综合各方条件，提出职称评聘的结果，由学校聘用。

（三）评聘系统中的岗位体系和分配体系的关系

在高校教师的评聘系统中，分配体系与岗位体系密不可分，分配体系常常作为岗位体系的支撑而与之相随相伴。然而，在职务聘任制度的改革中，随着统一规范的岗位体系逐渐成型，与许多高校原有的"国聘"与"校聘"两种不同的聘任方式矛盾日益突出，导致了分配体系的分离。鉴于专技术职业务评聘制度的改革趋势，高校岗位设置管理系统应统筹教师职务聘任工作，岗位体系和分配体系应配套而行。

（四）评聘改革中的确保稳定和不断深化的关系

在高校专业技术职务评聘制度的改革中，评价标准、评价程序、岗位数量、结构比例等都将发生变化，这是一场人才评价方式和用人制度的重大变革。因此，改革工作一方面要高标准、严要求，有序推进，另一方面更要考虑改革的实际情况，积极征询高校教师的意见，稳步推进改革进程。高校教师评聘制度的改革必须充分考虑相关执行人员对改革的承受能力，加大改革的宣传力度，切忌过快过猛。整个改革工作必须要获得广大教师的理解和支持，让他们参与其中，共同推进改革工作稳步进行。

尽管关于改革的启示有很多，但关键在于政府应当实现从执行者向监管者的角色回归。同时，各高校要以职称制度改革为突破口，推进岗位管理、人员聘用、竞聘考核、绩效管理等重要制度的良性运转，形成公平竞争、优胜劣汰、能上能下、充满活力的人事管理运行机制。

第七章　构建高等教育质量保障体系：
职技能力提升与保障

第一节　深化高职院校招生模式改革的思考
——以浙江省为例

  高职院校在招生实践中逐步形成了统考统招、单考单招、自主招生、五年制转入、免试升学等主要模式。目前，高职院校在招生计划、选拔模式、选拔内容、选拔方式和招生改革等方而还存在一些现实问题。针对问题应积极改进招生计划分配方式，优化招生选拔模式，合理确定考试评价内容，推进高职院校招生模式不断走向科学化。

  经过近20年的蓬勃发展，我国高职教育作为高等教育的有机组成部分，不仅在办学规模上占据了高等教育的半壁江山，而且在办学定位上"为服务国家经济转型升级培养高层次技术技能人才"的类型特色越来越明显，在实现高等教育大众化的过程中发挥了基础性作用。但长期沿用与普通高等教育相同的统一标准考试招生制度的弊端逐渐凸显，愈来愈不适应高职教育的类型特点及生源多元化的现实需求。针对这一问题，2014年9月，国务院颁发了《关于深化考试招生制度改革的实施意见》，明确提出"到2020年基本建立中国特色现代教育考试招生制度，形成分类考试、综合评价、多元录取的考试招生模式，构建衔接沟通各级各类教育、认可多种学习成果的终身学习'立交桥'"[①]。与此同时，确定浙江省、上海市为全国高校考试招生制度综合改革试点省（市），并且把高职院校考试招生制度改革作为我国高

---

①浙江省人民政府公报.国务院关于深化考试招生制度改革的实施意见[Z]. 2014（34）.

校考试招生制度改革的重要组成部分统筹推进。

因此，全面总结浙江省高职招生改革试点过程中的实践经验，客观分析存在的问题，不仅对建立中国特色高职教育考试招生制度具有重要意义，同时对推进我国高校考试招生制度改革也具有借鉴意义，尤其是对构建现代职业教育体系、加快职业教育可持续发展更具有现实意义。

一、浙江省高职院校招生模式的探索

招生模式是考试招生制度的重要组成部分，主要包括招生选拔的方式方法和录取标准。招生模式是决定高职院校能否科学合理选才的关键所在。近年来，为适应高职教育的快速发展，浙江省高职院校的招生在不断的探索实践中逐渐形成了5种模式、10种类型的基本格局。

（一）"统考统招"模式

"统考统招"模式是以"全国统一招生录取"为基础的招生选拔模式。高职教育虽然是从20世纪90年代末才发展起来的，但面向普通高中毕业生的招生模式基本上还是沿用了普通高等学校招生统一考试的制度。其间，各省也根据高职教育的人才培养特点在招考科目、录取办法上进行了不断的改革。目前，浙江省在高职教育领域的统考统招模式主要是按照新课改高考第三类考试科目组织考试的，即"语数外+技术"模式；在录取过程中，按照志愿填报方式的不同则可分为"统一录取"和"提前录取"两种基本类型。统一录取，即该类考生填报高考第三批（专科批）平行志愿，统一录取。提前录取，即该类考生填报高考第三批中的提前批录取志愿（传统志愿），在第三批中提前录取，主要是招收委培生、定向生，以及警察等特殊类型专业的学生。根据浙江省高考综合改革的统一部署，到2017年全省统考统招实现高考与高中学考、必考与选考相结合的途径，实现文理不分科、录取不分批次，实行"专业+学校"的招录模式，达到省内各高职院校按专业平行投档和择优录取的改革目标。

（二）"单考单招"模式

"单考单招"模式是专门为招收中等职业学校（包括中专、技校、职高，俗称"三校生"）应届毕业生设计的一种招生模式。所谓"单考单招"（有的省份也称"对口招生"）是相对于"统考统招"而言的，它由各省单独命题、单独组织考试和录取。到目前为止，这一模式在浙江已形成了两大层次：一是专科层次，这是浙江"单考单招"模式招生的主体，其中，2016年实际招生数量达到2.9万人。二是本科层次，这是近两年浙江加快构建现代职教体系过程中形成的新类别。据统计，2016年全省有80所高校参加"单考单招"，其中应用型本科高校有31所，安排计划3748名。另外，从2015年全省又开展了高职四年制本科教育试点工作，使"三校生"报考本科专业有了新选择，2016年依托7所本科院校，在12所示范高职院校开展四年制本科招生，共安排计划800名。根据浙江高职"单考单招"模式的发展规划，到2017年逐渐实行文化素质和职业技能相结合的综合评价模式。其中，文化素质科目中的语文、数学实行单独命题考试，英语选择参加全国英语等级考试一级考试，而职业技能考试则具体划分为文秘类、服装类和烹饪类等17个大类，学生自主选报，每年考试1次，成绩2年有效。

（三）"自主招生"模式

"自主招生"模式是学校对考生学业进行测评或通过高职院校自主考试的选拔模式。这一模式最早源于2007年，首先在浙江、江苏、湖南、广东等省的一些高职示范学校进行试点，被一些学者视为我国高考制度改革的"破冰之举"。近几年来，浙江省对该模式进行了不断完善，目前已逐步形成了以下三种类型：一是校考单录自主招生。由高职院校自主确定入学标准、自主命题和考试、自主实施招生录取，考生参加院校自主招生测试合格后，可直接被录取，不再参加高考。二是高职提前招生。其中普通高中学生以高中学考成绩为基本依据，中职学生以全省统一组织的职业技能考试成绩为基本依据。高职院校对考生文化素质和职业适应性进行综合评价和择优录取的模式。与校考单录自主招生相比，高职提前招生在报名资格、考试科目、录取投档方式等方面均有不同。三是"三位一体"，自主招生。其中高职院校依据考生统一高考、高中学考和综合素质评价成绩按比例合成综合成绩进行择优录取。根据浙江省高职自主招生的规划，以上三大类别未来将做出调整，其中最为突出的就是以提前招生取代现行的校考单录自主招生模式，这是浙江落实高考招生制度改革、推进高职分类考试招生的重要举措。

（四）"五年制转入"模式

"五年制转入"模式具体又分"3+2"与"五年一贯制"两种类别。共同特点是招收初中毕业生，总学制为五年，学生毕业后发高职专科文凭。不同的是，"3+2"模式由高职院校和中职学校合作分段培养，前3年学生在中、高职协作的中职学校学习，后2年经考核后转入高职院校学习。"五年一贯制"最初的政策设计是由高职院校下设中专部直接招收参加中考的初中毕业生，进行"五年一贯制"培养。但现在的高职院校中专部已基本撤销，所以除体育、艺术类外的大多数高职院校也不再直接招收初中毕业生。因此，现在的"五年一贯制"已经不是上述意义上的"五年一贯制"，而是与"3+2"模式相类似，也是由高职院校和中职学校合作分段培养，只是在培养方案上要求高职院校与合作的中职学校共同制订，突出专业培养的连贯性。这一模式主要适用于需要长期技术积累的相关专业，如艺术、体育、护理、学前教育等。根据浙江省高职教育发展状况的统计数据，2015年，全省共有43所高职院校联合中职学校安排"3+2"招生22916人，涉及14个专业大类、103种专业、263个专业点。在"五年一贯制"方面，2015年全省有37所高职院校联合中职学校安排招生16774人，涉及16个专业大类、93种专业、170个专业点。

（五）"免试升学"模式

"免试升学"模式是指无须参加卷面考试，通过申请直接入学的招生模式，其主要面向技能优秀的中职毕业生。浙江省在2012年就开始探索和实施技能优秀中职毕业生免试升学政策，并于同年制定了《浙江省推进中高职一体化人才培养模式改革工作方案》。根据这一文件精神，凡获得教育部等国家部委举办的全国职业院校技能大赛、全国数控技能大赛一、二、三等奖的应届中职毕业生可免试保送就读省内高职院校相关或相近专业。据统计，2015年浙江省共录取免试入学新生153人。

二、浙江高职院校招生模式存在的现实问题

近年来，随着浙江高职教育水平的不断提升，省内高职院校无论在招生规模还是招生模式创新方面均取得了显著成绩，但从高等教育的整体发展角度看，目前，高职教育依然属于"弱势群体"，尤其在招生模式上也存在一些现实问题亟待破解。

（一）在招生计划的安排上，缺乏足够的科学性

具体而言主要表现在以下3个方面：

1. 省外计划的安排问题

从总体上看，无论是计划完成情况还是学生报到率，省外招生均不如省内，并存在省外招生计划难以完成的现实问题，一些地理位置不占优势的地市高职院校和部分民办高职院校尤为严重，部分省外招生计划完成不到一半，甚至不到20%，总报到率也低于全省平均水平近10个百分点。省外招生困难根源主要在于计划安排上不够科学，同时缺乏足够的宣传力度，这不仅浪费了高职教育资源，也不利于高职教育整体形象的提升。

2. 五年制计划的安排问题

一是"五年一贯制"和"3+2"区分度较低。同样的专业，有的学校采用"五年一贯制"模式，有的学校则采用了"3+2"模式，导致招生过程出现差异化。二是中职和高职挂钩完全采用市场调节的运作模式，也导致五年制的专业及地域分布出现极不合理的状况。如在专业分布上，现在的五年制招生几乎涵盖了所有专业，招生过程并未完全突出"技术积累需要时间较长的专业"这一特点，专业确定过程存在较大盲目性；而在地域分布上也未突出"留住当地人才，服务地方经济发展"的初衷，在某种程度上，人才培养与地方经济社会发展需求还存在相脱节的现象。

3. 单考单招计划的安排问题

为加快构建现代职教体系，促进中职教育的发展，浙江省高职院校面向中职招生的规模增长较快，导致一些专业类别招生计划与报考人数倒挂。各专业类别间本专科计划比例也存在不平衡的境况，导致各类别考生报考本科出现机遇不均衡的情况。从招生计划数与生源数的比较关系角度看，也存在二者匹配不科学的现实问题，类别间生源不平衡是重要原因之一。与此同时，在分类别计划安排时缺乏对"单独组班"这一特点的考虑，导致高职院校出现正常组班教学难的困境。

（二）在选拔模式上，缺乏足够的明确性

在高职院校的招生过程中，不同的选拔模式具有不同的选拔功能，适用于不同的生源，且具有明确的选拔目标。然而遗憾的是，在实际操作过程中与这一要求相去甚远，有的学校甚至存在着同一专业同时使用4到5种选拔模式的情况。

1. 关于五年制选拔模式

一方面，为获取更多的生源，部分中高职院校存在选拔目标不明确的现实问题，尤其是一些招生不占优势的高职院校，为了提升招生吸引力和出于储备生源的考虑，一味扩大五年制计划，对专业培养特点则缺乏足够研究，不利于高职教育自身发展；另一方面，"3+2""五年一贯制"挂钩的部分学校也存在生源流失的不利现象。尤其是随着本科院校面向中职招生计划扩大，部分"3+2""五年一贯制"成绩较好的学生参加单考单招、报考本科院校，导致"3+2""五年一贯制"高职段生源流失，造成资源的浪费。此外，由于中职一般为属地招生，与优质高职院校挂钩的同一地区生源相对更为容易获得升学机会，这对参加全省统考的学生来讲显然有失公平。

2. 关于单考单招选拔模式

从职业技能考试试点情况来看，不少学校反映主要存在以下3个问题：其一，考试时间安排过长。由于每个中职学校都有多个专业类别的学生参加职业技能考试，各类别考试时间并不统一，对于学校的正常教学秩序冲击较大，且整个单考单招考试时间分为三段，12月份技能考，4月份专业理论

考，6月份文化考，完成年度考试的总时间拉得过长，使得中职学校及学生疲于应付。其二，考试方式及过程也过于复杂，分类过细，各类别之间考生人数相差较大，有的类别在分若干个考点的情况下，仍然需要多天才能完成考试。其三，考前缺少熟悉场地和设备的环节。尤其是实践操作所需的设备往往各个学校并不完全一样，如果考生不熟悉，势必影响学生考试发挥。

（三）在选拔内容上，缺乏足够的全面性

操作性考试评价本身就存在差异性，组织统一测试难度较大。具体表现在以下3个层面：一是对高等职业教育的内涵认知片面，忽视文化素质教育在职业技能教育中的基础性作用，导致部分高职院校缺失足够的文化素质教育氛围。二是部分同一类别技能操作考试内容不统一、难易程度差距较大、覆盖面不够广，学生抽取考题偶然性因素多，难以引导中高职院校重视专业培养目标的实现。三是个别类别职业技能操作考试考点之间的评判标准掌握不一。因个别类型考试人数多，考试时间长，受设备、场地限制，考点分布在多个高职院校进行，参与考核人员的专业水平参差不齐，工量具标准也难以统一，很难保证各考点之间评判尺度的一致性，影响了考试的公平性与公正性。

（四）在招生改革上，缺乏足够的前瞻性

从近几年浙江高职教育的发展来看，虽然各校均加大了招生宣传力度，与同区域内的本科院校相比，高职院校整体而言还处于劣势，其原因虽与院校自身实力有关，但同高职院校对招生改革认知的前瞻性不足也不无关联。尤其是随着"专业+学校"新高考改革投档方式的实施，这一模式虽有利于高职院校提升专业特色和增强专业竞争力，但与此同时也极有可能改变高校院系结构和办学形态，进而导致生源不均衡矛盾的进一步凸显。面对这些现实境况，目前省内一些高职院校还普遍存在观望意识，缺乏对自身招生改革的认知和实招，主动应对的积极性不高。长此以往，这种在主观认知领域危机意识和招生改革中应对举措的缺失性，必将导致省内部分高职院校，尤其是民办高职院校以及综合实力不强又缺乏足够特色的高职院校发展受到

限制，并致其在未来的发展中面临更大的挑战。

三、深化浙江高职院校招生模式改革策略

针对浙江高职院校招生中存在的现实问题，今后要进一步深化和完善高职考试招生综合改革，提升高职院校的生源质量，实现高等职业教育的科学发展，必须从构建现代职业教育体系以及提高教育质量的高度出发，依据区域经济社会发展及教育改革新形势，深入推进高职院校分类招生考试，满足相关选拔模式的目标功能，合理安排招生计划，整合考试内容，优化考试招生程序，综合评价，多元录取，确保公平公正，从而建立科学高效的高职考试招生制度。

（一）坚持教育资源配置公平和效率统一的原则，改进招生计划分配方式

1. 鼓励性安排省外招生计划

鉴于省外招生普遍存在招生难、报到率低、收费难等现实问题，在国家对招生计划控制越来越严格和省际生源竞争越来越激烈的背景下，教育主管机构应支持高职院校加大统筹力度，挖掘潜能，扩大省外招生计划，优化学校生源结构，以增强其在全国高职院校中的影响力，同时建议采取奖励性措施，鼓励省外招生情况相对较好的学校以及国家示范（骨干）学校扩大省外招生规模，结合招生数量和完成情况给予奖励。

2. 差异化安排五年制计划

根据目前的操作情况，笔者认为未来五年制计划安排应有针对性地向地市高职院校倾斜，一方面可以增加地市高校与当地中职学校的良性联动，另一方面也有利于留住当地人才，提高地市高校服务地方、服务区域经济社会发展的能力。与此同时，还要适当控制省属优质高职院校五年制招生计划比例，将省属优质高职院校的招生计划更多地用于统考统招，以增加高职院校招生过程中的公平性。

3. 精细化安排单考单招计划

针对单考单招类别多、生源分布不均等实际情况，在安排计划时要做

到精细化。为此应着力做好三方面的工作：一是要减少计划与生源的倒挂；二是同一类别尽量满足成班级建制安排计划，满足单独开班的要求；三是力求各类别之间本科与专科比例的基本平衡。

（二）遵循与专业特征和培养规律相适应的原则，优化招生选拔模式

高职教育的根本目标在于培养应用型的高技能人才，但是不同专业高技能人才的具体内涵各不相同，对高职学生的素质要求也必然存在较大的差异性。有些专业对学生的操作技能要求较高，而对文化素质要求可相对降低，有些专业则相反。这意味着，高职各专业在招生考试的标准及模式选择上应该有所区别。

1. 优化招生选拔模式

对于行业岗位技术含量较高、专业技能训练周期较长、技能熟练程度要求较高、适合中高职统筹培养且社会需求相对比较稳定的专业，应采用五年制招生培养模式为主。对文化素质要求高且技术含量相对低的专业，或对有些短时间就能掌握操作技能的专业，应主要招收普通高中毕业生，采用统一高考的招生模式。对于操作技能递进式要求高而文化素质要求较低的专业，或对有些短时间即能掌握知识技能的专业，或者需要复合型培养的专业，则应主要招收中等职业学校毕业生，通过采用单独考试的模式进行招生。此外，对于学校有定向和联合培养特殊要求的专业，也可采用自主招生（提前招生）的模式进行。

2. 规范招生选拔方式

这方面主要指需要进一步规范职业技能操作考试，对此笔者仅从研究的角度建议要重点做好以下5个方面的工作：（1）建议设定较为固定的职业技能考试周，统一在12月的一周内完成，便于中职学校的教学工作安排。（2）建立统一的考试考务系统。作为国家级考试，职业技能考试应建立统一的考试考务系统。（3）进一步规范命题管理，力争使同科目试卷差异性降至最低，增强命题的科学性。（4）加强对考务人员及相关教师的培训。（5）更加公开透明公正，借鉴全国职能技能大赛经验，提供同款设备供考生熟悉、上手试练。

（三）着眼于优化教育结构和提高教育质量，合理确定考试评价内容

在高等职业教育的框架内，其评价内容上应着眼于优化教育结构和提高教育质量两大方面，从而在推进中等和高等职业教育紧密衔接、构建现代职业教育体系中发挥招生考试应有的导向作用。因此，高职教育入学考试必须在把握一定普通文化标准的基础上凸显考试内容的职业性要求，以处理好宽基础和强技能之间的关系。在实践中，既要考虑不同专业的培养特点，又要考虑学生升学及构建现代职业教育"立交桥"的需要；既要强调职业教育的职业性，更要体现高职教育的高教性。

1. 正确处理升学教育和就业教育的关系

浙江省中职毕业生数每年近20万人（不含技工学校），通过各类招生考试渠道进入全日制普通高等教育的为5万多人，约占30%， 2/3以上的毕业生是直接走向社会进行就业。因此现代职业教育体系的建构，一方面要给职业院校毕业生提供更多的升学空间，另一方面也要适应职业院校人才培养由"单一"的"以就业为导向"走向就业、升学多元的实际需求。因此，有必要建立职业教育的二次分流机制，对升学的学生要加强基础性，弱化职业性；对就业的学生则要加强职业性，适当降低基础性要求。

2. 纠正过分强调职业性、淡化文化素质要求的倾向

当前，无论是教育主管部门还是中职院校，均应重新认识中等职业教育的"二分"功能定位，对于选择升学的学生而言，应像普通高中一样为他们打下较为扎实的文化基础，在职业教育中因材施教。

3. 优化职业技能考试

优化职业技能考试应做好两方面的工作：一是要积极进行类别合并。对文化素质要求高但对操作技能要求低的专业，或对有些短时间即能掌握知识技能的专业进行类别合并，尽可能向大类别划分靠拢。如商业类、外贸类、财会类、旅游管理类、文秘类等合并为财经管理类。二是要着力优化内容、简化程序。不同类别的职业技能考试的内容和分值可以有所区别，有的类别的职业技能甚至可以只作为报考资格，不一定记入总分，并用相应的文化课替代。如药学类，可以增加生物或者化学科目的考试，来替代职业资格考试。如财经管理类可以采用原先"文化+专业理论"考试的办法等，通过职业技能考试的实践优化，为推进高职院校招生过程的科学化奠定更为坚实的基础。

第二节 职业教育可持续发展的观察与思考

职业教育的可持续发展，直接关系着经济社会的可持续发展。但长期以来，由于受传统文化、制度设计、政策执行等因素的影响，我国职业教育发展仍然存在着许多"悖理"。要实现职业教育的可持续发展，需要准确发展定位、深化教学改革、完善职教体系、优化社会职教环境。随着全球人口、环境、资源问题的日益突出，可持续发展问题越来越成为人们关注的话题。1987年，联合国世界环境与发展委员会在《我们共同的未来》研究报告中，首次对"可持续发展"进行了清晰界定："可持续发展是既满足当代的需求，又不对后代满足需求能力构成危害的发展。"在联合国教科文组织制定的推进全球教育发展的"教育2030行动框架"中提出确保人们能享有优质的、覆盖各层次的职业教育与培训是最重要的任务，并作为推进全球教育发展的七大目标之一。当前，我国"十三五"已经开篇，从中央出台的系列重大政策不难看出，职业教育的健康发展将成为我国全面建成小康社会的重要支撑，以可持续发展理念审视我国职业教育的现实问题，对未来职业教育发展不无裨益。

一、我国职业教育发展的3个"悖理"

近年来，我国职业教育发展取得长足进步，不仅在办学规模上占据了"半壁江山"，而且在人才培养质量上也有了很大提升，为我国产业转型升级培养了大批高素质的劳动者和技术技能型人才。但长期以来，受文化、制度等方面因素的影响，我国职业教育发展出现了很多"悖理"，这些现象在拷问着职业教育可持续发展的后劲。

（一）职业教育的大发展与吸引力不足并存

教育部公布的《全国职业教育工作专项督导报告》显示："2014年全国高职院校在校生1006.6万人，规模首次突破千万人大关，高职教育已占整个高等教育规模的40%；全国中职招生628.85万人，占高中阶段招生数的44.12%，与普通高中招生规模基本持平。""2014年，全国高等职业院校1327所，招生337.98万人，占普通本专科院校招生总数的46.9%，比2013年增长5.8%，是'十二五'以来增长最快的一年。"这组数据表明，中国职教发展成就是划时代的。但是，不可否认，我国职业教育的大发展与政府的宏观调控是分不开的。正是认识到了职业教育在推动经济发展、促进就业、改善民生以及解决"三农"问题等方面的重要价值与功能，"大力""加快"发展职业教育成为我国职业教育政策的"主旋律"。根据《国家中长期教育改革和发展规划纲要（2010—2020年）》的要求，2020年之前，我国要坚持"职普比大体相当"的政策不动摇，这种对职业教育发展规模的"硬性"规定，一方面蕴含着我国职业教育大发展的内在逻辑，也从另一方面印证了职业教育吸引力不足的现实：职业教育的社会认同问题依然存在，学生就读职业院校，并非是其主动选择的结果，学生入学没有升学的喜悦，就读后成就感不高，"伤痕心理"较为突出。家长普遍不愿意把自己孩子送到职业学校学习就是一个不争的事实。

（二）政策持续重视与教育质量提升困难并存

十八大以来，党和国家高度重视职业教育发展，不仅召开了全国职业教育工作会议，而且有关支持职业教育发展的政策密集出台，但是尽管这样，我国职业教育发展仍然面临很多基础性问题，职业教育的质量提升仍然比较困难。第一，办学条件不足。众所周知，职业教育的办学成本要远高于普通教育，尽管近年来各级政府持续加大了对职业教育的投入，但到目前为止，中职生均公用经费达到普高1.5倍以上和高职生均财政拨款达到本科院校水平的目标任务依然非常艰巨。全国200所国家示范骨干高职院校仅占高职的16%，1000所国家示范中职学校仅占中职的8%左右，覆盖的地市不足半数。职业院校总体办学条件薄弱，技术技能型人才培养的优质教育资源储备相对薄弱且区域发展非常不均衡，中西部欠发达地区职业院校在办学条件严重不足的情况下很难办出高质量的职业教育。第二，师资队伍建设提升困难。教师是人才培养质量提升的关键因素。目前，职业院校师资队伍建设无论是在数量上，还是在能力素质上都不能满足高素质技术技能人才培养的需要。数量上，生师比过高，2014年全国中等职业学校生师比达到21.34∶1，接近《中等职业学校设置标准》中生师比20∶1的要求，高等职业院校生师比为17.57∶1，与普通本科院校的17.73∶1相当，这些都还只是统计意义上的数据，因为这其中还包含了相当数量的兼职教师，而兼职教师的作用发挥很不到位；能力素质上，尽管一些职业院校"持证"的"双师素质"师资比例并不低，但由于缺乏统一的职教师资专业标准，资格认证混乱，广大"双师型"教师的真实专业能力与水平仍有很大的提升空间。另外职业院校专业教师来源的主体实际上仍然是高校毕业生，普遍缺乏社会经历与实践能力是个软肋。第三，学生专业学习动力不足。学生是学习的主人，学习主体者的内在动因是学习质量和效率的保障。现行招考制度下，职业院校学生多是普通教育"淘汰"的学生，整体上，职业院校学生在文化基础、学习习惯、发展后劲等方面与普通教育的学生确实有明显的差距，在较短的学制内要完成从学生到准职业人的转型、要从中学的学科文化学习主导转变为专业知识与技能主导的学习，困难多多。

（三）学生低技能与低文化水平共存

职业教育是一种"折中"的教育类型，既要满足学生初次就业的"当下"需要，又要为学生的长远发展奠定文化素质方面的基础。从发展的角度看，这两个要求是不矛盾的，因为文化素质方面的良好基础又会反过来促进学生职业能力的提升。然而，就短短的3年学习时间而言，无论是中职还是高职，都担负着学生"学业"与"职业"的双重教育任务，这对于中高职教育都是一项艰巨的任务。从相关调研和评估的基本情况看，职业院校在较短的学制内要解决好学生的文化素养和职业技能培养两大任务困难不少。由于文化基础较差，加上职业院校自身种种条件的限制，主客观原因使得职业院校培养出来的学生既没有娴熟的职业技能，又缺乏起码的知识文化功底，形成了既低技能又低文化水平的"双低"现象。从中高职毕业生的就业情况不难验证这种"双低"现象：中高职毕业生就业率高，但就业层次低、就业质量低，就业稳定性差。这种"双低"现象直接损害了职业教育的声誉，使职业教育陷人一种恶性循环之中。

二、影响职业教育可持续发展的归因分析

以上"悖理"的存在说明还有很多现实问题在阻碍职业教育的健康、可持续发展，综合各种因素，笔者认为其主要原因包括以下4个方面。

（一）传统文化的影响

英国职业教育在助力第二次工业革命发挥了重要作用。但之后，英国"绅士教育"的崛起，在森严的等级制度下职业教育被"冷落"，直到德国依靠职业教育兴国强国的"秘密武器"问世，英国在教育反思中又重振职业教育。我国古代《考工记》中"百工之事，皆圣人之作也"充分证明了"工"的崇高地位："取法乎天，取材于地，中间一竖有通天之意。"但此后儒家思想把"工"的"三才"抛弃"两才"，仅剩"人论"；而道家虽崇尚自然，但也顺应、接纳自然，无改造自然之心、之术。"万般皆下品唯有读书高""学而优则仕"的思想逐渐成为主导我国传统人才观的重要思想路线。在这种世风下，传统观念只有读书入仕才是正途，作为生产技术技能的教育及人才培养被忽视。随着社会的进步和现代化水平的提升，我国职业教育也日益备受重视，但不可否认的是，职业教育"低一等"的认知影响依然广泛存在。

（二）制度设计的缺陷

在我国的教育体系中，古代的"仕"考不说，就当下的教育名分排位，职业教育从一开始就扣上了"差生教育"的帽子，被认定成教育中的"低等教育"。中学分流，优等生进高中，技校只能招收到文化分数较低的学生，职业中学与普通高中相比，从起步就处于劣势；高考分批次录取，职业院校最后录取的排序，赋予其中分数外的因素很多很多，大有被贴上"三类学校""三类生"的标签。"理论知识必需、够用"的职业教育人才培养目标定位，也误导职业学校直接降低了对学生文化素质的教学要求。职业教育与普通教育相互衔接沟通不足，职业教育与普通教育相互排斥。一些过于刚性的支持职业教育发展的倾斜政策反作用明显，也限制了职业教育的可持

续发展。不少中职学校唯技能教育至上，一味反对"职教普高化"，过早削弱文化教育，似乎要求学生一进入职教大门就要求"一辈子走到底"，与当代学生自主择学习、多样性发展的诉求冲突较大。此外，在公务员招考制度中，职业院校学生基本都被拒之门外，为了"资格"，职业院校的学生还得重新入普教之门。此类制度的存在，无形中使职业教育"教"或"学"的尊严都受到损害，其负面的影响则更大。近年来，国家和政府大力扶持职业教育，职业教育文件发了不少、政策出了不少，但职业教育"获得感"总不明显，其深层的原因在于职业教育制度设计不完善，政策措施治标不治本，缺乏与时俱进的体制机制创新。

（三）政策落实的偏差

教育政策的落实与执行的过程是一个复杂的过程，受政策环境、目标群体及政策执行者自身状况等多种因素影响。近年来，为支持和推动职业教育快速发展，国家出台许多倾斜政策措施。但由于在执行过程中出现偏差，实施的结果不尽如意，甚至出现了反作用和负效果。例如，国家针对中职校招生的"五年一贯制"教育几乎成了没有标准、没有淘汰的教育，教育质量很难保障，社会反响较差。再如，中等职业学校的学生以国家贴补方式免收学费，这也是国家花钱购买人才的一种方式，但是在中等职业学校布局和管理体系尚不够成熟的情况下，在中职办学质量不尽如人意、学生和家长以及用人企业等对于这一教育服务及其提供者认同感很低时，单纯靠政府降低服务价格并不能有效刺激需求，其必将遭遇导向"失灵"问题。还有经费投入问题，虽然许多地方以立法的形式对职业教育经费投入做出明确规定：中等职业学校、技工学校生均公用经费标准不得低于当地普通高中生均公用经费标准的1.5倍；高职生均拨款水平达到或接近本科标准。但事实上，到目前为止还远远达不到这一标准。

（四）工具理性的盛行

在职业教育领域中，长期来始终存在着工具理性和价值理性的争论。事实上，随着科技的进步，社会财富的增加以及个人主体地位的彰显，人们越来越意识到促进经济社会发展应当以满足人的发展需要为前提，本末倒置的结果就会出现职业教育的工具主义。以牺牲人的发展、忽视人的个体差异和需求为代价而促进经济社会发展的教育，培养不出健全的人。现代职业教育的核心理念就是促进人的可持续发展。纵观德国的"双元制"、美国"以能力为基础的教育"的CBE模式、英国"工读交替"的"三明治"模式、澳大利亚TAFE的新型现代学徒制度等，它们强调职业文化主势，追求人职匹配，但也从不排斥和轻视文化知识的教育。从表面上看，职业教育作为一种类型，以就业为导向是没有问题的，但作为职业教育的层次，尤其中等职业教育如果主要以就业为导向，就会忽略部分学生继续在校学习的发展要求。职业教育如果仅盯着学生的技能训练，过度追求与个别企业的"无缝对接"，盲目崇拜就业率，无疑会对学生未来的职业生涯发展造成不利影响。

三、职业教育可持续发展的再思考

（一）更加注重人的可持续发展

职业教育具有鲜明的职业定向性，依托所学专业实现个体的职业生涯发展也是学生学习的诉求。但是，职业生涯发展是一个渐进、持续的过程，所学知识内化为一种能力，也非一朝所能。职业教育的定位不只是关注眼前就业岗位需要，而更应着眼于人的可持续发展。实践证明，一般的应用技术通过较短时间的训练都能熟练掌握，而文化素质的提高将是一个渐进持续的积淀过程。无论是普通本科高校还是高职院校都热衷于招收普高生，而不愿意招收职教生，职教学生的文化素质相对较低、掌握的技能相对简单、可持续发展能力较弱是重要原因。职业教育要关注和挖掘技术、技能背后真善美的价值，促进学生"技艺道"协调发展，寓"道"于"教"，才能克服"为了手段而忘记目的的风险"，培养出具有发展后劲的高素质技术技能人才。我国学者将技术的"大道"总结为"与技术活动相关的各种要素的和谐，即技术操作者与工具、技术操作者身心活动、技术应用中人际关系、技术活动与社会以及技术活动与自然的和谐"[①]。只有寓此"大道"于教，职业教育才能培养出具备人文精神的"技术人"。我国新常态经济战略的转型，产业

---

① 王前."道""技"之间——中国文化背景的技术哲学[M].北京:人民出版社,2009:16-17.

调整下业态变化很大，对职业人才的素质提高十分迫切，职业教育的可持续性必须由此调整好专业、优化课程，切实做好人才链和行业产业链的衔接，学生才能在学以致用的路上走得更远、更好。

（二）不断完善现代职业教育体系

建立和完善现代职业教育体系是实现职业教育可持续发展的根本保证。这一体系的根本特征可以说是"纵向贯通""横向融通"和"外部联通"，应该是开放、多元、立体的。但从目前面临的情况看，我们还有很长的路要走。纵向上看，目前职业教育仍然主要是一种"断头"式的教育，中职学校毕业生能升入高职院校的比例仍然有限，而本科层次的高等职业教育发展缓慢，地方本科转型发展困难重重。如何调整中、高等教育结构，满足更多学生可持续发展的需要，是提升职业教育吸引力，实现职业教育健康发展的关键。现代职教体系的构建首先应该是准确定位各层次间职业教育的办学功能与服务面向，从中职、高职、应用型本科专业分类开始，适时调整职业教育层次类型结构，适当压缩中职规模，办好、办强中职教育，提高职业教育整体水平。浙江省已在2016年初召开的省人代会上在全国率先提出逐步放宽高中段教育普高、职高的分流限制。初中毕业分流到普高、中职是一种分流，普中毕业升学到高职、综合类本科、应用型本科也是一种分流。从横向上看，职业教育与普通教育的融通也存在很多现实障碍。从外在的体制因素看，职业教育体系内的学生转型普教仍然很困难，要加快建立高等职业教育与普通高等教育、职业中学与普通中学沟通衔接、相互转换的交互学习机制，以利于学生更好地发展。从长远看，我们应该从终身教育的高度，建立现代职业教育体系，为人的全面而又有个性的发展提供可持续的职业发展服务，从幼儿园、小学开始，从小培养职业意识，加强技能教育，把职业意识、职业态度、职业能力的教育培养渗透到教育的全过程。

（三）深入推进职业教育教学改革

职业教育的可持续发展可从职业学校的可持续发展、职业教育培养可持续发展的学生两个角度去分析。职业学校要根据区域产业特征与优势，结合各自办学定位,大力举办技能、技艺、技术性强的专业,坚持与其他类型、层次的职业学校错位竞争,办出特色,加快打造难以替代、需求量大的专业(群),形成市场竞争的核心竞争力。在职业学校人才培养中,同样需要按照因材施教的理念,结合学生多样化发展诉求,分类分层推进教学改革,对于有进一步升学需要、有发展潜力的学生应该着力加强文化基础教育与专业理论教育,对于希望直接就业创业的学生应该坚持文化素质教育不放松的基础上,强化实践能力培养,以适应岗位需要。无论是中职教育,还是高职教育,都应该重视技能教育的同时,不能忽视文化素质教育,"两手都要硬",绝对不能让职业教育成为没有文化的教育。

(四)积极营造良好的协同育人环境

目前,国家正加大力度规范和整治职业教育,如取消了众多的设置不合理的职业资格证,成效显著。但职业教育环境的优化是一个系统工程,任务艰巨。《国务院关于加快发展现代职业教育的决定》提出:"各级人民政府要创造平等就业环境,消除城乡、行业、身份、性别等一切影响平等就业的制度障碍和就业歧视;党政机关和企事业单位招用人员不得歧视职业院校毕业生。"这一政策的实施必将促进公平、统一的劳动力市场的形成,为职业院校毕业生、农民工等在学历社会中处于就业不利地位的群体提供政策保障。此外,现代产业发展为职业教育发展提供了广阔的空间,要培养大批的高素质劳动者和技术技能型人才,真正增加职业教育的吸引力,必须从根本上解决好产业工人的待遇和地位问题,改变就业过于强调"学历""校历",结合当下实际情况,必须建立起工人阶层专业发展的多种通道,要不断深化收入分配制度改革,不断提高技术技能人才的相对收入水平,要制定技术技能人才评价、使用和激励政策,在全社会形成"崇尚一技之长,不唯学历凭能力"的氛围。

(五)加快推进政府职能转变

全面深化改革,推动国家治理现代化,是政府的一场自我革命。要实现从"全能型"向"有限型"政府的转变,政府要把职能集中到市场难有作为的公共产品上去，要为良好市场环境的营造制订规则、提供制度保障，实施监督，实现政府职能从微观具体管理转向宏观管理，从直接管理转向间接调控。对职业教育发展而言，实现政府职能转变和公共治理，有利于界定地方政府与职业学校之间的合理关系、消除行政过度干预、垄断审批和资源配置权力等弊端，有利于职业院校建立和完善现代学校制度，为职业院校运用法律法规赋予的权利，独立面向就业和劳动力市场，为区域社会经济发展培养高素质的技术技能型人才提供契机。职业教育与人事制度、劳动用工、收入分配制度改革密切相关，为此，在各项改革中，政府部门的主要任务是要直面问题、针对发展瓶颈做好法治建设、顶层设计和理念引领，建立财政投入保障机制，创新职教发展模式，构建学生成长成才"立交桥"，完善企业工程技术人员、高技能人才到职业院校担任专兼职教师的政策，通过相关标准、政策及制度的完善对职业教育发展质量进行监控，激励学校发挥主观能动性和创造性积极参与或主动开展自下而上的改革并取得成效。

第三节　高职院校"双师"队伍建设

　　"双师"队伍建设是高职院校人才培养质量提升的关键要素和前提条件。本节基于实证调查，梳理了浙江省高职院校"双师"队伍建设的主要措施和建设成效，剖析了"双师"认定统一标准缺失、建设培养路径不畅、激励考核机制不健全、合作企业缺乏热情以及宏观政策支持缺乏等现实问题，并尝试从制定认定标准、完善激励机制、创新培养模式和建设培养基地4个层面着手推进，期冀加快"双师"队伍建设，促进专业化发展，提升实践教学能力和社会服务水平。

　　改革开放以来，在国家政策的大力支持和推动下，我国高等职业教育取得了长足的发展，办学规模迅速扩大，办学层次不断提高，高职教育已构成整个高等教育的半壁江山。然而，伴随着高职数量和规模的不断膨胀，高职院校发展过程中也出现了如办学理念陈旧，缺乏足够的认同等问题。高职院校的发展要赢得社会声望，"提高高职教育的发展质量"是关键，而要达到这一目标，关键是要形成一支高素质教师队伍。在某种程度上，建设一支教育理念先进、类型特征鲜明、创新实力强劲的教师队伍是高职教育可持续发展的重要前提，也是提高人才培养质量的基本保障。在浙江省转变经济发展方式，加快产业结构优化升级的关键时期，加快打造高职教育创新发展的升级版，师资队伍建设已经成为高职教育改革的关键因素，其中"双师型"教师（以下简称"双师"）队伍建设更是重中之重。本节通过对浙江省高职院校"双师"队伍建设的调研，就当前高职院校"双师"队伍建设的举措、成效及其挑战进行了分析，以期探索高职师资队伍的发展方向，为完善高职教育政策提供现实依据。

一、浙江省高职院校"双师"队伍建设经验

　　经过10多年的建章立制，优化培养途径，强化激励措施等探索和实践，

浙江省已经形成了一支数量基本稳定、结构较为合理的高职师资队伍，全省高职院校专任教师"双师"比例已达到76.12%，为技能型人才培养质量的提升提供了强有力的师资保障，其重要举措及主要成效表现在以下几个方面：

（一）明确了"双师"建设方向，加大了"双师"经费保障

近年来，高职教育作为高等教育新的类型已成共识，但高职教育师资应具有哪些类型特征？又如何区别于普通高等教育师资？这一系列问题引起了浙江省高职院校的深思。经过几年的摸索，浙江省大部分高职院校逐步认识到建设高素质专业化的"双师"队伍，是高职教育人才培养模式改革，加强内涵建设，提高办学质量不可或缺的重要内容。为此，浙江省各高职院校都加大了"双师"教师队伍建设力度，通过制定师资队伍建设规划、明确师资队伍建设目标和设立专项建设资金的方式着力提升"双师"教师能力、素质和水平。据统计，2014学年—2015学年，全省高职院校师资队伍建设经费突破2亿元，校均达到444万元，与2009年相比，分别增长了121.74%和117.65%，5年实现了翻一番；专任教师人均师资建设经费达到1.62万元。充足的经费保障为"双师"建设奠定了坚实根基。

（二）完善了"双师"制度规范，促进了"双师"专业发展

规范化和制度化是现代管理的重要特点。制度是一系列被制定出来的规则、守法程序和行为的道德伦理规范，它旨在约束追求主体福利和效用最大化利益的个人行为。[①]浙江省和各高职院校以规范化和制度化为切入点加快"双师"的专业发展。一方面是强化政府政策指导。早在2008年制定的《浙江省高等职业院校人才培养工作评估实施细则》，就将"双师"队伍建设列入高职院校师资队伍建设的重要指标，并把行业企业挂职锻炼、合作研发或指导学生实习纳入高校教师专业技术资格评审的条件。2013年浙江省针对高职院校专门设立了"访问工程师"项目，鼓励青年骨干教师到世界知名、国内一流的高新技术企业通过承担项目实践提高水平。而后又将"双师"队伍建设和水平作为高

---

① 道格拉斯·诺斯.经济史中的结构与变迁[M].上海:上海三联书店,1994:225-226.

职院校教学业绩考核的重要内容。另一方面，围绕"双师"专业发展提出专校专策。省内各高职院校基于校情陆续制定了相关促进"双师"队伍建设的配套规章制度，如根据"双师"素质教师的界定，制定"双师"教师认定办法；为完善教师实践能力，建立教师赴企业实践、挂职锻炼相关制度；明确"双师"队伍培养目标，提出教师专业化发展的意见和方案等。

（三）探索了"双师"培养途径，拓宽了"双师"聘用通道

为加强"双师"队伍建设，优化教师队伍结构，高职院校均采取各种措施探索"双师"培养新途径。主要包括以下几方面：（1）设立专项工程强化"双师"队伍建设。大部分高职院校实施了"双师素质培训工程""双师结构教学团队培育工程"等项目。"双师"项目的目标性与引领性，功能的针对性与实用性，以及组织性与整体性，在"双师"队伍建设中发挥了显著作用。（2）通过企业挂职锻炼提升"双师"队伍能力。一些高职院校充分利用寒暑假开展专项活动，以合作项目和任务支持企业生产，以企业生产推动教学改革。（3）引进企业人员优化"双师"队伍结构。有些高职院校通过从企事业单位引进既有扎实基础理论知识，又有较强实践能力的技术人员和能工巧匠充实师资队伍。（4）聘用兼职教师优化"双师"团队。一些高职院校形成了教师与企业工程师互换的"双向互动"模式。据统计，2014学年—2015学年，全省高职院校共聘请企业兼职教师12000余人，校均达263人，折合后占教师队伍比例为31.40%，年支付兼职教师酬金1.42亿元。此外，为建立和健全兼职教师的培养和日常管理，各高职院校对兼职教师的聘用条件、聘用程序和教学考核等工作进行了规范化管理。

（四）建立了"双师"考核制度，强化了"双师"激励机制

考核是激励机制的前提基础，激励是考核机制的最终指向。[①]通过调研和座谈了解到，多数高职院校积极从评选先进、晋升技术职务、课时酬金、

---

① 陈秋鹏.高职院校"双师型"教师绩效考核研究[J].国家教育行政学院学报,2012（1）:11-14.

学习进修等方面探索"双师"激励措施，具体如下：（1）制定"双师"优惠政策。明确双师教师薪酬、补贴、奖励等方面的激励，以激发教师提高"双师"素质的自觉性和主动性。（2）提升"双师"教师地位。高职院校普遍建立了"双师"教师管理机制，进一步优化教学、科研环境和成长机会，对"双师"教师在评优、职务晋升、申报教学科研项目、分配、培训等方面给予政策优惠或倾斜。（3）建立"双师"教师考核机制。通过组织教师企业实践成果汇报评审会等形式，每年推荐优秀"双师"教师并给予奖励，同时将考核结果与评优及技术职务晋升挂钩。

（五）组织了"双师"技术服务，提升了"双师"社会服务能力

校企合作塑造"双师"，协同创新提升"双师"。目前，高职院校主要通过以下途径实现"双师"的社会价值：（1）通过技术培训提高"双师"教师社会服务能力。大部分高职院校坚持培养与服务并举，积极开展各种技术培训以锻炼"双师"能力。2014—2015学年，各高职院校为企业培训员工131万人，校均2.85万人；年服务收入达到2.74亿元，校均近600万元。（2）通过产教结合增强"双师"教师技术研发能力。2014学年—2015学年，全省高职院校每百名专任教师主持获奖项目43.86项，主持技术专利（技术发明）项目13.62项，公开出版著作和发表论文63.85篇（本），主持纵向、横向在研课题到款经费人均达1.68万元。（3）通过校企合作提升"双师"教师教学执教能力。截至2015年8月，浙江省高职院校与企业合作开发国家级精品资源共享课程94门，开发国家级专业教学资源库15个，国家级技能竞赛获奖118项，获得第七届国家级教学成果奖42项。（4）通过咨询服务提高"双师"教师行业企业影响力。2014学年—2015学年，全省高职院校专任教师参与行业、企业的咨询服务人均达20余天，提升了"双师"教师在行业中的地位和话语权。

二、高职院校"双师"队伍建设存在的问题及挑战

根据调查统计，浙江省高职院校校均专任教师数在全国排名第八，生师比全国排名第十一，"双师"教师比例全国排名处于领先水平。可见，浙

江省高职"双师"队伍建设成效显著，已走在全国发展前列。但由于院校之间"双师"队伍建设的不平衡性，仍存在着一些亟待解决的问题。

（一）缺乏规范的"双师"内涵标准，"双师"实践能力不强

"社会职业有一条铁的规律，即只有专业化才有社会地位，才能受到社会的尊重。"[①]但长期以来，并非所有"双师"教师都能面对实际职业岗位开展有效工作。这方面的问题在于：（1）"双师"认定标准不科学。由于"双师"教师缺乏科学合理、可量化、易操作的统一内涵标准，许多高职院校只能依据各自的理解制订院校标准，不仅缺乏统一的尺度，且标准的内容也以静态指标为主，不足以体现教师的实践能力和在教学中"双师"作用的发挥。（2）"双师"认定过程不规范。省内大部分高职院校"双师"内涵标准仍然依据教育部《高等职业院校人才培养工作评估方案》中规定的"双师"条件，因而在实际认定中较为抽象，导致各高职院校在认定条件、认定程序、资格划分上缺乏统一规范。（3）"双师"认定审核不严谨。大部分高职院校的"双师"认定工作迫于与省内外同类学校之间的攀比，存在追求"双师"数量，忽视"双师"质量；重情面感情，轻条件资格，人为降低"双师"认定标准的倾向。

（二）"双师"培养途径不畅，推进建设力度不足

调研数据显示，浙江省高职"双师"队伍中，通过职业资格考证获取"双师"资格的教师，占全省"双师"教师的2/3，引进2年及以上企业经历的教师和企业挂职锻炼累计2年的教师数量相近，两类相加仅占全省"双师"教师的1/3，而部分高职院校通过考证获得"双师"资格的比例达100%。这充分说明浙江省"双师"教师建设与培养渠道还不够健全，"双师"队伍建设推进力度有待增强。具体而言：（1）聘用费用相比企业工资没有竞争力。尽管全省高职院校校均引进企业经历的教师已达30人之多，但高端人才和能工巧匠仍严重缺乏。薪酬倒挂、教师准入门槛过高、缺乏政策

---

① 顾明远.教师的职业特点与教师专业化[J].教师教育研究,2004（6）:3-6.

倾斜等因素客观上制约了企业高端人才和能工巧匠向高职院校的合理流动。（2）企业挂职锻炼实效不明显。据统计，全省通过这一途径获得"双师"资格的比例仅占全部双师数量的18%，且存在亟待改进的问题：一方面教师到企业挂职锻炼的热情不高，另一方面学校也缺乏有效的组织安排，以至于不少教师的挂职成了"挂名"。（3）职业资格证书考证脱离实际。通过考证获取"双师"资格，是高职院校教师获取"双师"比例最高的一种方式，但由于职业资格证书考试的内容偏重理论，而忽视对实践操作能力的具体要求，因而也就失去了"双师"的实际意义。

（三）激励考核力度不够，教师参与热情不高

虽然全省高职院校均不同程度地尝试"双师"激励机制，推进"双师"考核制度，但在实践落实层面依然存在以下两方面因素迟滞"双师"队伍的建设进程：（1）基本激励政策不到位。通过调查发现，学校未落实保障教师赴企业实践的经费及相关待遇具有一定的普遍性，因而导致"双师"教师队伍建设存在应付多、引导少，口号多、措施少，要求多、激励少，严重影响了教师赴企业挂职的积极性。（2）"双师"考评机制不健全。就操作可行性而言，企业和学校共同制定教师到企业挂职的考评实施细则，并由企业实施是最合理和最严密的考评手段，但目前高职院校教师到企业通过挂职取得"双师"资格证书缺乏有效的过程管理机制，其业绩考评也仅限于教师挂职结束后的自我总结、企业鉴定和课题成果等。

（四）合作企业缺乏动力，关心、支持力度不足

企业的热情"合作"是双师队伍建设的重要前提。[①]但令人遗憾的是，当下部分企业不积极、不关心和不作为的态度依然较为明显，主要源于以下三方面的原因：（1）教师下企业目标任务不明确。企业没有具体指向，教师也没有主观诉求，而且不少教师认为去企业挂职的出发点仅仅是为了取得

---

① 陈小燕.基于校企合作的"双师型"师资队伍建设新思路[J].中国大学教学.2010（1）:72-74.

企业工作经历并获得"双师"资格，偏离了培训"双师"人才、提高"双师"素质的真正方向。（2）教师能力制约"双师"质量。参与企业挂职锻炼的教师以中级及以下职称为主，尽管这些教师主观上想在企业挂职工作中有所收获，但由于积累不多、准备不够、能力不高，反而在一定程度上弱化了企业配合学校培养"双师"的主动性。（3）校企主观需求不匹配。企业从发展前景和成本管理的角度出发，关注的是挂职教师能给企业生产、管理、技术研发带来的切实利益，所以他们希望挂职的教师有一定的企业工作经验，在企业也有一定的工作周期。而学校从教学的实际需求出发，不但安排的挂职教师以初中级职称为主，而且挂职时间多为短期，无形中增加了企业的人力资源成本、降低了工作效率，学校也因企业缺少支持教师挂职锻炼的内在动力而没有实现预期设想。

（五）缺少宏观政策设计，支持保障力度不足

从国家宏观层面看，对高职院校相关政策的缺失和顶层设计的不足，已严重地制约和困扰了高职院校双师队伍建设的步伐。具体而言：（1）相关部门缺少宏观层面相关政策。校企人才的合理流动机制，涉及高职院校的人员编制、"双师"教师待遇、职称评审等一系列政策问题，需要政府相关部门从宏观层面完善配套政策，给予"双师"队伍建设更多的政策支持。（2）财政部门缺少经费投入机制。浙江虽然生均财政拨款水平排名处于前列，全省"双师"队伍建设经费也呈现出逐年递增的趋势，但从近3年的经费投入来看，一些院校的"双师"建设经费投入随意性和不确定因素较多，造成"双师"队伍建设难以常态化。（3）教育部门缺少教师编制支持。调研数据显示，浙江省高职院校专任教师生师比平均高达24.71：1，与全国最高省份15.46：1相比差距明显，因而，在高职院校教师编制紧张，生师比过高，教师教学工作量大，空余时间较少的情况下，让教师投入更多的精力、更多的时间参加"双师"素质培养困难重重。

三、高职院校"双师"队伍建设策略思考

"双师"队伍建设是一项长期、复杂、艰巨的系统工程，涉及政府、

行业、企业、学校和教师等不同层面、不同主体及不同要素的协同合作。因而，必须加强系统设计规划，着力从以下方面突破和推进双师队伍建设的发展进程。

（一）继续大力弘扬工匠精神，坚定教师信念

在教师队伍中大力弘扬工匠精神，既是培养高素质技术技能人才的需要，也是找准教师自身发展定位的需要。[①]在高职院校"双师"队伍建设过程中，应具体做到：（1）在理念上冲破对教师职业的传统理解。从高等教育新的类型这一特征，认识高职教育教师应有的基本特征，发扬锲而不舍、精益求精的精神，努力在"能做、善研、会讲、优育"上下功夫。（2）在定位上找准自身的发展方向。根据产业发展的需要和自身的条件，扬长避短，找准教师自身的发展坐标，切实制订好个人的职业发展规划，坚定发展的信念；（3）在实践上鼓足勇气走出校门深入企业。以积极的心态，妥善处理好工作、生活等各方面的因素，克服各种困难，大胆地走出校门，深入企业业务部门，向一线的实践专家学习，善于收集业务前沿的新情况、新技术，带着问题学习、结合问题研究，着力提高自身的业务水平和技术开发能力。

（二）抓紧研制"双师"内涵标准，规范"双师"认定

制定"双师"内涵标准、规范"双师"认定，是"双师"队伍建设的基础性工作，具有重要的导向作用。对此应具体做到：（1）组织力量抓紧研究制定"双师"标准。建议组织相关部门、高职院校、高职教育专家和行业企业专家成立课题组，根据教师的成长规律和高职教育的客观规律，强化对"双师"核心内涵的研究，更新"双师"理念，尽快制定符合高职教育实际的"双师"标准，进一步明确"双师"必须具备的基本条件，引导高职院校教师提升教学水平和实践能力。（2）尽快出台"双师"认定工作细则。从认定条件、认定程序、认定方法、认定时间等方面，制定高职教育"双

[①]赵杜文.以"工匠"精神推动青年教师成长[J].人民教育,2016（15）:65-67.

师"认定工作细则，建立"双师"认定的常态工作机制，进一步推进和规范"双师"认定工作。同时，建立"双师"认定的动态机制，改变目前"双师"资格终身有效的做法，着力提高"双师"的"含金量"。

（三）建立完善"双师"激励机制，促进教师成长

建立完善"双师"激励机制，是推动"双师"教师成长的内在动力。对此应具体做到：（1）激发教师自我发展动力。高职院校应引导教师规划好自己的职业生涯，使教师对自己的过去、现在和未来成长发展有正确的判断和规划意识，激发和保持教师个性发展、个人实践知识建构和专业发展的实效性。（2）建立学校激励机制。学校管理层面应对不同成功类型、不同成长阶段的教师制定不同的发展激励措施。一方面通过制定硬性措施建立外在督促机制，使教师达到规定要求；另一方面以政治待遇、心理情感和经济待遇等激励方式建立内化能动机制，提高教师参与"双师"培养的自觉性。（3）增强政府管理责任。国家和地方政府管理层面制定"双师"标准、"双师"培养和"双师"待遇等相关制度；进一步扩大职业院校人事自主权，从根本上解决"双师"教师来源问题；改革专业技术职务评聘制度，制定适合高职教育特色的"双师"教师职称评审制度；落实企业实践制度，让教师能够走进企业，[①]为教师的专业尊重和成长提供保障。

（四）不断创新"双师"培养模式，加快建设进程

创新"双师"培养模式是提高"双师"建设效率，夯实"双师"培养质量的关键举措。对此应具体做到：（1）明确"双师"培养的目标任务。高职院校应按照高职教育自身的特点和不同发展阶段教师的水平，确定培养目标和任务，制订配套的培养内容，实现目标导向下的引领。（2）探索"双师"培养的有效途径。不仅充分利用校内培训资源，还要注重企业实践锻炼，有针对、有计划、有步骤地组织教师分期、分批到企业一线参加实践

---

① 孙翠香,吴炳岳,张元.职业院校"双师型"教师队伍建设的问题及策略——基于天津市41所中、高职院校的调查[J].教育理论与实践,2012（33）:23-25.

锻炼，熟悉生产业务，了解工艺流程，掌握操作方法，积累实践经验，参与技术开发与革新。（3）创新"双师"培养的方式方法。除传统的培养途径外，还可以尝试教师的自学自练以提高教师基本实践教学能力；通过传、帮、带师徒结对的方式提高教师生产实践能力；竞赛指导以提高教师操作分析能力。（4）突出"双师"培养的重点要点。在培养人员选择上，重点抓好专业带头人和"双师"骨干教师的培养，以达到带动一批、影响一片的成效。在培养内容安排上，除加强实践能力的培养外，还应加强"双师"教师的职业道德修养，使"双师"教师既要遵循教师职业道德规范，又要自觉遵守相关行业道德规范，充分发挥学生培养中言传身教的作用。

（五）建设"双师"培养基地，保障培养质量

建立"双师"培养基地，既是构建终身学习和学习型社会的需要，也是培养教师职业专门化、促进教师个人发展、提高"双师"培养质量的需要。对此应具体做到：（1）建立"双师"教师训练基地。根据高职教育专业对接产业的实际，选择一批国家、省级示范性院校，国家和省级示范性实训基地，以及一部分办学条件较好的行业院校，按照专业分工，建立高职院校"双师"教师训练基地，为培养 "双师"教师提供优质服务。（2）建立"双师"教师研发基地。选择一批产品开发能力强的企业，普通高校科技园、创业园，建立省级高职院校"双师"教师研发基地，着力培养高职院校"双师"教师，特别是已经获得"双师"资格教师的技术开发和产品研发能力，使其更好地为企业服务，为提高人才培养质量做出贡献。（3）建立省级"访问工程师"工作站。依靠政府的力量，选择一批基础条件好、技术工艺新、指导力量强的大型骨干企业，建立省级"访问工程师"工作站，引导鼓励企业把培养高职院校"双师"教师作为承担企业社会责任的重要内容，吸纳高职院校教师了解企业的新技术、新工艺、新材料和新标准，并积极参与企业的技术革新和产品研发，为企业自身转型升级提供厚实的智力支撑。

第八章 西方及台湾地区高等教育质量保障体系的基本内容及其启示

第一节 欧洲博洛尼亚进程发展及其启示

博洛尼亚进程的目标是到2010年建成一个完全一体化的和谐的欧洲高教区，三个层次的学位结构正引入大部分签约国，欧洲学分转换与积累体系已在大多数国家实施，而且质量保证措施也正在推进中。在此对博洛尼亚进程最新的进展情况做一介绍，希冀对我国高等教育的改革提供一些有益的启示。

一、博洛尼亚进程

博洛尼亚进程（the Bologna Process）被视为一系列欧洲会议以及一些旨在2010年前建立欧洲高教区（the European Higher Education Area）的政策决定的产物和延续。到目前为止，博洛尼亚进程主要由5次会议制定而成：巴黎—索邦（1998年5月25日）、博洛尼亚（1999年6月19日）、布拉格（2001年5月19日）、柏林（2003年9月18日—19日）以及卑尔根（2005年5月19日—20日）。博洛尼亚进程的前提可参见巴黎—索邦宣言中《和谐构造欧洲高等教育体系》部分，这部分由法国、德国、意大利和（大不列颠）联合王国这4个国家的教育部长于1998年5月签订。巴黎—索邦宣言的三个原则是：

（1）促进欧洲师生的流动以及与欧洲带动市场的联系；

（2）朝着建立一个共同的资格框架和学习阶段的目标，通过慢慢强化的方式，提高课程和学历资格认证的国际透明度；

（3）鼓励回国以后继续在同一所或其他学校学习，或者在欧洲流动性安排下学习。

受巴黎—索邦宣言的影响，关于欧洲高教区的博洛尼亚宣言（The Bologna Declaration）于一年后（1999年6月）签订。博洛尼亚宣言的一个显著特点是提出了构建欧洲高教区的目标，之后在29个签约国（15个欧盟成员国，3个欧洲自由贸易联盟国——冰岛、挪威、瑞士，以及11个候选国）进行实施。另外，还包括如欧委会、欧洲理事会、大学联盟等机构。博洛尼亚宣言的6个原则是：

（1）让学历资格具有易读性和可比性；

（2）实施二个学位层次的结构；

（3）建立欧洲学分转换的学习体系；

（4）坚持以学生为本，完善设置安排，支持学生、教师和研究人员自由流动；

（5）推进欧洲质量保证合作；

（6）发展欧洲特色的高等教育（在学科建设和跨校合作方面），打造竞争力。

2001年5月，在布拉格举行了一次会议，有33个签约国参加（新加入的国家有克罗地亚、塞浦路斯、列支敦士登和土耳其）。布拉格会议重申了完成博洛尼亚宣言中设定目标的必要性，同时它也特别提出了以下3点的重要性：

（1）终身学习；

（2）高校和学生积极参与合作；

（3）增强欧洲高教区的对外吸引力。

2003年9月的柏林会议是进一步强化博洛尼亚进程的重要会议。这次又多了8个新的签约国（阿尔巴尼亚、安道尔共和国、波斯尼亚及里塞哥维那、前南斯拉夫的马其顿王国、罗马教区、黑山共和国、俄罗斯、塞尔维亚），即现在共有41个国家参与其中。会议还明确优先工作：

（1）建立实施二个层次的学位体系；

（2）所有毕业生都能自动地、免费地得到一份由欧洲通用语言写的文凭补充说明；

（3）建立国家质量保证体系。

柏林公报中还写到了在博洛尼亚改革中建立博士层次。2005年5月召开的卑尔根会议主要对柏林会议确定的几项优先工作实施情况做了评估，研究了在博洛尼亚改革中建立博士层次的具体架构，制订了评估和鉴定课程质量的思想框架。至此，又有5个国家（亚美尼亚、阿塞拜疆、乔治亚苏维埃社会主义共和国、摩尔多瓦、乌克兰）成为新的签约国。博洛尼亚进程呈现出了强劲的发展势头。

二、博洛尼亚进程在各国的进展

（一）三个层次的高等教育结构（the Three-Cycles Higher Education Structure）

1999年，博洛尼亚宣言签约国的高等教育部长们同意，建立二个层次（本科/硕士）的高等教育体系，以此来统一2010年建成的欧洲高教区。2003年9月举行的柏林会议重申了这种体系的重要性，有些国家还未采用这种体系，但他们的教育部长们纷纷表示将在2005年开始实施这种体系。至2004—2005学年初，所有博洛尼亚宣言签约国都采用了这种二个层次的学位体系，只有安道尔共和国、比利时的德语区、匈牙利、葡萄牙、罗马尼亚、西班牙、瑞典除外。不过罗马尼亚、西班牙、匈牙利已于2005学年—2006学年开始实行这种体系。瑞典已向国会递交政府法案，建议建立二个层次的学位体系。

2003年9月，博洛尼亚签约国负责高等教育的部长们认识到，要促进欧洲高教区和欧洲科学研究区的紧密联系，必须超越现在的二个层次，建立第三个高等教育的层次——博士层次。实施了二个层次学位体系的博洛尼亚签约国中的绝大多数都把博士层次视为高等教育第三层次，其中有些国家从他们致力于博洛尼亚宣言之日起就已经将其写入法律。

（二）欧洲学分转换和积累体系（European Credit Transfer and Accumulation System，ECTS）

前已提到，博洛尼亚宣言有6个原则，其中"建立欧洲学分转换的学习体系"是对学生最为直接的改革措施，成为协调欧洲高等教育最为重要的组成部分之一。ECTS正日益成为各国学分体系的共同基础，它不仅在各签约国之间成为一个转换体系，而且也将作为一个积累体系。

ECTS通过采取灵活的学分制度来确保学分的可转换性，在本科和研究生教育的基础上，创立一种简化的、可转换的和可比较的学位体系，从而促进最广泛的学习流动。实行通用的ECTS意味着，一方面今后欧洲多数高校的各级学位将更多地与欧洲学分而不是与学习年限进行挂钩，另一方面，由于ECTS体制的特点是可以累计并可在欧洲国家流通转换，所以实行欧洲学分转换体系打破了校与校之间的藩篱，消除了国与国之间的障碍，为欧洲各国高等学历之间的相互比较提供了方便，为欧洲大学生在欧洲地区进行学业流动以及就业提供了保障。

现在许多国家都实施了ECTS。从2000年到2005年，它被广泛引入并由立法支撑。一些国家或地区，如阿尔巴尼亚、奥地利、比利时（佛兰德语区）、德国以及罗马尼亚，在2000年之前就将其部分地引入国内。在2004学年—2005学年已经有了全国学分体系的国家或地区中，有一部分（芬兰、意大利、荷兰、挪威）已经采用了ECTS或将要采用ECTS（爱沙尼亚从2006学年—2007学年开始）。葡萄牙、西班牙以及英国（威尔士）采用的是与ECTS不完全一致的国家学分体系。在西班牙，根据2003年9月的法律，必须在2010年10月1日前将ECTS运用到所有的教学项目中。有一些国家如阿尔巴尼亚、波斯尼亚及黑塞哥维那、前南斯拉夫的马其顿王国、法国、爱尔兰、罗马尼亚及瑞典，已经逐步地实施了ECTS。这些国家不像其他国家那样，一旦引入了ECTS，就要将其运用到所有高等教育的教学项目中。他们首先将其运用到综合性大学的教学项目中（法国和罗马尼亚），或者运用到某些特殊的学校（波斯尼亚及黑塞哥维那、爱尔兰），然后再将其扩大为通用的体系。

（三）文凭补充说明（the Diploma Supplement）

文凭补充说明是博洛尼亚宣言签约国普遍运用的方法，它确保学生获得的知识和技能透明化并且在流动过程中容易被读懂。2003年的柏林会议公报提出了这样一个目标，要保证2005年之前的所有毕业生都能自动地、免费地得到一份用欧洲通用语写的文凭补充说明。

大多数国家是在2001年至2004年间开始实施文凭补充说明，都由高校颁发。在法国和英国（英格兰、威尔士和北爱尔兰）的高校从2004学年—2005学年引入文凭补充说明，但是两年以后此计划才能完整地实施。在捷克共和国、德国和意大利，2000年前就引入了（根据法律）文凭补充说明，但进程比较缓慢。罗马尼亚、土耳其、葡萄牙从2000学年—2001学年就引入了文凭补充说明，但要在2005学年—2006学年才会在所有高校全面实施。

不管文凭补充说明的实施是不是还要等待一段时间，对所有国家而言，2005学年—2006学年是最后期限，只有俄罗斯是在2007学年—2008学年普遍实施。文凭补充说明通常颁发英语版或颁发英语版和教学语版。

（四）质量保证体系（the Quality Assurance System）

教学质量评估的互认需要有清晰的评判标准和方法。为了达到这个目的，根据2003年柏林会议得出的结论，国家质量体系必须包括负责评估的机构以及对这个机构的组成和最终目的详细说明的部分。同时，学校必须在完全自主和学生参与的情况下进行自评。柏林会议还认为，除了公布评估结果外，如果有一个能授权或认可更新周期的鉴定机构的话，肯定会使质量保证体系更加完善。

大多数国家的质量保证体系由一个独立的国家机构协调。至2004学年—2005学年，大多数博洛尼亚宣言的签约国都拥有一个国家评估或鉴定机构。这些机构通常既评估又鉴定质量。

学生参与管理那些负责质量保证的国家机构。有10多个签约国（如德国、匈牙利、英国、比利时、爱沙尼亚、拉脱维亚、爱尔兰、丹麦、芬兰、立陶宛、挪威、瑞典等）规定，学生代表将参与管理那些负责评估和鉴定的国家机构，而且基本上会有2到3名学生代表。这些学生要么是根据一定的标准从一批候选中选出来的，要么就是从学生会成员中挑选出来的。

几乎所有学校都必须有内部评估，并且无论如何都需要有学生的意见。内部评估通常作为外部评估的基础。学生通常都是通过填写调查问卷表，或通过参与评估的学生代表来提出自己的意见与建议。

2004年11月起，博洛尼亚宣言签约国的国家机构有资格，并且如果符合条件的话就可以成为ENQA（欧洲高等教育质量保证机构网络）协会的成员。基本上所有欧盟国家和欧洲自由贸易地域国家都有一个完全的成员机构。罗马尼亚和俄罗斯的国家机构最近亦已经官方地向ENQA提出申请。

三、博洛尼亚进程对我国的启示

博洛尼亚进程在各国的实践表明许多规律性的要素值得普遍关注。它虽然是国与国之间的约定，但其中许多教育理念很值得我们国内高校校际合作学习和借鉴。

第一，推行博洛尼亚进程主要有6个理由，其中第四个理由是"大学教育应以学生发展为本"，"应尊重学生的自主选择，并为此提供一切可能的机会和条件"。我国传统的教育观念是把学生作为"受教育者"的角色定位。随着我国加入WTO，教育作为服务贸易的性质开始逐步得到认同。教育必须努力为经济建设和社会发展提供优质服务，特别是要为学生发展提供优质服务。教育服务的关键，是各校积极创造条件满足学生发展的需要，包括专业、专业方向、课程、教师、学习年限等一定自由度的选择，这是不容置疑的。但是我国高校因为资源限制等各种原因，很难满足学生的愿望。随着我国高等教育大众化进程的不断推进，高校的教学改革要着眼于为学生的更好成长成材给予更多的选择机会，创造更为宽松、和谐的学习环境。

大学教育是一个整体，各校是这个整体中的一个个局部，从"教育是一种服务""学生是顾客"的理念出发，对学生在校际之间选专业、选方向、选课程、选教师，甚至选学校的意愿也应予尊重，并提供可能的机会与条件。现在我国"一考定终身"的做法仍有很多的局限性。近年来一些省市在构建"横向沟通、纵向衔接"的高等教育人才成长"立交桥"方面做了许多有益的探索，给学生有了再次的选择机会。但是在这方面的工作我们做得还远远不够。

第二，推行博洛尼亚进程的第六个理由是"欧洲高等教育缺乏竞争力"，"很明显，自从20世纪90年代以来，到美国学习的欧洲学生超过了来欧洲学习的美国学生，这个事实引起了欧洲的不安"。针对这个问题，2001年5月的布拉格会议就提出要加强欧洲各国学校之间的合作，优质资源共享，提高欧洲高等教育的整体水平，增强对欧洲学生与欧洲以外学生的吸引力。长期以来，我国高校之间缺乏互动与合作，虽然近几年有所发展，但与欧洲各国高校之间合作与交流的欣欣向荣局面相比是远远不够的。同时，优秀生源的进一步外流已成为我国高教市场的一大损失。这虽然并不一定完全都是坏事，但也应该引起我们足够的关注，具体分析外流的原因，绝不能以为现在我们仍有充足的生源而忽视潜在的危险性。据有关资料统计，2003学年—2004学年，在英国就读的中国留学生人数为5.8万人。比2002学年—2003年增长36%。作者估计，近2年我国生源外流现象更加严重。我国要在高等教育国际竞争中占有更大的市场份额，就要增强我国高等教育的竞争力。2006年4月，我国政府根据高等教育发展的新形势及时提出了高等教育的工作中心要由扩大规模向提高质量转移，高校应有战略眼光，抓住机遇，在特色上做文章，不求全面提高，在某一领域、某一学科、某一点上有突破，也可取得以特制胜的效果。高校规模并非越大越好，更主要的是看质量与水平。

第三，注重高校间课程衔接，推进学分互认与转换。为了创造条件能让学生在国内高校进行学业流动，就必须研究解决高校间的课程衔接问题。课程衔接是指两所或更多的高校根据学分转换的原则共同定义学习课程，学生在一所大学获得的学分可以在另一所大学获得承认或者进行转换，以保证学生不受约束地继续学习或就业。欧洲学分转换和积累体系（ECTS）是课程衔接方面的成功范例，目前加入该系统的高校已有数千所，参加该系统的学生已超过300万人。教育部副部长吴启迪在2004年9月召开的一次有关高等教育质量保证与文凭互认研讨会上就强调指出，教育部鼓励开展地区和大学间学历、学位和学分互认的探讨研究和实践活动。相对于欧洲40多个国家中高校间的差别而言，我国国内高校间的差别小得多，学分的转换与学生的流动理应容易一些。近几年我们在这方面也做了些尝试，但国内高校长期处于封闭办学，教育思想观念比较保守，特别是受经费、资源及各种评价标准的制约，学分互认推进工作并不顺利，阻力主要来自于高校本身。

第四，大学城或高教园区建设为推进学分下互认、资源共享创造了条件。由于大学城或高教园区高校比较集中，资源总量（师资、设备、专业、课程、生活设施等）相对丰富，学校之间距离较近，教学管理差别较小，学生对各校的专业特色、师资水平、实验条件等比较了解，园内高校一般同属一省或一市领导，高校间协调机制相对容易建立。所以，我国开展地区和大学间课程互选、学分互认，直至学分转换、学生流动的改革可以主要在大学城或高教园区先进行研究与实践。

第五，对我国开展区域高等教育合作也有直接的借鉴意义。我国的长三角、珠三角等高等教育资源相对丰富、集中，区域优势明显。在高等教育大众化进程中，应学习博洛尼亚进程在欧洲的实践经验，积极探索我国区域性高等教育合作的政策措施。2005年开始在浙江省教育厅的大力倡导下，浙江、上海、江苏三省市的浙江大学、浙江工业大学、浙江理工大学、复旦大学、上海交通大学、东南大学等6校进行长三角高等教育合作优秀人才培养模式的探索与实践。浙江大学、复旦大学、上海交通大学、东南大学都推出各自的强势专业供6校优秀学生选择，首批落实了24名交换学生，进行为期一年的跨校学习，所学课程的学分6校间互认。6校举办的暑假等假期各种短期培训学习也吸引了众多学生，另外还举办了"长三角六高校大学生辩论赛"。长三角6校高等教育合作项目得到了媒体的广泛关注，社会反响很好。

纵观在各国的实践，也有一个逐步发展的过程，并不是一蹴而就的。在国内高校间推行学分互认、资源共享，也可分阶段进行，成熟一个先行一个。在推进园区高校学分互认、资源共享这一工作进程中有几点特别值得关注：

第一，首先在校内广泛推行较充分的学分制、弹性学习制度，这是高校间学分互认、资源共享的基础。当然这一改革措施还要有相应的统一性，特别是要进一步放宽学生自主选择专业、选择教师、选择课程的限制，为学生校际间的选择创造条件。本着循序渐进的原则，浙江省从2002年下沙高教园区东区基本建成以来，就着手推进园区高校的资源共享工作，并首先在课程互选、学分互认方面进行试点，取得较大进展，社会广泛关注，反响较好。截止2005年底，下沙高教园区3年共有近240门课程实现了互选，参加学生有

21000多人次，有80%以上的学生对课程内容及教学效果表示满意和基本满意。浙江滨江、小和山、宁波、温州等其他高教园区也采取与下沙高教园区类似的做法开展了课程互选、学分互认试点工作，深受广大师生的欢迎。

第二，成立园区协作组织与机构，负责制定政策与日常管理。协作机构成员由各合作高校代表组成，协作组织除具体负责制定政策与日常管理外，而更主要的是重点关注反馈，收集每一改革项目实践后各方的反映，特别是学生的意见，综合分析后提出改进意见，供讨论后实施，以提高改革效益。另外，协作机构还要特别注意项目实践素材收集、档案整理、成果积累等，规范管理。浙江省下沙高教园区的教学协作工作进展较为顺利，成效显著，其中由园区14所高校教学副校长、教务处等相关部门负责人组成的教学协作协调组，发挥了重要作用，其创新之处还在于14所高校轮流负责牵头，发挥每一所合作高校的积极性和创造性。

第三，建立园区教育资源、信息网络平台。建立信息网络平台，为学生、教师学习交流，提供方便，提高管理效率，促进课程等教学资源的网络化，实现网络互动交流与学习。从2003年国家开始实施的精品课程建设，大大促进了高校课程资源的网络化，使优质教育资源能得到广泛共享。园区教学资源的网络化，将大大拓宽学生成长通道，使校际间的学分互认、课程互选工作成本降低，效益提高。浙江省从2005年开始着力加强精品课程的网络化建设，并且实现了与省教育信息统一链接，使用方便，深受欢迎。

第四，引进竞争机制，培育特色，提升竞争力。资源共享的出发点是是让各高校的优质资源发挥最大的效益，彰显办学特色，使特色更加明显，竞争实力更加厚实。相反，没有特色就没有优势，就没有竞争力，就会逐渐被淘汰。如果园区高校在学科专业方面没有竞争优势，学生就不会选择，而竞争力强的专业（课程）将会越做越大，越做越强。这是适者生存、劣者淘汰的自然法则在高校特色竞争中的具体体现。这也是当前园区资源共享、学分互认工作进程难以推进来自高校阻力的最终根源。2006年浙江省下沙高教园区高校选择各自的优势专业面向园区本科生开设辅修本科专业，进展也不是很顺利，除了制度本身原因外，学生选择的愿望也不强，需要我们从多方面查找原因，使之更加完善、更加合理。

随着观念的不断更新和制度的不断完善，高等教育大众化进程的推进，构建园区内系统的学分转换与积累体系，为学生在园区内外各种形式的学业流动构建良好环境，这是大势所趋，也是我们工作的目标。我们更应从欧洲博洛尼亚进程在各国的实践进展领会其对高等教育发展自身的益处去考虑，推进我国高校优质教育资源的共享，早日形成高校办学特色和优势，使我国高校在充满挑战的时代有足够强的竞争力。

第二节　美国、加拿大高等教育质量监控考察报告

　　2006年9月23日至10月2日，由浙江省教育厅组织的美加高等教育质量监控考察团一行10人对加拿大多伦多大学、乔治布朗学院，美国加利福尼亚州立大学、纽约州立大学、哥伦比亚大学、乔治敦大学进行了访问，重点考察上述各校教学质量监控体系的构建和运行情况。考察团走访了各校教学管理部门、学生管理部门、相关学院、图书馆或实验室，还访问了主管教学的校长、教务长、质量监控部门的负责人或相关学院的院长、教师、实验人员等。考察团所到之处，深入了解各校在专业设置及评估认证、课程评价、教师教学与研究工作的评价、学生实践能力的培养等方面所开展的工作及其特色，广泛收集信息和资料，受益匪浅。

一、评估认证——政府对高校行使质量监控的手段

　　加拿大和美国联邦政府把对高校的管理权限下放到各州（省）的教育主管部门，即州（省）教育部。以加拿大为例，加拿大政府针对高校的质量管理体系是在1983年以后才建立和逐步完善起来的。在这之前，大学和学院的举办、学位的授予、专业的设置一般由皇室特许或省一级地方政府的批准即可。从1984年到2001年，安大略省制定《学位授予法案》（*Degree Granting Act*），规定本省高校授予学位、设置专业的条件。根据该法案，省内高校必须经安大略立法院通过法案方能授予学位、举办专业、命名"大学"。省外高校必须经过安大略省教育部同意方能在该省开展类似的教育项目和教学活动。2000年制定的《优质高等教育法案》（*The Post-secondary Education Choice and Excellence Act*）也规定大学的学位授予和教学活动必须经安大略立法院同意，或经省教育部批准。同时，该法案还明确规定了教学质量评估机构"高等教育质量评估委员会"（Postsecondary Education Quality Assessment Board）的地位和职责，即对各校向教育部提交的专业设

置、学位授予等申请进行评估，并向教育部推荐。

考察团访问的两所高校多伦多大学和乔治布朗学院地处安大略省，安省教育部（Ontario Ministry of Education）主要通过对学校的评估来实现高等教育的管理。地方政府通过教育部认定的第三方质量评估机构（Postsecondary Education Quality Assessment Board, SEQAB）对各专业进行评估，硕士和博士点每年评估一次；本科专业由高等学校根据省教育部颁布的各专业培养目标和技能要求自己组织督导与评估，然后提交评估机构进行认证。评估机构聘请国内外相关专家教授担任评审。评估主要看教学计划以及学校制定的目标任务完成情况，学校首先要向评估机构报告自评情况，评估不合格的专业要停办。技术学院设立咨询委员会，委员会进入学院与教授和学生座谈，把意见反馈给校方。职业学院还要请用人单位来参与教学计划的制订，以反馈学生在各种岗位上的意见。尤其值得一提的是，评估认证十分注重社会对该专业的评价，要求申请学校或专业必须经过"社会评价（Public Comment）"这一环节，在网上公示学校的认证申请报告，接受社会（包括同行、家长、用人单位等）的公开质询，质询的内容将作为评估机构考察的范围。

安省教育部每年都在官方网站上公布高等院校各专业的培养标准，比如，技术学院各专业的培养标准包括：通识教育标准、职业技能标准、专业技能标准三大内容，如商科专业的培养标准包括通识教育3项，职业技能15项，专业技能13项。各校对照公布的各专业标准制定培养方案和教学计划，聘请教师开设相关课程，制定课程大纲和实验、实习大纲、内容与模式，同时向质量评估机构提交专业申请报告。从评估指南和申请报告所要求的各项内容可以看出，政府通过第三方评估机构着重考察以下10个方面：

（1）专业学位标准：包括知识的深度广度、研究方法、应用能力、交际能力、对本专业知识局限性的认识、职业能力和自主创新能力；

（2）招生、跳级、毕业标准：包括招生条件、入学标准、转学条件、毕业条件等；

（3）专业内容：包括各门专业课程内容（深度、广度、是否反映学科前沿等）、课程成绩评定标准、必修课与选修课的比例、实践环节等；

（4）教学方法与手段：是否符合课程目标、内容的要求，实施方法和手段的条件是否建立了课程教学质量反馈机制，网络课程、计算机辅助课程等技术性很强的课程是否确保学生学习的有效性等；

（5）教学能力：包括教师的教学理念、学历水平、知识水平、教学水平和敬业精神以及对教学质量的关注程度，是否建立了学生学业指导系统等；

（6）第三方认可度：包括其他高校相同专业、同行、用人部门等对该专业的认可；

（7）政府和评估机构认可度：包括对课程标准、教学成果、职业技能的认可，如是否达到相关行业职业技能证书的要求等；

（8）内部质量审核：是否建立质量内部审核机构和制度，审核的标准、程序、结果的处理等；

（9）学术自由与诚信：是否建立保护师生知识产权和确保学术诚信的相关制度，制定相关标准等；

（10）学生权益保护：学校公布的专业信息、内容、教学资源、教学效果等是否与学生实际获得的相符，在学费收缴、退还、补偿等方面是否保护了学生的合法权益等。

以上考察的10个方面共包含大大小小54个指标，近100个考察点，涵盖专业教学的方方面面，重点考察申请专业与政府颁布的专业人才培养标准是否相符，人才培养是否符合以市场为导向的原则。这种由政府根据市场需求制定专业人才培养标准、学校根据培养标准制定各具特色的培养方案和教学计划、评估机构参照培养标准评估学校培养方案有效性的做法形成了加拿大高等教育质量监控的特色，构建起了目标设定、路径自选、结果殊途同归这样一种既确保标准一致又体现手段多元的教育质量监控体系。

美国高校的认证也基本一样，其特点是针对学校教育质量实施持续不断的评估与监督，而不是一次性的评断，其认证的程序大致为：（1）高校向某一认证代理提出参与认证的申请，并在网上公示自己的申请，接受社会的质询。（2）高校进行全面深入的自我评估，依照认证代理的标准对自身业绩进行估量。（3）认证代理机构组织评委对高校进行实地走访，通过第一手资料确定申请高校是否达到标准。（4）如申请学校达到标准，认证代理赋予获得认证或预认证的地位，并在公开出版物中予以公布。所谓预认证，是指一个认证代理赋予高校一定期限内的公开认可的地位，表明代理已确定这些学校正在逐步提高，有可能在期限到来之前达到正式认证的要求。对高校的预认证一般不超过五年。（5）学校通过认证后，认证代理将进行追踪检查，以确定其是否继续符合认证代理的标准。对于不能继续达到标准的学校，认证代理将采取不利认证的措施，即对其认证予以否决、退回、暂停、撤销、终止等。（6）在认证期限到来时，认证代理对认证过的每一所学校定期进行复评，以确定其是否仍然符合认证标准。如果达到标准，认证代理就赋予学校重新认可的地位。

二、学生——课堂教学质量评价的主体

课堂教学是加美高校把握教学质量的又一个重要环节。从评估机构的指标体系看，为了充分体现教学以学生为本的理念，体系当中有多个指标从不同角度关注学生对课程教学的反映，如课堂教学的内容是否体现有利于学生就业的原则；教学方法是否符合学生的接受程度、知识水平和有效使用教学资源的能力；教师是否在教学过程中关心学生成长成才等。

在学校内部，各专业的培养方案一经制定，课程设置一经落实，教师必须把所授课程的课程大纲、教学安排、考核标准、教材及参考书目等教学档案提交所在学院主管领导批准，然后向学生公示，作为学生选课的参考。每门课程结课考核前，学院组织学生对该门课进行评价，包括以下诸多提问（以商务专业课程为例）：

表 8.1 Course Feedback Questionnaire（反馈表）

Questions 问题	Set by 授课部门	Comment 学生评价
1. I was made aware of the course's aims and objectives	Centre	
2. The teaching methods for this course helped me understand the subject	Centre	
3. The academic content of the course was stimulating	Centre	

Questions 问题	Set by 授课部门	Comment 学生评价
4. I understood the assessment requirements of the course	Centre	
5. The teaching rooms were fit for their purpose	Centre	
6. I found the library support for the course satisfactory	Centre	
7. The subject material in this course was challenging	Business School	
8. The subject material in this course was presented at about the right pace	Business School	
9. The subject material in this course was related to business situations	Business School	
10. The teaching on the course was well organised	Business School	
11. The course work supported the course objectives	Business School	
12. The tutorials linked with the course were useful	Business School	
The lecturer of this course		
13. was well prepared	Business School	
14. was enthusiastic about the subject	Business School	
15. explained the subject clearly	Business School	
16. encouraged participation and questions	Business School	
17. Overall was effective	Business School	
18. could be contacted for advice if needed	Centre	

　　不同的学校设计的问题不同，但有几点却是共通的，即从学生关注的角度考察：（1）授课内容是否有用、有价值；（2）授课方法是否有

效、有趣；（3）教师是否注重培养学生互动、交流能力；（4）教师是否关爱学生，关心学生成长。从乔治布朗学院收集的学生反馈意见表中，以上4方面是学生反映意见最集中的几个问题，也说明学生最关注这些问题。

对于课程评价的结果，不同的学校也有不同的处理办法。以乔治布朗学院为例，课程评价结果不与工资、晋升挂钩，不向学生、同事公示，只对任课教师个人反馈，由系主任与教师本人个别交流，由学校帮助制定改进规划，如业务培训、观摩教学等，这是一种建立在"以人为本"理念上的发展性的评价方式，颇受教师欢迎。但是在美国的哥伦比亚大学，学生对课程的评价则在下学期新同学选课前在选课中心公示，作为学生选课时的参考。如果某门课程被学生评价为学术性很高的课程（academic），该门课选课率就很高，否则，选课率就难以保证，教师就会面临无课可上的困境。在其他几所美国的大学，学生通过计算机网络对教师的教学质量进行评价和打分。各学院设有教学评价委员会，每位教师要填写上一年的教学工作任务情况，交给委员会进行打分、分类，评价的结果由院系主任单独向每一位教师反馈，特别要对年轻教师建议其从哪些方面去改进。各学院都要做出教师评价报告，公布每个学院的教师评价结果。教学效果与教师的薪水有直接关系，最好的教师工资可增长5%，一般的4%，平均3%。教学效果不好的不能增加工资。涨工资的权力按照比例分散在系主任、院长和校长的手里。

考察团还对加美高校如何对教师进行评价进行了调研。同样，不同层次的高校对于教师的要求也不同。比如，教学型的院校关注的是教师的教学水平和业绩。加拿大乔治布朗学院是一所以培养学生职业技能为主的技术学院，因此它对教师的考核主要放在教学的能力和效果上，对研究的要求并不高，教学业绩与研究业绩的比例大约为8∶2。相反，纽约州立大学作为一所研究型大学，对教师的考核则注重其研究能力，如承担的研究课题、成果（论文、专利等）、学术声誉等。但该校对于教师的考核并非每年都进行，而是看教师在相对较长的时间（3—5年）内的研究活动和成果，由教师所在院系的教授委员会和外审专家学者进行评定。

三、借鉴与启示

加美高校在构建和运行教育质量监控方面有许多值得学习的地方，也有不符合中国国情的规定和做法。我们应当结合浙江省高等教育的现实条件以及各校的实际情况，借鉴国外先进理念和行之有效的做法，构建起适合自身的高等教育质量监控体系，具体建议如下：

1. 评估认证是促使高校关注教学质量的有效途径，因此，应当建立起一套高校和社会普遍认同的质量评估标准，把高校对于质量的责任变成一种自觉的社会责任，成为社会普遍关注的焦点。建议以现有的教育评估指标体系为基础，制定针对教学关键环节的评估体系，并使评估制度化、常规化，发挥教学指导委员会在评估中的作用，逐渐将其培育成教育主管部门认可的评估第三方。同时，在评估中注意开辟公众发表评价的渠道，比如在评估前通过网络和其他有效途径公示评估对象的自评报告和数据，接受公众，尤其是知情者（如相关教师和学生）的评判和质疑。目前，省教育厅开展的"新专业检查""随机听白门课工程""毕业论文抽查"等检查行之有效，反响很好，建议把这些分散的检查性的活动变成有体系的、制度性和规范性的评估行为，并与政府针对学校的资源分配（如招生计划、重点建设经费等）联系起来，与学校的社会声誉联系起来。另外，应尽快启动高校毕业生跟踪调查、评估的探索与实践，真正从用户的角度来评价高校教育质量。

2. 课堂教学是保证教学质量的重要环节之一，也是普通高等教育区别其他高等教育形式的最主要特征。学生评价教师的课堂教学质量成为美加高校普遍的做法。但是，对照国外课堂教学评价指标和如何对待评价结果的做法，我们认为还存在进一步思考的空间，比如，关于评价表的问题设计，评价可以从3个角度设计问题：第一，从教学管理者的角度；第二，从教师的角度；第三，从学生的角度。以第一、二个角度设计的问题，往往比较抽象、概念化，如：你认为该教师在教书育人方面做得怎样？等等。学生觉得这类问题往往不好回答；以第三个角度设计的问题往往基于学生的感性认识，便于学生做出判断，如：需要请教时很容易得到答案，老师乐于解答问题，等等。再如，如何对待课堂评价的结果？考察团经过讨论，综合了加拿大和美国两所大学的做法，提出：（1）评价结果应该向教师本人通报，并且把这个结果作为教师进修培训提高的依据，而非扣奖金、降薪降职乃至解聘的依据，努力构建和营造有利于教师发展的和谐的评价体系和环境。（2）评价结果也可对学生分布，作为学生学选课的参考，但要讲究技巧，比如，建议不公布评价分数或等级，只公布学生对该课的文字性的赞誉和肯定。这样，既可以激励优秀教师做得更好，同时对于没有获得赞誉的教师也是一种鞭策。

3. 教师评价体现高校分类建设原则，不同类型、层次高校有不同评价标准。追求公平势必导致标准的一致性，而单一的标准又不符合教师多元发展的现实和需求。加拿大和美国的高校在这方面有值得我们学习的地方。首先，在教师职称晋升、岗位聘任、评先评优等方面，他们不开展那种由各校专家参加的跨校性的集体评审，而是在各自学校内根据本校的人才培养定位和工作重点因地制宜地开展针对教师工作业绩的评价，并且评价者（包括校内教授和部分校外教授等）都是本学科本专业的内行，比如，以研究为主的哥伦比亚大学偏重教师的科研业绩，而以教学为主的乔治布朗学院则十分注重教师的教学成绩。教师学术头衔的含金量由社会自行去判断，比如，哥伦比亚大学的教授自然会比乔治布朗学院的教授更能搞科研，但后者在教学上不一定会逊色于前者。建议浙江省在教师职称晋升、岗位聘任、评先评优等方面多给各校评聘的自主权，让各校根据自身的目标定位和发展需要制定评价标准，打造自己的师资队伍。

考察团在调研过程中，还对加拿大乔治布朗学院富有特色的实践教学进行了考察。该学院除开展常规的专业教学实习外，还在有条件的专业尝试校企合作的"准就业实习"，由用人单位按照正规的员工招聘标准、程序、待遇和条件考查、录用在校学生，学生进入单位后由该单位指定资深员工与学校教师共同指导其实习，学生带薪工作，毕业后可享受该单位优先聘用的待遇。就用人单位而言，参加该模式可享受政府许可的部分所得税的减免。这种实习模式目前已在多个专业中试行，深受学生和用人单位的欢迎。

第三节　关于瑞典、丹麦等国高等教育的考察报告

本部分为笔者作为浙江省教育代表团一员赴北欧国家考察的心得与体会。2003年9月，浙江省教育代表团赴北欧瑞典、丹麦等国进行了为期12天的考察活动。代表团访问了瑞典高教署、瑞典乌普萨拉大学、丹麦哥本哈根工学院等教育机构与高校，听取了他们的情况介绍，并与相关人员进行了深入的会谈，对有关情况做了详细的了解，实地考察了教室、实验室、餐厅、图书馆等学习和生活设施。本次考察访问，使我们对北欧高等教育有了切身的感受与体会。

一、考察的基本情况与内容

北欧国家包括瑞典、挪威、丹麦、芬兰、冰岛5个国家。本次考察活动主要对瑞典、丹麦的高等教育情况做了较为深入的了解。瑞典国土面积约为45万平方公里，人口约为885万。瑞典的自然条件并不是很理想，大部分矿产资源短缺、日照不足、年平均气温低，绝大部分土地不适宜农业耕作。然而，就在这样的自然环境下，瑞典的经济、社会发展取得了举世瞩目的成就。瑞典的人均国民生产总值高达2.67万美元，并建立起了世界上极少国家才有的国民养老金制度、全民医疗保障制度、免费教育制度以及完善周到的社会公共服务体系，创造了大多数社会成员共同富裕的瑞典模式。可以说，瑞典的经济发展水平、环境质量、生活质量已稳居于发达国家的前列。瑞典之所以取得如此巨大的成就，其中一个重要原因是对教育的重视。瑞典从6岁起实行免费的义务教育，学校还免费供应学生午餐。瑞典教育经费投入占国民生产总值的6.3%，瑞典人平均接受教育的时间长达19年，瑞典人的阅读能力居世界前列，几乎所有的瑞典人都能熟练使用英语。瑞典的人口不到千万，却拥有乌普萨拉大学、隆德大学、皇家工学院、查尔姆斯工业大学和卡罗琳斯卡医学院等享誉欧洲乃至全世界的名牌大学。一年一度在瑞典颁发

的多项诺贝尔奖，不仅为瑞典赢得了极高的国际声誉，也有力地促进了国内教育与科学事业的发展。

浙江省教育代表团访问了瑞典高教署与乌普萨拉大学。瑞典高教署（National Agency for Higher Education）是对瑞典高校进行评估的机构，通过评估确保高校的教育质量。1993年，瑞典颁布了新的高等教育法，取消了国家课程体系，赋予高校自主授予各种学位的权力，同时，为了加强质量控制，瑞典还成立了高等教育评估处（Office for Evaluation of Higher Education）。1995年，该处与其他3个机构合并，成立了国家高教署，该署由政府授权，但不完全由政府控制，有一定的自主权，其主要任务是开展质量检查，对学科和专业进行评估以及对院校和专业进行认可，如对专业学科课程实行全国性质量评估，对申请出国学习资助的学生的学历进行进行评估，对北欧以外的学历证书进行认证等。所有新大学的建立必须得到政府的同意，取得法律的认可，而政府认可的依据来自高教署的评估意见。除了质量评估之外，高教署还承担了信息管理、国际交流等职能，如对高校工作进行法律监督，为学生提供有关高校的信息，为政府和议会提供关于高等教育方面的咨询报告，汇集教育统计数据，提供有关国家的教育信息，设立国际学者交流项目等等。高教署的决策机构是一个由11位委员组成的委员会，成员由政府委派和高校代表组成，高教署署长同时也兼任大学校长评议会主席。高教署拥有130名高水平工作人员，并经常聘请各方面的专家作为咨询顾问。

乌普萨拉大学（Uppsala University）是北欧最古老的大学，建于1477年，位于瑞典东部乌普萨拉省省会乌普萨拉市，学校遍及整个市区，所以又称乌普萨拉大学城。该大学现有三大学科领域，分别是艺术和社会科学、医学和医药学、科学和技术，分布在9个学院、150余个系之中，拥有40余个课程学习项目。2003年学生数达到38300人，教职员工数约为5600人，相当于5100个全职岗位，教师占64%，3600余人。2002年学校总收入为37.32亿瑞典克郎，其中政府拨款用于本科教育的占28%，政府拨款用于研究生教育和科学研究的占34%，各研究委员会和政府其余部门的补助占16%，其他外部基金占20%，自有基金占1%，利息1%。2002年学校总经费为37.39亿瑞典克郎，按活动项目分：63%用于研究和研究生教育，30%用于本科教育，委托课题研究5%，委托教育项目2%。按用途类型分：人头费占60%，公务费占20%，设备费占14%，助学金占5%，折旧费占1%。收支大体平衡。

丹麦位于北海和波罗的海之间，面积仅为45000平方公里，由406个岛屿和日德兰半岛组成。丹麦同样是一个非常重视教育的国家，不仅免费实施义务教育，而且免费实施高等教育；大学不仅免交学费，而且提供生活费；这在世界上是极为少见的。丹麦每年用于教育和培训的经费相当于国民生产总值的7%，占公共财政预算的13%。对教育的重视得到了丰厚的回报，丹麦的经济和社会发展也居于发达国家前列，这样一个人口不足500万的小国获诺贝尔奖的科学家就有13人。丹麦的高等教育分为3种模式：短期高等教育、中期高等教育和长期高等教育。短期高等教育指经过高中阶段职业教育和培训后，再接受为期2年的高等教育，授予副学士学位；中期高等教育指经过高中阶段职业教育与培训后，再接受为期3—4年的高等教育，授予专业学士学位；长期高等教育指完成普通高中教育后，再接受为期5年的高等教育，前3年大学学习后，一般可获得普通学士学位，再经过2年学习，可获得硕士学位；然后，在导师的指导下，经过3—5年的研究生课程学习，可获副博士或博士学位。考察期间，代表团访问了哥本哈根大学（Copenhagen University）与哥本哈根工学院（The Engineering College of Copenhagen）。哥本哈根大学建于1479年，是丹麦最大和最古老的一所大学，校园面积达627000平方米，遍及哥本哈根大半个市区。现有35000学生和7000多教职员工，共有技术学院、社会科学院、法学院、运动科学学院、人文学院、科学学院6个学院，下设70余个系，100余个学科，是一所提供学士、硕士、博士学位课程并具有学位授予资格的综合性大学。哥本哈根工学院成立于1881年，1995年迁到新校区，位于哥本哈根市郊，由5幢连为一体的造型独特的建筑物构成，校园前方为绿树草坪环绕的开阔的停车场。哥本哈根工学院是一所仅从事专业学士学位课程教育的职业技术学院，是丹麦5所相同性质的工学院之一。学院现有学生5200人，其中来自国外学生有200余人，有教职员工400余人。我们参观了实验室、教室等教学场所，其注重动手能力培养的课程计划与开放实验室给我们留下了深刻的印象。

二、借鉴与启示

（一）重视高校质量评估

北欧高等教育评估具有自身的特点。作为福利社会的北欧国家，高等教育既有别于英美等国，与欧洲大陆国家也不同。由于政府拨款仍然是高等教育经费的主要来源渠道，政府自然要求对高校进行质量监督，但与英国的完全由政府进行质量评估的政府主导型模式及美国的将质量监控交于专业团体的市场主导型模式不同的是，北欧国家采取了以政府指导、由专业团体实施的北欧高等教育评估模式。这一模式旨在高等学校与质量评估机构之间建立在一种专业信任关系，双方的关系要从监督与被监督的关系转变为专业合作关系。瑞典高教署对高校质量评估的目的可以概括为三点：一是将质量为核心的组织文化引入高等学校；二是激发高等学校在微观层面上建立质量监控系统；三是通过质量评估推动高等学校的改革和创新。通过评估工作，推动学校树立质量意识，自觉将质量提高渗透到学校的教学科研第一线中，并在学校内部建立起常规、系统的质量评估制度，向政府、社会、家长负责。瑞典的第一轮高教评估从1995年开始，1998年结束，现正在开展第二轮的高教评估，每所高校每6年必须接受一次周期性评估。瑞典高校质量评估的特点也可概括为三个方面：一是重视高校的办学特点，没有为所有学校建立一套统一的标准化指标体系；二是几套方案同时进行，可以起到互补关系；三是注意吸收别国的高教评估经验，特别是在专家组中规定必须有外籍专家参与评估。丹麦的全国高教质量评估由丹麦高等教育评估中心负责实施，相对独立但受政府指导，接受政府委托对高校进行系统的常规性评估及非常规的专门评估。质量评估结果作为高教拨款的重要信息，评估结束后要求各被评估学校在专家实地考察结束的半年时间之后提供一份学校质量改善报告，由教育部加以监督。丹麦高教评估中心还定期对雇主、学生和毕业生进行调查，建立全国高教质量信息库，为政府、社会及家长提供准确的可信资料。正因为国家的重视，各高校对质量监控也丝毫不马虎，质量管理成为大学的重要管理内容。我们这次访问的乌普萨拉大学曾于1996年和2000年两次接受瑞典高教署组织的评估，学校设有质量委员会，由分管教学的副校长任主任，设秘书处，负责日常工作。质量委员会共有12位委员组成，除了教师委员外，还有4名学生委员、2名本科生、2名研究生。

我国目前也高度重视高校教育质量问题，教育部与省教育厅都对高校开展本科教育质量评估活动。北欧的做法与经验对我们的启示是：一是可以在教育行政部门成立专门的评估机构，或成立中介机构，将高校质量评估的职能委托中介机构进行，以进一步加强质量监控与评估工作，开放社会监督和评估渠道。二是要注意评估指标的多样性，不能用单一的评估指标体系来对不同类型的大学进行评估，而是建立多套评估方案及评估专家，以适应不同类型高校的需要。三是重视质量的长期追踪，评估不是一劳永逸的，评估应是周期性的，为此，评估部门要建立起各高校的质量信息库，追踪毕业生就业及发展情况，长期、不间断地关注高校质量问题。

（二）积极推进高等教育国际化

北欧的高等教育尽管规模不大，但历史悠久，成就巨大，我们考察访问的乌普萨拉大学、哥本哈根大学都有500余年的办学历史，因而也具有与其他国家的大学合作办学的传统，其形式有交换大学生和研究生，采用英语进行教学、互相承认学分、制定课程统一标准、教学科研人员相互交流等。国家或高校设立各种基金、奖学金支持本科生到国外学习课程及做毕业论文，支持研究生到国外从事短期研究或者出席国际学术会议，教师则实行学术休假制度，教师每隔4年可以申请半年学术假，到其他国家或地区进修或者访问。北欧各国作为欧盟成员国，有在欧盟国家中互招学生的任务。哥本哈根工学院从2002年开始实施"国际设计学期"（The International Design Semester）与"国际商业学期"（The International Business Semester），全部课程采取英语授课，共30个学分，可以在欧洲国家通用。现学院从50余个国家招收了200余名学生，其中有中国留学生约60名。哥本哈根工学院院长亲自撰文回顾学校的国际化进程，并发表在澳大利亚的工程教育全球杂志上。由于欧盟正在推行课程学分的转换制度（The European Credit Transfer System，简称ECTS），为欧盟成员国各高校的课程制定统一标准，使学生的跨国学习方便有效。

随着经济全球化及我国加入WTO，教育国际化已成为我国高校工作的一个重要内容。只有更多地融入国际环境之中，才能借鉴与学习先进的办学模式与管理方法，才能站在学科前沿与世界各国科学家进行对话，才能培养出适应经济全球化的社会主义建设人才。欧盟国家在推进教育一体化的做法很值得我们借鉴。我国高校也要加大与各国高校合作的力度，选派更多的教师与学生出国学习深造，互认学分，并吸引外国留学生到中国留学；开发"国际项目学期"课程计划，开设更多的英语教学课程，采用世界名校教材，推动教育国际化进程。

（三）不同的学校具有不同的定位与办学模式

我们这次访问的高校既有办学历史悠久、办学声誉蜚然的世界著名大学，如乌普萨拉大学、哥本哈根大学；又有办学时间不长却充满了活力与特色的职业技术学院，如哥本哈根工学院。各学校定位明确，服务对象确定，办学目标清晰，各课程学习计划具体实用。各高校在同类学校中进行比较，不是盲目攀比，上层次，上学位点，追求大而全。哥本哈根工学院为仅能授予学士学位的专业技术学院，但它们都有自己的办学目标，争取在同类院校中办出特色。

我国目前高等教育正处于大众化阶段，但现有的高等教育结构与办学类型显然不能满足高等教育大众化的要求，与大众化不相适应。各校办学层次类型、学科专业设置、人才培养模式的同构化现象严重。如何对高校进行分类，以调整高校办学层次与结构，推动办学类型多样化是我国高等教育改革的一个艰巨任务。为此，必须在社会上大力倡导多种人才观及教育质量观，从重学历文凭改变为重实际能力。丹麦上大学不用交费，而且还有生活补贴，但许多高中生主动选择就业，工作若干年后再上大学，以提高实际工作能力。

（四）具有休闲功能的校园建筑

北欧的高校很少有校园、校门、围墙等概念，它们一般都是由一幢幢建筑物组成。由于历史悠久，大学建筑物散落在城市四处。即使1995年搬入新校址的哥本哈根工学院也都没有大学的校门。然而，每幢建筑物内部却充满人文气息，宽敞的走廊上安放着各种桌椅，教室旁有休息间，地下室有咖啡馆。学生三三两两地一边吃东西一边讨论问题，营造出浓厚的大学学术气息及渗透出大学特有的文化韵味。正是大学的各种沙龙、俱乐部、咖啡馆、茶座以及闭路电视、网络等，为大学教学、学生讨论提供了极大的方便，使大学不仅成为学生增长知识技能的场所，也成为学生陶冶情操、培养交往能力的乐园。这对我国校园环境与校园文化建设也颇有启迪，大学校园的文化内核就是要形成浓厚的学术氛围，这也是校园与农场、工厂环境相区别的根本所在。

他山之石，可以攻玉。我国目前的高等教育经过急剧的规模扩张之后，也面临着结构调整、质量提升、追求卓越的艰巨任务。高等教育发展中还存在着种种问题，比如，各高校校园规划布局大同小异，学科专业重复设置，人才培养模式照搬雷同，盲目追求学校的层次规模，等等。为此，北欧国家对高等教育国际化、区域一体化的重视，强调高等教育质量监控，突出办学特色等经验对我国高等教育的改革与发展具有一定的借鉴意义。

第四节 台湾技术职业教育的借鉴与启示

2012年6月，浙江省教育厅组织的浙江省高等职业教育赴台培训团一行40人，赴台湾开展了为期15天的培训、考察与交流。笔者是培训团团长，此节内容是培训学习的收获及体会。

在台湾期间，培训团听取了"技术职业教育之政策与人才培育"、"两岸企业经营与管理案例""技术职业体系之国际化与实务探讨""企业与学校合作培育人才实例探讨——以明志大学为例""技术职业课程之发展与设计""以EMBA结合高阶管理资源"等6门基本观念课程，"科技与创意管理""全球运筹管理""品牌策略""变动世界中的自我安顿""创意思考""计算机辅助测验之理论与实务""智能机器人之机电设计与控制""地工合成材与工程、防灾与环境保护上之应用""智能车辆系统"等10门专业分班课程，参访了台湾科技大学、明志科技大学、正修科技大学，了解了台湾技术职业教育的教学管理、产学合作、评鉴体系、实验室建设、学生管理、图书信息建设、体育场馆建设等情况，并与相关院校的管理人员、一线教师和部分学生进行了深入交流。赴台培训团全体成员还分5个小组，分别以"台湾技术职业教育与浙江高职教育的比较及其启示""职业教育校企合作之思考""高等职业教育学生创新能力培养之探讨""高职素质教育的思考——两岸职业教育人才培养实践的启示""从'高职制造'到'高职创造'——台湾技术职业教育学习之感悟"等5个专题做了学习研究汇报，台湾科技大学副校长林耀煌、台湾科技大学国际事务处大陆事务办公室主任杨文铎、台湾科技大学全校不分系学士班系主任阮圣彰听取了培训团学员的汇报。

通过学习与参访，让我们对台湾技术职业教育的发展历程、体系架构和政策导向有了深入了解，对台湾科技大学的办学特点与特色、专业设置、教学管理、产学合作以及当前台湾技术职业教育面临的问题与挑战有了近距离接触，引发了所有学员对大陆特别是浙江省高职教育发展的思考。在学习与参访过程中，培训团也与台湾方面接待人员之间建立了深厚的感情，为今后进一步深化两地交流打下了良好的基础。

一、台湾技术职业教育的发展和概况

技术职业教育是台湾50多年来社会与经济发展的一个重要动力。在技术职业教育体系的"三大板块"中，即技术职业教育、专科技术职业学校、技术学院，虽说功能有异，但为台湾产业界、企业界和其他各界源源不断地提供了他们急需的各种专业人才。一方面，台湾技术职业教育具有相当良好的发展基础与教育绩效；另一方面，技术职业教育与专业技能证照（技术证书）之间的相互配套、相辅相成，也促进了技术职业教育更能适应因台湾经济发展、产业调整与升级所产生的人力需求方面的变化。因此，以培养产业技术、管理及服务人才为导向的技术职业教育已经成为台湾教育的"两大支柱"之一，并被视为台湾教育的一个"光环"。

（一）台湾技术职业教育的发展经历了三个阶段

台湾技术职业教育发展大致经历了三个阶段：

1. 第一阶段：20世纪50—60年代，技术职业教育初创期

自1953年起，台湾开始推动各项经济建设计划，因而，技术型人才的需求与日俱增。在这一背景下，台湾技术职业教育也随着经济建设的发展步伐而迅速兴起，为了适应农工商的发展及地方需求，各类职业学校（高中层次）在量的扩张的同时，还增设了一些新的专业。进入60年代后，准确地说，从1963年起，大批的私立专科学校被核准设置，以工业类专科学校为主。

2. 第二阶段：20世纪70—80年代，技术职业教育发展期

技术职业教育发展期的重要标志是因应经济建设对高等技术人力的需求于1974年成立了技术学院。至此，台湾的技术职业教育的"三大版块"基本形成。台湾的技术学院，招收高级职校和专科职校的毕业生，学制为2—4年，毕业后授予学士学位。这类学校主要教授应用科学与技术，培养高级实用技术人才，因入学没有考大学那样竞争激烈，许多学生便纷纷报考这样的技术学院。进入80年代后，技术学院呈现量上的快速扩张。

3. 第三阶段：20世纪90年代以来，技术职业教育调整期

进入20世纪90年代后，即从1996年起，一些绩优的专科学校改制为技术学院；1997年将绩优技术学院改名为科技大学。台湾大力推行职业技术教育是有成效的，它对台湾就业人口素质的提高以及经济的迅速发展，都起到了不可低估的作用。进入21世纪后，台湾技术职业教育改革上的一个突出特点，就是在整合中升级、在升级中整合。一方面，越来越多的技术职业院校向大学转型；另一方面丰富与扩大技术职业学科的门类，使技术职业教育呈现新的质的发展。

（二）台湾技术职业教育发展概况

1. 台湾教育体系架构

台湾的高等教育划分为普通教育和技术职业教育两大系列，从高中阶段开始分流，分为普通高中和高级职业学校，比例约为5：5。普通高中毕业的学生主要升入普通大学学习，高级职业学校毕业的学生主要升入科技大学学习，约有5%的学生可左右沟通。从普通高等学校和科技大学毕业，都可达到本科学士水平，并且这2种学校均培养硕士和博士研究生。由此可看出台湾的职业教育体系较完善，从职业高中、大学本科到硕士、博士，是一种"立交桥"式的国民教育（如图8.1所示）。

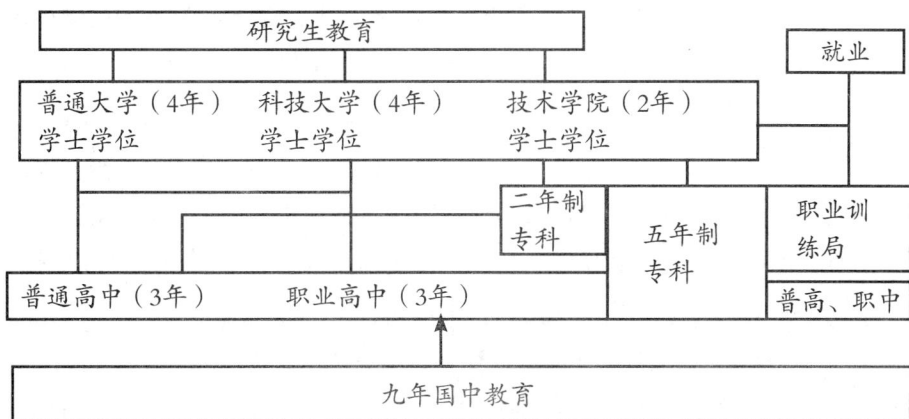

图8.1 台湾教育体系结构

2. 台湾高等教育总体概况

台湾有172所大学院校，分别提供高等教育、技术职业教育（科技大学、技术学院），有153所大学院校设有研究所。属于高等教育体系的院校，共71所，其中省立大学21所、省立艺术大学3所、省立体育大学1所、省立体育学院1所、市立体育学院1所，私立大学29所、私立医学大学4所、私立医学院1所、私立管理学院2所，省立师范大学3所、省立教育大学4所、市立教育大学1所。高等教育体系大学院校学生通过参加大学统考进行统一录取。属于技术职业体系大学共有92所，其中省立科技大学12所、私立科技大学34所、省立技术学院4所、私立技术学院27所、省立专科学校3所、私立专科学校12所。技术职业教育体系大学的院校学生通过参加"四技二专"统测进行统一录取。台湾还设有军校7所、警校2所，考生报考参加各校所举办的考试后单独录取。目前台湾每年大约有14万名考生参加1月底或2月初的大学学测，有7万名考生参加7月1日—7月3日的大学统考，2010年大学指考的学生录取率达94.87%。另有16万名考生参加4月中的"四技二专"统测，2010年"四技二专"日间部学生录取率为85.44%。

3. 台湾技术职业教育发展情况

由于技术职业教育对台湾经济建设政策的有效响应，适时为台湾培养经济建设所需的技术人力，在促进台湾社会经济发展上扮演了极为重要的角色。

（1）技术职业教育的目标定位

台湾技术职业教育在培育各级技术优秀人才、提供低学术倾向学生就业及谋生技能、与产业建教合作提升人力素质、提供生活技能的学习动力、促进社会变迁及阶层流动、提升核心竞争力、研发技术移转与技术职业教育出口、提供弱势族群技术职业教育机会等方面功不可没，这与台湾技术职业教育目标定位紧密相关。台湾技术职业教育目标定位是：①培养高等专门技术人才；②强调"务实致用"，培养具备实用技术与实务经验特质的人才；③重视与产业界产学合作与实习的教学模式。

（2）技术职业院校的功能目标和教育理念

技术职业教育目标定位引导出了技术职业院校三个层面的功能目标，分别隐含技术职业教育目标确定的三个教育理念。①教学方面的目标：务实致用。这被看作是台湾技术职业教育的生命之根。②研究方面目标：应用导向的研发与创新。这被看作是维持台湾技术职业教育生命发展的养分和水分。③推广服务方面的目标：以产学合作模式在研发和人才培育方面和产业界相辅相成。

（3）技术职业教育的重要政策做法

根据技术职业院校的功能目标，台湾采取多种有效措施提升技术职业院校人才培养质量。

教学方面：

①提升教师的实务经验和技能。包括聘用行业企业里的专业及技术人才到学校任教；教师可以通过论文、发明专利、技术报告、创作展演等方式进行职称晋升；鼓励教师到行业企业进行研发、服务或者参观访问；鼓励教师考取职业资格证书。

②推动专业课程改革。包括将技术职业课程按专业课程、群集课程和就业课程进行重新归类划分；结合行业企业资源，规划实习场所，设计实习课程；推动国外实习与见习课程；鼓励教师自编教材；成立区域课程发展中心；推动"最后一里"就业学程等。"最后一里"就业学程计划鼓励学校联结区域或相关产业，共同规划"最后一里"就业学程，协助技术职业院校志愿就业毕业生转衔至产（企）业界，并辅导充分就业，强化学生在学校最后1—2年综合（再学习）、跨领域创新及实务经验。

③推动务实致用的教学模式改革。包括推动理论与实操并重的教学模式；推动教学卓越计划，培养学生基本素养与核心专业能力：通识、专业、职能和社能；推动弹性多元的产学合作与实习方式，如产学携手合作计划、业界教师协同教学计划、三明治式教学等；推动专题制作与成果发表竞赛；推动各专业教学与职业资格证书的衔接；成立区域教学资源中心，分享教学资源。

研究发展方面：

①成立区域产学合作中心、技术研发中心、技转中心与技术育成中心。台湾设立6个区域产学合作中心，同时在精密机械与光机电、休闲与服务创新、绿色能源与环境生态、电力电子与通讯、生技医疗与精致农业、文化创意与数位服务等六大领域设立技专院校技术研发中心及12所联合技术发

展中心暨伙伴中心，鼓励技专院校运用既有技术成果进行产学合作，并将研发成果反哺教学，以落实务实致用特色。

②推动产学携手合作计划。台湾自2006学年度规划实施"产学携手合作计划"，通过高等职业学校（相当于省内中职）与技专校院间规划弹性的学制与课程，培育产业需求技术人力，结合实务导向技术发展，兼顾经济弱势与学习弱势学生的进修与就业，落实对产业特殊类科及传统基础产业人才的培育，并满足缺工产业的人力需求。

③为促进技术职业教育院校开展研发工作，台湾还设立"学校重点特色研发计划""典范特色计划"等，通过奖助形式鼓励科技大学等技专院校进行应用导向的研发和创新。

推广教育与服务方面：

①高等技术职业院校附设推广教育学制，成立进修专校、进修学院。

②推动多元化的回流教育专班：企业专班、校外专班、在职专班。

③鼓励教师借调到公、民营机构服务。

④协助办理证照考试、技术检测服务。

台湾技术职业教育的其他做法还包括推动国际教育交流与合作、开展教育评鉴、奖励私人办学、实施学生总量管制政策等。

二、台湾技术职业教育形成的优势和面对的挑战

教育是百年树人的大业，应在明确人才培育目标下自主运作。但教育体系同时也是政治、经济、社会文化系统中的一环，应该能适时反映政治与社会文化层面上多元开放、经济层面上效率与活力等好的一面，并据以快速修订，以培养出符合时代发展特性的人才。台湾技术职业教育近60年的发展，形成了自己一定的特色优势，但进入21世纪以来，高等教育大众化趋势、少子女高龄化趋势、大环境转型、产业升级、科技创新等教育发展环境的变化，台湾技术职业教育面临发展机遇的同时也面临着相当大的挑战。

（一）台湾技术职业教育形成的优势

1. "立交桥"式教育体系培养多层次人才，技术职业教育摆脱终结性教育色彩

台湾的职业教育体系包括高级职业学校、专科学校、技术学院或科技大学、研究生院校。高级职业学校（相当于大陆的中等职业学校）是培养基层技术人才的，修业年限一般为3年，招收初中毕业生或同等学力者，以升学为导向。专科学校重在培养应用科学与技术型实用专业人才，按不同入学资格分设2年制、3年制和5年制，专科毕业生可以进入技术学院读2年后获本科学士学位。专科层次学生约占技术职业学院总在校生人数的17%。技术学院或科技大学是培养应用科学及技术型高级实用技术人才的本科层次的高等职业教育，分2年制（招收专科层次毕业的学生）、4年制，同时设有研究所，可招收研究生和博士生。台湾技术职业教育与普通教育是两类不同的高等教育，这使得台湾职业教育体系健全、层次完善，不同层次的职业教育学校在自身的职业教育目标上有明显不同的定位。明确的培养定位指明了毕业学生的发展目标，摆脱了技术职业教育是终结教育的色彩。

2. 职业证照制度、多元文凭体系拓宽学生发展空间

在台湾，职业院校的毕业生要求取得毕业资格证书和职业证照。台湾的职业证照分三级，即丙级、乙级、甲级，它是通过统一的职业证照鉴定考试取得的。台湾还建立了多元文凭体系，规定持有职业证照的人士，在有若干年的工作经验之后，可以取得相应的同等学力资格，从而建立起职业证照和毕业文凭之间的等值互换关系。同时规定在职人员的入学考试，依据其职业证照及毕业后工作年限的不同，享有不同的加分优待。如丙级证照在专业科目总分的基础上再加总分的5%，乙级证照加10%，甲级证照加15%；就毕业后工作年限的长短而言，毕业2年以内的不加分，毕业3年，在总分的基础上加分3%，毕业4年加4%，以此类推，毕业年限最高加分无上限。职业证照制度、多元文凭体系的建立和完善，有利于学生的升学、就业和晋升，有助于在社会上树立"学力比学历更重要"的观念。台湾的职业教育曾被视为"二流的教育、次等的选择"，而现在，随着职业证照制度、多元文凭体系

的落实，这种情况已得以明显改变，甚至部分普教体系的本科毕业生还要求回头报考二专，以求获得一张职业证照，习得一技之长。

3. 多渠道吸收和培养教师，师资力量雄厚

台湾业界认为，职业教育目前需要优秀教师与教育研究人才，符合此需求的人才需具备多项基本能力：①需具备研究的能力，方能在快速发展的时代中，不断进步；②本身需具备创造力，且知道如何培养学生或受训人员的创造力，为教育或企业创造资源；③需具备理论知识与实务经验以及两者之间的连接，才能将所学有效地应用于实际中。因此台湾技术职业院校积极给教师提供各种培训机会，提高他们对教学方法和教学业绩的能力，同时，鼓励教师进行广泛深入的社会调研，熟悉自己所教授的相关行业、产业的动向以及发展，将行业、产业的信息及时反馈在课堂教学上，让学生加深对将来可能从事行业和相应知识的了解。经过多年的努力，台湾技术职业教育吸纳了一大批学历高、行业企业经验丰富、有国际教育背景的高素质师资。此次培训团参访的三个学校中接触到的教师相当一部分具有欧美留学经历。

另一方面，台湾技术职业教育"务实致用"的教学导向，吸收了一大批业界精英。具体做法：一是鼓励从产业界聘请有经验的教师（具与任教领域相关之专职工作年资3年以上或兼职工作年资6年以上者），并将执行成效纳入私校整体发展奖补助指标。二是引进产业资源协同教学。主要做法是采用"双师制度"聘任业界专家协同教学，协同教学以不超过课程总时数三分之一为原则，同时专任教师仍需全学期主持课程教学，其课时费依照原课程时数按月核给。三是聘请业界专家教师共同规划课程，并指导学生实务专题、校外竞赛、证照考试及展演等。

4. 与台湾产业界保持密切合作，产学合作成效显著

台湾技术职业教育院校非常重视产学合作，使得台湾技术职业教育能够与台湾产业界保持密切的合作关系。台湾技术职业院校教师大都带着学生为企业开展技术研究、研发产品、解决企业的问题。台湾的技术职业院校在校内都设立了技术转移中心、育成中心以及产学合作中心等机构，很多研究课题都来源于企业，课程的设置也能及时反映、跟踪科学技术以及产业发展的变化，部分实验室的建设和研究课题都具有相当高的水准。这次培训团的

老师们对台湾科技大学和明志科技大学实验室的投入和开展的研究实验活动印象深刻。台湾产学合作主要有6种互动方式，如表8.2所示。

表8.2 台湾产学合作的6种互动方式

产学专班	重要性	内容	预期指标
实用技能课程	供具技艺学习倾向及经济弱势学生习得一技之长，并为业界所用。	（1）衔接中学技艺教育学生 （2）课程以技能实习为主，培育学生就业能力 （3）2007学年度入学学生起，逐年实施3年免学费	预计3年内约有57000人受惠
高职建教合作	（1）协助弱势族群学生继续进修的教育功能及社会价值 （2）在校学习并至业界职场实习，有生活津贴，习得技能 （3）目前56所，合作厂商2806家，学生35596人	（1）办理模式分为轮调式、阶梯式及实习式等，其中以轮调式最多 （2）2009学年度起一、二、三年级学生3年免学费	至2012年，一、二、三年级3年免学费，受惠人数47400人
产业特殊需求类科班	（1）配合经济建设发展需求，培育人才，提供学生进修及就业机会 （2）2007学年度免试入学学校有14所，受益学生计554名；2008学年度免试入学学校有11所，受益学生计400名 （3）2009学年度起扩大办理免学费适用对象，不再仅限免试入学学生，受益新生计4718名	（1）3年免缴学费 （2）各校依需求办理免试入学 （3）办理免试入学学校，由本部项目补助，充实教学设备及实习材料费，以强化实习教学	2012年起每3年免学费，受惠人数约14200人
产学携手合作	兼顾学生就学就业，发扬技术职业教育"做中学、学中做"实务特色目标	以3合1（高职+技专+厂商）方式，发展3+2、3+2+2、3+4或5+2之纵向学制	每年培育3000名学生

产学专班	重要性	内容	预期指标
产业研发硕士	填补产业发展所需人力缺口，有效支持科技产业投入研发创新，提升科技产业竞争力，累计核定443班7252名	邀请合作企业共同规划课程，强化产学合作基础	预计每年核定开办名额1600名
"最后一里"学程	强化学生在最后1年至2年综合再学习、跨领域创新及实务经验	（1）学生毕业前1年开设，缩短产业界晋用新进人员教育时程与成本 （2）自2008年度起本部与劳委会合作，依据该会评鉴结果，择优予以奖助	预计每年核定30件学程

5. 教学内容务实且注重方法的传授，人才培养目标明确

（1）人才培养全课程理念

将学生在校学习的全过程以课程的形式展现，令人耳目一新。虚无课程指社会习惯、时尚等潜在大环境对学生产生影响的部分；潜在课程指院校校风校纪、校园文化对学生产生影响的部分；非正式课程指各种讲座、非正式学习引导等，正式课程指与专业人才培养相关的部分，正式课程与非正式课程构成学生学习的明显课程，需要各技术职业院校进行合理规划。培训团在高雄的正修科技大学参访时，发现该校的语言学习中心非常有特色，应该是台湾非正式课程学习的典范。

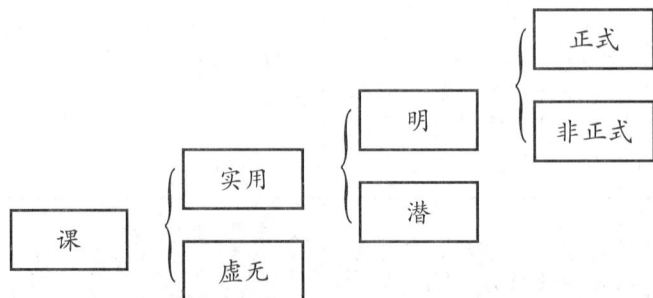

图8.2 课程结构图

（2）强调能力本位的课程理念和实施方案

台湾技术职业教育的课程包括两部分：学校本位课程和专业本位课程。学校本位课程也称通识课程。通识教育以"人文"与"科技"相结合为目标，培育除专业科技技能之外，还兼具公民责任能力、沟通协调能力、多元关怀能力、解决问题能力、国际竞争能力、艺术创造能力及终身学习能力等7项核心关键能力之人才。为协调人文与科技，技术职业院校设立专门的机构负责通识课程的组织和实施，规划全校性共同科目的发展政策和通识课程的教学政策，提高通识课程在学生课程中的比重，同时，注重以学生自主活动为主导的非正式课程和潜在课程的组织与实施，在潜移默化中培养和提高学生的人文素质。专业本位课程重视专业自我产业定位、强调产学合作，以学生毕业具备产业实务能力作为培养目标，并将这种实务能力区分为任务技能、任务管理、环境管理、突发事件管理等4项能力，将能力本位教学从传统能力本位（重视学生单元行为目标）转向重视学生生涯发展或职涯发展成功为目标，课程设置也由针对窄岗位的单位行业课程更多地转向群集课程、作业导向课程、专题作业导向课程、学术与专业整合课程等。

（3）具备完善的实践课程体系与先进的实验实训设备，保障学生实践能力的培养

台湾技术职业院校学生实践动手能力强，其实践能力的培养相当程度上得益于台湾技术职业院校完善的实践课程体系和先进的实验实训设备。如台湾的技术职业院校所学专业课基本都有配套的实习课程，而且课时比例为1：1。实习课与专业课一般是在同一个学期开设，有的也会比专业课晚一个学期。开设实习课的目的是通过实习课的动手实践来巩固所学的知识，学生有了足够的实习时间来配套学习，对专业知识的掌握就会更扎实、牢固。除了实习课程，能够让学生充分得到锻炼、提高的还有专题制作。此外，台湾技术职业院校鼓励学生参加各类知识技能大赛、各种创新设计活动，学校也会定期举办各种竞赛，使学生通过各种竞赛能够巩固所学知识、提高动手技能，为走出校园积累工作经验。在重视实践教学的同时，台湾还投入精良的实验、实习设备，既满足教学需要，又满足教师技术应用开发的需要。

6. 身体力行全人教育理念，形成贴身细致的学生培养氛围

教育只有培养自由、活泼、开放，关心社会、关爱他人乃至全世界的人，才能使社会更加民主与和谐。这是台湾全人教育理念的核心内容。具体来讲，包括三个层面：（1）教育目标与原则层面：以"学生"为主体，并将学生视为完整的个体，以充分发展学生潜能及培养完整个体为目标。（2）教育内容与形式层面：全人发展的范畴有德性、智能、体力、社群、美育、事业及情绪等，同时顾及思维与操作、观念与实践、分工与合作、欣赏与创作的学习过程。（3）教育组织与资源层面：教育单位必须统整行政结构与行政运作，提供师生所需的教学材料与行政资源。台湾技术职业院校身体力行、积极开展全人教育。比如正修科技学院的办学理念是：秉承德、智、体、群、美、技六育均衡发展的教育方针，培养学生兼具理性、知性和感性关怀的全人，期使学生不仅成为具有专业知识的科技人，更能成为具有宏观视野的文化人，以适应多元化、民主化和国际化的社会。黎明技术学院开设生活伦理、体验拓展、义工服务、体育文化、环境意识、艺术体验、情绪健康、逆境求存等模块的博雅课程。明志科技大学注重对学生的"言教、身教、制教、境教"。在台培训和参访期间，培训团成员对相关院校教师展示出来的敬业精神深有感触，也对台湾技术职业院校为学生营造的贴心细致的学校环境深感钦佩。高素质学生成就高品位的校园。

（二）台湾技术职业教育面对的挑战

1. 少子女化趋势的考验

资料显示，2009年台湾总生育率为1.03人，已成为全球生育率最低的地区之一。少子女化现象影响技术职业院校的关键在于当年出生人口数与18年后实际报考"四技二专"就学的关联性。1997年出生人口326002人，1998年骤降至271450人，2000年因龙年回升至305312人，2001年开始又降至260354人，之后连年下降，至2010年的166886人新低点，短短10年负增长36%左右。出生人口下降趋势，显示2015年以后，将是技术职业院校面对少子女化招生困境的开始。统计资料显示，未来10年，台湾进入小学、中学及大学入学之6岁、12岁及18岁人数较目前将分别减少16%、36%及9%，未来20年内

亦将较目前分别减少22%、37%及38%。如表8.3所示：

表8.3　2008—2056年台湾学龄人口趋势

单位：万人

年份	6岁（小入学年龄）			12岁（中入学年龄）			18岁（大学入学年龄）		
	高	中	低	高	中	低	高	中	低
2008	24.6	24.6	24.6	32.1	32.1	32.1	33.3	33.3	33.3
2018	21.0	20.5	20.1	20.5	20.5	20.5	30.4	30.1	30.4
2028	20.6	19.3	17.6	21.1	20.2	19.1	20.9	20.5	20.1
2056	16.6	13.8	10.1	16.3	14.0	11.0	16.6	14.7	12.5

资料来源：台湾省行政主管部门，2008年8月。

2. 技术职业教育发展带来的环境压力

虽然就读技术职业教育的学生占多数，但不可否认的是在高等教育体系中，技术职业教育仍属相对弱势的地位。在学生的升学规划时，多数人仍以普通学术教育作为较优先的选择，其原因包括：（1）技术职业院校本身的结构问题：技术职业院校以私立学校为主，在高职阶段就读私立学校的学生超过六成，技专院校阶段的更超过八成。私立学校本身的资源条件不及公立学校，而公立与私立学校学费结构的差距，也影响学生就读私立学校的意向。（2）社会价值观的影响：除了文凭主义影响学生选择学术教育外，社会价值观念对劳动阶层并未给予足够尊重，使得教育体系也以学术为最高的价值目标。（3）从20世纪90年代开始，台湾高等教育逐渐从传统的精英式教育转变为大众教育，接受高等教育不再是社会上少数人独有的机会。大学教育数量不断地扩充，也挤压了技术职业教育发展的空间。

3. 产学合作发展模式面对产教双方的挑战

"务实致用"是台湾技术职业教育最大的特色及竞争力所在，这建立在与产业需求密切结合的基础上。台湾地区产业近几年来快速转变，传统产业已经逐渐丧失竞争的优势而快速外移，高科技产业及服务业逐渐取而代之。但台湾地区技术职业教育无论是科系、课程、教学训练绝大部分均是配合传统产业的需求而设计的，其优点是能够掌握特定行业所需具备的能力，快速投入就业市场。相对的，其所学范围过于狭窄，在面对产业环境变迁时，自我适应及再学习能力较为不足。因此，技术职业院校的课程设计，已经调整由单位行业课程转变为群集课程，但台湾技术职业院校课程与产业脱节的情况仍比较严重，相关原因包括未邀请业界共同规划课程、理论实务无法兼顾、教学设备及实习设施汰换不及、市场供需失调犹未调整课程、授课内容老旧、缺乏新颖的资讯科技诱因及学生学习动机不足等，技术职业教育仍然很难配合产业环境的快速变迁。另外，在创新研发、实习跟踪管理等与产业对接的工作中，教师因实务经验不足，缺乏协助辅导产业发展和指导学生实务的能力，教师积极主动参与的诱因与机制也有待研究。

4. 学生能力本位培养模式需要继续探索

不仅是高科技产业或者服务业，即使是目前的传统产业，也都需要更高素质的人力，尤其是需要具备更厚实的基础核心能力的人力，这也是台湾全人教育在极力探索的，但成效尚有待突破和检验。主要原因有：（1）台湾技术职业学生从初中毕业开始分流后，职高学生在语文、英文、数学上普遍低于普通教育学生，传统的升学主义挂帅，学生的能力、兴趣与性向并未与升学挂钩，在职高阶段技术职业学生即被贴上不适学习的标签，学生的学习动机甚低，加上学生课余打工，或有些进入职场实习，真正能投入基础学科及专业实务上的学习相当有限。（2）技术职业校院的教学品质有待提升，尤其是占技术职业院校主体的私立院校。（3）台湾在技术职业院校中推动的"技术职业教育再造方案"，教学卓越计划，补助大学校院办理跨领域学位学程及学分学程（产业硕士专班、产业二技学士专班、"最后一里"学程、学士后第二专长学士学位学程等），产学携手合作计划等不同名称的计划方案，这些方案能否成功，取决于能否掌握产业的需求导向，也取决于能否真正落实到位。

三、借鉴和启示

从20世纪90年代中期开始，大陆职业教育方兴未艾，中等职业教育和高等职业教育已经发展到相当的规模，现在面临着内涵发展和调整提高的阶段。浙江社会经济发达，高职教育走在全国前列，浙江高职教育与台湾技术职业教育具有许多相似的情境和相同的特点，特别是20世纪90年代台湾开启的高等教育改革，所面临的问题、改革的面向、发展的路径与浙江高职教育有许多相似之处。台湾和浙江一海之隔，我们有着共同的文化和历史，有着共同的语言和相近的思维，台湾的技术职业教育发端于20世纪50年代，比大陆的职业教育发展得更早，所以台湾曾走过的道路、取得成绩的做法和面临的问题都是大陆高职教育以及浙江高职教育发展可以借鉴与思考的。

（一）兼顾教育工具性目的，向教育本质性目的适度转移

教育具有与职业相关的工具性目的，也具有与个人潜能自由适性发展相关的本质性教育目的。职业教育培养技能型人才，教育主管部门根据社会经济发展环境和区域产业背景，通过确定招生计划、考察就业指标等，突出了教育的工具性目的。但多元化的社会，很难通过行业企业需求的数量统计进行工具化教育的控制。在台湾，随着知识经济时代的来临，技术职业教育的基本目标从传统的就业导向转向以满足社会人力需求、发展个人潜在能力、增进个人学习效能，职业学校的培养任务也转为使学生具备职业市场所需的职业智能、生涯发展所需的能力和终身学习的能力。从本质功能来看，职业教育既指向职业性就业，又指向教育性发展；既要实现社会需求的功利性目标，又要实现个性需求的人本性目标。也就是说，职业教育人才培养活动的功能指向是培养和谐发展的人。浙江省社会经济的发展，与社会经济发展相契合的教育的本质性目的正在显现，需要教育主管部门和各高职院校对此引起足够的重视。

（二）进一步明确职业教育功能定位，打通学生升学通道

建立职业教育与普通教育、成人教育相衔接与沟通的人才成长"立交桥"是深化我国职业教育教学改革、提高职业教育质量和效益、形成学习化社会和终身教育体系的重要举措。尽管这一改革主张已提出多年，也取得了一定的成果，但与台湾相比，大陆的职业教育体系尚未完善，还没有构建起真正的职业教育"立交桥"，问题主要表现在以下几个方面：一是

中等职业学校毕业生进入高一级学校的数量较少，升学和就业的双重定位降低了中职学校的吸引力；二是大部分中职对口升学专业在课程上还未能有效地上下衔接与贯通，一些中职设有的专业在高职却没有，造成某些专业的学生不能升入对口专业学习；三是高职还停留在专科层面，成为高职学生的"终结教育"；四是高职教育与普通大学教育之间还没有真正的沟通，学生没有升入全日制本科学习的机会。建议浙江省教育主管部门考虑尽快出台相关政策，作为改革试点，加大改革力度，尽快构建起科学完善的教育立交桥。借鉴台湾技术职业教育的做法，当前可在三个方面取得突破：（1）改变中职教育的办学定位，强调升学导向；（2）鼓励部分普通高等院校招收专科毕业生，试办2年制本科层次的高等职业教育；（3）突破高职办学的专科层次，鼓励有条件的高职院校的相关专业招收专科毕业生，试办2年制本科层次的高等职业教育，打通高职学生的升学通道。同时，参照台湾职业证照制度的做法，对在职专科学历人员的入学考试成绩根据工作年限和证照等级给予一定加分优待。

（三）加强师资队伍建设，保证高职人才培养质量

高素质师资是培养高素质学生的保障。优质的师资队伍也是高职院校生存和发展的首要保证。浙江省高等职业教育的快速发展，带来的一个普遍性状况是，各校的师资构成以及教师的职业能力存在不少问题。台湾技术职业教育师资来源优质，专任教师的学历层次逐年提高，且具有优异的教学经验与产业背景，能够实现办学的"创新与实务导向"的结合。台湾的技术职业院校在合理配置教师资源以及科学管理师资队伍方面形成了一套切合实际的管理制度及运作体系，值得借鉴。（1）开辟企业师资引进渠道。当前浙江省高职院校的师资队伍普遍存在结构失衡的问题，核心问题是富有行业经验的教师严重不足，而其症结在于高职院校教师准入制度的限制。因此，如何破解学校现有的教师聘用人事制度这个难点问题已成为关键。建议教育厅制定相应制度，鼓励各高职院校大胆引进有丰富经验的有本科学历以上的行业从业人员加入教师队伍。（2）完善培训机制提升教师业务能力，提升"双师型"教师队伍建设能力。由于高职院校教师应注重技术应用和实践操作能力的锻炼，所以一般的集中培

训方式往往很难达到目的。借鉴台湾技术职业教育多元化的师资培训方式，我们可以从制度层面和实施措施两方面入手，从机制上促进教师业务能力的发展。（3）改革职称晋升方式，多渠道留住"双师型"教师。高职院校的教师需要教学、科研、技能并重，科研论文导向的职称评审机制，并不能完全对应高职院对师资水平的考察，也与行业经验、岗位技能高职师资培养导向目标不完全吻合。可借鉴台湾教师晋升等的做法，高职教师可以通过论文、发明专利、技术报告、创作展演等进行职称晋升。

（四）保持职业教育职业特色，进一步强化校企合作

职业教育必须保持它自己的职业特色，适应现代经济与社会的发展、行业和职业发生的巨大变迁，培养满足行业企业需要的高素质技能型人才。校企合作、产教结合，利用学校和行业、企业机构不同的教育资源和教育环境，是保持职业特色的基本教育模式。当前，浙江省企业参与职业教育的现状却很不理想，成为限制浙江省职业教育发展的重要瓶颈。从台湾的"最后一里学程"到"产学携手计划"，我们都可以看出"融合"是技术职业院校与企业的合作趋向，这种融合需要找到双方共有的"融合点"：（1）（员工）训练：企业为追求永续经营，员工必须相对成长，因此企业可与学校相结合建立伙伴关系：从员工召集、培训到高阶管理课程的开设。（2）专业人士回训制度：配合专门职业技术人员的执业管理，规划建构回训课程、讲座及相关学分班，除传授新科技、工法及观念外，亦有法令、政策宣导的意义。（3）产学合作与育成中心：企业与学校伙伴关系的另一层次，可透过产学合作与育成中心机制，进行公司制度、品管、产品的相关研发、改造等实务性合作。总的来说，考虑未来产业技术人力供需趋向，职业教育必须积极强化产学合作，提高职业教育的价值和贡献，提升职业教育学校的特色和竞争力。

（五）突出课程体系的能力本位，注重人文素质教育

当前，我国职业教育正处于两种人才培养逻辑的矛盾交织中。一方面人们认为职业教育要以就业为导向，企业需要什么人才就培养什么人才，课

程设置、课程内容要与岗位工作任务与能力要求相对接，要通过增强技能训练与顶岗实习，促进学生的零距离上岗，使高职教育更好地服务于经济发展；另一方面受生涯教育、关键能力等职业教育理念的影响，以及迫于我们现实的就业压力，人们认为职业教育要以人的发展为基本出发点，满足于学生职业生涯发展的需要，并要加强职业素质及关键能力的培养，培养具有发展"后劲"的职业人才。相对来讲，台湾教育的全人培养模式目标更明确，课程体系设计也更重视学生能力本位的学习，强调学生基础能力的训练，在教学上重视与学生的互动，让学生能够获得更好的照顾。台湾的通识教育一直获得大陆学者的肯定，很值得借鉴。（1）加强外语教学，尤其是学生有一定基础的英语；（2）培养学生充分认识信息化社会特质，加强运用信息的能力；（3）重视人文精神的陶冶、职业道德的养成，以及正确处理人际关系、独立思考、解决实际问题等能力的培养；（4）根据一般性能力目标和专业能力目标做实课程设计，完善课程标准，保证教学质量。

（六）重视院校的服务功能，提升学生在校学习体验

高职院校对社会而言具有育人功能，但对在校的莘莘学子而言，它们还需要完善的服务功能。培训团所参访三所学校的相关单位，台湾科技大学的实验室、明志科技大学的体育设施、正修科技大学的图书馆设计和管理的理念和方法，都深植有这种服务思想，尽可能地让学生在校的生活、学习、交流更自主、方便和舒适，吸引学生来使用这些公共设施的做法很值得称赞。另外，校园文化建设上，突出以人为本，第一，充分考虑学生生存和发展所需的各种知识和素质，如正修科技大学为学生考雅思、托福等专门设立的语言学习中心，不仅提供学习软件和设备，还提供各种考试的信息，尽力为每个人创造条件，按自己的爱好和能力来发展自己。第二，通过各类社团活动来丰富课余生活，锻炼各种社会能力。台湾大学里社团的社员参与社团活动认真而真诚，社员的归属感和凝聚力很强，成为独特的校园文化特色，不同于大陆高校中为活动而活动的社团运作方式，这种非正式课程更开放、自由，对开拓学生的视野，加强学生独立思考、判断及创造能力的培养都很有帮助，也使学生们在学习过程中获得更多的自我成长乐趣。第三，教师非

常敬业，真诚地从各方面帮助学生，而不仅仅只是上课。明志科技大学的教师假期很大一部分在探访、指导学生实习中度过，高职级的教师也不例外。

改革开放40年，也是我国职业教育体系逐渐形成的40年。《国家中长期教育改革和发展规划纲要（2010—2020年）》明确提出："到2020年，形成适应经济发展方式转变和产业结构调整要求、体现终身教育理念、中等和高等职业教育协调发展的现代职业教育体系。"我国的高等职业教育从20世纪末开始发展，起步较晚，但发展迅速。经过20多年的快速扩张，目前正进入以提高人才培养质量为核心的发展阶段，但也面临不少问题，与职业教育发达国家相比存在较大差距，亟待我们这些高职教育参与者的持续努力。台湾和浙江地缘相近，人缘相亲，学缘相似，尤其是浙江和台湾的产业发展历程和现状有许多相似之处，发展程度较高的台湾技术职业教育因此对于"以服务为宗旨，以就业为导向，走产学结合发展道路"的浙江高等职业技术教育有很现实的借鉴意义。

参考文献

[1]   伯顿·R.克拉克.高等教育系统——学术组织的跨国研究[M].王承绪,等译.杭州:杭州大学出版社,1994.

[2]   21世纪的中国高等教育研究课题组.21世纪的中国高等教育[M].北京:高等教育出版社,2001.

[3]   安心.高等教育质量保证体系研究[M].兰州:甘肃教育出版社,1999.

[4]   毕业生就业难的七大问题[EB/OL][2017-03-31].http:// www.mie168.com.

[5]   查吉德.高职人才培养目标定位的新思考[J].中国职业技术教育,2011（18）.

[6]   陈厚丰.中国高等学校分类与定位问题研究[M].长沙:湖南大学出版社,2004.

[7]   陈秋鹏.高职院校"双师型"教师绩效考核研究[J].国家教育行政学院学报,2012（1）:11-14.

[8]   陈小燕.基于校企合作的"双师型"师资队伍建设新思路[J].中国大学教学,2010（1）:72-74.

[9]   道格拉斯·诺斯.经济史中的结构与变迁[M].上海:上海三联书店,1994:225-226.

[10] 韩明.从职称评审看高校"劣币驱逐良币"现象的成因与对策[J]. 高教探索, 2010（3）:133-135.

[11] 郝克明.当代中国教育结构体系研究[M].广州:广东教育出版社,2001.

[12] 胡赤弟.教育质量:政府与学校的责任[J].高等教育研究, 2001（6）.

[13] 胡建华."后发国家"高等教育大众化的基本特点[J].教育发展研究,2002（1）.

[14] 黄兆信,罗志敏.多元理论视角下高校创业教育的发展策略研究[J].教育研究, 2016（11）:58-64.

[15] 黄兆信,王志强.论高校创业教育与专业教育的融合[J].教育研究, 2013（12）:59-67.

[16] 黄兆信,等.地方高校创业教育转型发展之维[J].教育研究,2015（2）:59-67.

[17] 霍益萍.近代中国的高等教育[M].上海:华东师范大学出版社,1999.

[18] 蒋礼.大众化高等教育质量问题[J].现代大学教育,2002（6）.

[19] 林志华.高校自主聘任教师专业技术职务的认识与思考[J].福建医科大学学报（哲学社会科学版）,2014（2）:34-37.

[20] 刘春生,谢勇旗.高职对口招生实施"技能免试"的思考[J].中国职业技术教育,2003（20）.

[21] 刘金松.高校教师职称评审权下放:逻辑、变革与瓶颈[J]. 中国高教研究,2017（7）:81-86.

[22] 刘少雪,刘念才.我国普通高校分类标准与分类管理的研究[J].高等教育研究,2005（7）.

[23] 刘澍,郭江惠.现行高校分类模式:局限与超越[J].河北大学学报（哲学社会科学版）,2006（4）.

[24] 吕春座.高校青年教师专业发展问题研究[D].厦门:厦门大学,2008.

[25] 蒙有华.我国高校教师职称晋级制度的历史审视与改革建议[J].教师教育学报,2018（2）:63-72.

[26] 潘懋元,王伟廉.高等教育学[M].福州:福建教育出版社,1995.

[27] 潘懋元.多学科观点的高等教育研究[M].上海:上海教育出版社,2001.

[28] 潘懋元.分类、定位、特点、质量——当前中国高等教育发展中的若干问题[J].福建工程学院学报,2005（2）.

[29] 潘懋元.高等教育学讲座[M].北京:人民教育出版社,1993.

[30] 全国大学生电子设计竞赛组委会.第四届全国大学生电子设计竞赛获奖作品选编[Z].北京:北京理工大学出版社,1999.

[31] 宋旭峰.资源共享:高等教育制度创新的重要契机[J].教育发展研究,2005（2）:44-46.

[32] 孙翠香,吴炳岳,张元.职业院校"双师型"教师队伍建设的问题及策

略——基于天津市41所中、高职院校的调查[J].教育理论与实践,2012（33）:23-25.

[33] 孙建荣.美国大学最新分类标准及对中国高等教育的启示[J].中国高教研究,2006（3）.

[34] 唐林伟.为现代职业教育发展营造"不唯学历凭能力"的社会氛围[J].中国职业技术教育,2014（21）.

[35] 天野郁夫.试论日本的大学分类[J].陈武元,译.复旦教育论坛,2004（5）.

[36] 田恩舜.高等教育质量保障模式研究[M].青岛:中国海洋大学出版社,2007.

[37] 汪利兵,等.高等教育质量保证与文凭互认国际研讨会综述[J].比较教育研究,2005（5）:89-90.

[38] 王保英.高校青年教师专业发展的制度障碍与路径选择[D].济南:山东师范大学.2014.

[39] 王海啸,胡学文.试论大学英语四、六级考试改革与综合应用能力的检测[J].中国大学教学,2005（6）.

[40] 王冀生.宏观高等教育学[M].北京:高等教育出版社,2000.

[41] 王前."道""技"之间——中国文化背景的技术哲学[M].北京:人民出版社,2009:16-17.

[42] 王蓉.应放缓全面实施中等职业教育免费政策[J].教育与经济,2012（2）.

[43] 网大中国大学排行榜[EB/OL][2017-03-31]. http://www.netbig.com/.

[44] 威廉姆·E.多尔.后现代课程观[M].王红宇,译.北京:教育科学出版社,2000.

[45] 吴斌.高校职称评聘改革的思考[J].浙江工业大学学报（社会科学版）,2012（4）:383-386.

[46] 吴启迪.在大学英语教学改革试点工作视频会议上的三个方面讲话[EB/OL]. [2017-03-31].http://www.moe.edu.cn.

[47] 吴志功,等.欧盟的高等教育与WTO[J].比较教育研究,2003（12）:86-90.

[48] 仵天瑞.坚持以学生为主体进一步创新高职办学理念[J].西安社会科学,2009（2）.

[49] 武书连.再探大学分类[J].中国高等教育评估,2002（4）.

[50] 谢冉.大学课程:回顾、反思与视角转换[J].现代大学教育,2014（1）.

[51] 薛静静."重科研轻教学"背景下科教关系转变探讨[J].高教论坛, 2018（5）: 26-27.

[52] 薛天祥.高等教育学[M].南宁:广西师范大学出版社,2001.

[53] 薛涌.精英的阶梯:美国教育考查[M].北京:新星出版社,2006.

[54] 杨进.回归本质,推进职教改革![N].光明日报,2016-03-01.

[55] 杨明.欧洲教育一体化初探[J].比较教育研究,2004（6）:76-80.

[56] 姚利民.论大学教育以人为本[J].现代大学教育,2005（6）:67-70.

[57] 叶澜,等.教师角色与教师发展新探[M].北京:教育科学出版社,2001:226.

[58] 尹蔚民.全面深化职称制度改革充分发挥人才评价指挥棒作用[J].求是,2017（10）:8-10.

[59] 张尧学.加强实用性英语教学提高大学生英语综合能力[J].中国高等教育,2002（8）.

[60] 赵庆昕.高校教师专业技术职务评聘现状与问题剖析[J].长白学刊, 2011（6）:144-145.

[61] 赵叶珠.欧洲高等教育区建设:背景、进程与意见[J].比较教育研究,2003（7）:9-13.

[62] 赵祉文.以"工匠"精神推动青年教师成长[J].人民教育,2016（15）:65-67.

[63] 赵志鲲.高校职称评聘制度评价与对策探讨[J].江苏高教,2007（3）:154-155.

[64] 浙江省教育厅.关于报送高校青年教师队伍建设有关材料的函[Z].2012-03-23.

[65] 浙江省教育厅.浙江教育简介 [EB/OL].[2017-03-31].http://www.zjedu.gov.cn/news/26003.html.

[66] 郑桂珠.2005年版卡内基高校分类法及其变革特点[J].高教发展与评估,2006（5）.

[67] 郑丽华.高校职称评聘工作改革的深化研究[J].人力资源管理,2016（9）:119-121.

[68] 中华人民共和国教育部.关于深化高校教师考核评价制度改革的指导意见[Z].2016-08-25.

[69] 周济.利用现代信息技术提高外语学习效率[J].中国教育报,2003（12）.

[70] 周绍森.世纪之交论高教[M].南昌:江西高校出版社,2000.

[71] 周晓玲,邱开金.让高职学生阳光起来并不难[N].中国教育报,2015-08-31.

后 记

    印象中还有不少年长的老领导、老同事都还习惯称呼我为"小雷"，然而光阴似箭，自己不知不觉也到了"知天命"的年龄。我大学毕业后一直在机关事业单位从事高等教育管理与研究工作，好学习、善思考、勤动笔是许多领导、同事、朋友对我的评价。我中学时就爱好写作，会经常向学校的黑板报投稿。记得自己写的文字第一次成"铅字"，是为老家一家电影院自编的小报写过的影评，现在回想最多只能称之为：观后感。大学期间，我作为学校学生会主席向学生代表大会所作的工作报告，是自己一个字一个字在炎热暑假写出来的（当时并没有电脑），也算是当时的得意之作。1994年6月底，我在省教委机关青年干部座谈会上的发言材料经省教委党组副书记、常务副主任郑祖煌同志批示作为文件印发各党支部传阅，这个在当时有点让同龄人刮目相看，带有油墨味的"铅字"文章，至今还珍藏着。

    我很有幸经历了国家高等教育大发展的重要阶段，参与并见证了浙江高等教育从小省到大省、再到强省建设过程的历史性跨越。20世纪90年代，浙江大学、杭州大学、浙江农业大学、浙江医科大学申报高校"211工程"的专家论证会以及后来的"四校合并"、浙江中医学院整体迁建滨江高教园区、高等职业教育的大发展等浙江省重要高等教育事件中，我或多或少都有工作上的参与。其间还参与制定了"十五"到"十三五"浙江省高等教育发展规划，多次为省委、省政府草拟高等教育工作会议、党的"十八大"精神高校宣讲会、高校优秀教师颁奖会议、教育部高校教学工作评估会议的初稿材料，起草了多年省教育厅全省高校教学工作会议、全省高校书记校长读书会、"高等教育质量年"活动动员及总结等方面的有关材料。作为主要完成人，参与了省人民政府、教育部有关高等教育强省建设、优化学科专业结构调整方案课题研究及省教育厅提高高等教育质量、高教园区资源共享、高校专业建设、高职"双师"队伍建设、高职"校企合作、工学结合"人才培养模式改革、高职招生等多项年度重点调研课题的研究与实践，主持撰写了4年度全省高职院校质量分析报告，参与了高考综合改革进一步深化实施以及有关招生录取实施细则的制定等等。

且行且思，行稳致远。立足岗位，不断学习，能够带着思考，用研究的视角去设计规划、推进实施每一项工程，认真做好每一项工作，努力完成每一项任务，这是我一直坚持的工作原则。总是担心自己会落伍、掉队，平时会习惯性研读一些介绍国外高等教育经验的书籍，国内高等教育的主要期刊文章几乎每期必看，从中获取新知识、新经验、新养分。学得多、看得多、做得多，就会有思考、有积累。我以为这也是一名机关事业单位干部应该不断追求的优秀品格。我也很乐意将自己的工作经验及体会总结归类、提炼，在领导同事、专家学者的帮助下，在《中国高教研究》《中国高等教育》《中国大学教学》《高等工程教育研究》《中国职业技术教育》等重要核心期刊发表了20余篇文章。

提高质量是高等教育永恒的主题。近30年的工作岗位虽有调整变化，但都未曾离开高等教育领域。如何进一步加快浙江省高等教育改革和发展步伐、深化教学改革、提高教育质量一直是本人学习研究、工作实践的中心主题。本书以建立高等教育质量保障体系、提升教育质量为主线，主要收录了我自浙江高等教育大发展以来的研究与实践成果，都是围绕高校发展、专业建设、课程建设、教学改革、境外高校经验学习等在高等教育管理不同岗位的所思所想，其中绝大多数都是自己保存着的电子原稿，也有不少已经公开发表。因其真实并保持原汁原味，对书中的一些资料并未做大的修改，现在看来有些观点、表述、见解、数字，有些偏颇、稚嫩、欠缺、过时，只是当时研究成果的客观表述，我也视同是对一位用心、有心的一线普通管理干部成长经历的记录，如对一些从事管理的干部、从事研究的科研工作者有研究借鉴价值，那是我莫大的荣幸与期盼。

　　感谢浙江工商大学出版社为本书出版付出的辛勤劳动，也借本书出版之际感谢侯靖方、刘希平、郑继伟、沈敏光、李鲁、汪晓村、孙恒等领导在我人生不同阶段、不同岗位给予的关心、支持和帮助，还要特别感谢十分了解和熟悉我的老领导、杭州师范大学原副校长丁东澜教授专门为此书提出的修改意见，还要感谢浙江省高等教育学会常务副秘书长、浙江师范大学杨天平教授为此书出版提供文献资料方面的宝贵支持，在此一并致以最诚挚的谢意。限于资料和水平，书中定有不少疏漏和不妥之处，恳请各位领导、专家、同仁和广大读者批评指正。

雷　炜

2018年仲夏